그래서 눈을 감을 수가 없었다

# 그래서 눈을 감을 수가 없었다

발행일      2022년 3월 25일

지은이      고명현
출판총괄    권대순
교정        하윤정
펴낸이      손형국
펴낸곳      (주)북랩
편집인      선일영              편집    정두철, 배진용, 김현아, 박준, 장하영
디자인      이현수, 김민하, 허지혜, 안유경, 최성경    제작    박기성, 황동현, 구성우, 권태련
마케팅      김회란, 박진관
출판등록    2004. 12. 1(제2012-000051호)
주소        서울특별시 금천구 가산디지털 1로 168, 우림라이온스밸리 B동 B113~114호, C동 B101호
홈페이지    www.book.co.kr
전화번호    (02)2026-5777              팩스    (02)2026-5747

ISBN        979-11-6836-183-6 03300 (종이책)        979-11-6836-184-3 05300 (전자책)

―고명현 칼럼집―

36년 베테랑 현직 기자의 눈으로 본
대한민국의 민낯

# 그래서
# 눈을 감을 수가
# 없었다

북랩

저자 고명현 씨가 기자 생활을 해 온 지가 올해로 36년째입니다.

『그래서 눈을 감을 수가 없었다』를 발행하면서 때 맞춰 추천사를 부탁받고 무슨 글로, 어떻게 걸어온 발자취를 조명할까 고민한 끝에 같은 시대에 살아오면서 보고 느낀 대로 기록하기로 했습니다.

언론인, 즉 기자란 공익을 주인으로 섬기며 강자의 횡포를 견제하고 약자의 입과 손발이 되어 상식이 통하는 정의로운 사회를 만드는 것을 천직으로 하는 직업입니다.

고명현 씨의 36년 삶을 옆에서 지켜보면 식을 줄 모르는 열정은 물론, 바른 소리로 이 나라를 잠 깨우게 하는 역동의 세월이었다고 감히 평가하고 싶습니다.

15년 전, 서울 지역에서 경기 북부인 휴전선 근처로 옮길 때가 떠오릅니다. 접경 지역 서민의 애환을 펜과 원고로 대변하고자 할 때 주변 만류도 많았지만 연천, 동두천을 활동 전진기지로 삼고 기자생활을 영위하는 노논객(老論客)의 정중동(靜中動)은 서울, 경기 지역의 울림이 되어 경외의 시선을 보내지 않을 수 없었습니다.

매주 《수도권일보》에 게재되는 고명현 칼럼은 독자의 가슴을 시원한 사이다를 마신 것과 같이 만듦과 동시에 칼럼 내용 속 이해 당국과 당사자들을 긴장하게 하는 비수가 되었습니다. 나이 칠십을 넘겼지만 펜 끝에서 묻어나는 정의감과 불의에 항거하는 독설은 고명현 씨만의 열정이었습니다.

연천, 동두천이라는 변방에서 살아 움직이는 기자 정신은 그 지역을 넘어 목마른 수도권 서민의 갈증을 해소하는 청량제 같은 역할을 하고 있음에 격려와 박수를 보냅니다.

젊은 시절부터 사명감으로 불꽃처럼 활활 타올랐던 언론인 고명현 씨가 당국과 국민에게 경고하며, 때로는 동의를 구했던 칼럼을 묶어 만든 이 책은 인생 후반부의 담론이자 역사의 한 페이지가 될 것입니다.

고생하셨음을 축하하면서 민초와 함께한 애국정신을 정성을 다해 경외합니다.

끝으로 혼신을 다하여 한 땀 한 땀 쓴 글이 많은 사람들의 희망과 미래를 걱정하는 데 초석이 되고 영원히 보존되기를 염원합니다.

송용회

《에너지경제신문》 발행인

# 두 번째 칼럼집을 발간하면서

　기자 생활 36년을 통해 저 고명현이 언론인으로서 이 사회에 무엇을 남겼는가를 반추해 보는 시간을 갖게 되는 순간임을 고백합니다.

　취재와 기사를 통해서 사회를 바로 세우고, 바로 선 사회에 소금과 목탁 역할을 얼마나 했는지를 이 책에 담으려고 합니다.

　글을 쓰면서 이웃과 함께하고, 그 이웃의 아픔을 나누고 어루만진다는 생각을 했습니다. 펜으로 바위에 글을 새기고, 새겨진 바위의 글이 민초의 아픈 가슴을 달래 준다고 믿었습니다.

　대한민국의 군인으로 월남전에 참전했습니다. 운 좋게 살아남아 귀국하게 되었고, 덕분에 조국 대한의 국민으로 살고 있고 목숨을 연명한 보답으로 총 대신 펜을 들었습니다. 이때 파병된 대한민국 군인은 32만 명이었으며, 전세(戰勢)가 치열해지기 시작한 1965년부터 휴전협정이 조인된 1973년까지 파병되었습니다. 이 중 5,100명에 1명이 부족한 5,099명이 전사하였으며 1만 1,232명이 부상을 당해 귀국하였습니다. 그런 가운데 다치거나 사망하지 않고 귀국한 것은 하늘의 뜻이라고 생각했고, 늘 감사했습니다.

되돌아보면 기자랍시고 이러쿵저러쿵 많은 간섭을 했구나 싶습니다. 때로는 전쟁통의 총보다도 더 사람들을 아프게도 하고 다치게도 했다는 생각이 듭니다.

칼럼의 고유 영역인 통일, 정치, 경제, 시사 문제, 사회풍속 등을 촌평하고, 뉴스의 핵심을 풍자하거나 꼬집어서 문제점을 파헤쳐 독자에게 공감과 흥미를 주어야 된다는 강박 관념에 짓눌려 살아왔습니다. 그들은 나의 이웃이며, 그 이웃들은 종이에 새겨진 나의 글을 읽으면서 힘을 얻었기 때문입니다.

한편으로는 상생과 공정한 사회 속에서 사랑으로 서로를 위하고 존중해 주는 밝은 사회가 되도록 협치의 글을 수록해 어둠을 밀어내는 밝은 세상을, 반칙이 없는 정의로운 세상을 열겠다는 마음으로, 이웃과 민초들의 삶이 새로운 길을 찾는 데 기자로서 혼신을 다하려 했습니다.

그러나 미완의 결정체인 한 인간으로서 크고 깊게 보려고 애썼음에도 많이 부족했구나 싶어 이에 노필객(老筆客)이 반성의 시간을 펼치려 합니다. 어떡하겠습니까? 어여삐 봐 주실 수밖에 없음을 말입니다.

기자로서 최소한의 소임을 다 해야 한다는 절박함과 책임감, 소박한 애국심이 나의 글의 바탕임을 밝히면서 이 책도 독자와 함께했으면 좋겠습니다.

2022년 4월
경기도 동두천과 연천에서
고명현

# 분단국가에서 통일국가로 가는 염원

우리의 소원은 통일
꿈에도 소원은 통일
통일이여 어서 오라
통일이여 오라

글 쓴 안석주(1901~1950)는 영화감독, 각본가, 만화가, 작가 등 예술계의 팔방미인으로 활동했다. 작곡가 안병원의 아버지로 1934년 《조선일보》의 '돈지랄' 만평 만화를 그리기도 했다.

# 4강의 노예 되기 거부하고
# 자강의지와 행동을 갖춰야
# 대한민국의 평화를 다스린다

　요즘 4월의 위기설이 불거졌다. 한반도 운명을 당사자는 소외시킨 채 덩치 큰 나라들끼리 흥정하듯 이리저리 모는 현실이 영 불편하다. 현재 상황이 패를 갈라 싸움이나 하며 미·중·일·러에 애걸했던 구한 말 같다고 말하는 이들이 적지 않다. 이 지경까지 된 게 우리 생각이, 우리 정치가 대통령의 부재 속에서 탄핵의 촛불, 태극기로 냉정함을 유지하지 못해 그런 건 아닌가 하여 슬픈 일이다.

　4강의 노예 되기를 거부하고 자강(自强)의지와 강한 행동을 갖춰야 평화를 다스릴 수 있다. 요즘 미국 대통령 트럼프의 외교·안보 정책이 안갯속일수록 한국이 중심을 잡고 대응을 주도해야 한다. 한국 정부는 미국의 대북 강경 일변도 정책에 편승할 생각은 그만두어야 하고 대선 주자들은 한국의 입장을 분명히, 확고히 전해야 한다. 대북 압박과 함께 북한과의 대화도 촉구해야 한다. 미국이 진정한 동맹국이라면 한국과 사전 협의 없이 북한을 공격해서는 안 된다.

　미국의 군사적 행동을 반대한다는 분명한 입장을 천명해야 한다. 지금 대선 후보들도 안보 불안을 씻을 수 있는 외교·안보 구상을 확

　　　　　　　　　　　　그래서 눈을 감을 수가 없었다

실하게 밝혀야 한다. 한국은 하나도, 둘도 국가의 안보가 화두다. 지금이야말로 미국과 중국을 향해 할 말을 하면서 한반도 안보를 지키는 큰 방안을 내놓을 때다. 한반도 문제에서 한국이 배제되는 이른바 '코리아 패싱'은 상상할 수 없는 일이다.

그러므로 19대 대통령 대선 주자들은 첫째도, 둘째도 국가 안보라는 점을 명심하고 4차 산업혁명 협치를 통해 미래를 위한 능력과 덕성을 보여 줘야 한다.

# 새 정부는 북의 태도를 보면서
# 남북 관계 정상화 추진하되
# 서두르지는 말아야

우리 삶에 두 번은 없다. 지금도 그렇고 앞으로도 그럴 것이다. 반복되는 하루는 단 한 번도 없다. 두 번의 똑같은 밤도 없고, 두 번의 삶에, 동일한 눈빛 또한 없다. 많은 사람들이 살면서 믿었던 사람들에게 상처받고 배신당하고 좌절하는 일들을 경험한다. 그래서 다시는 그와 같은 일들을 겪지 않겠다고 다짐하지만 생각처럼 일이 진행되지 않는 게 인생이다. 그래서 문재인 대통령 새 정부는 남북 관계에 있어 북의 핵 추진 태도 변화를 보면서 정상화는 추진하되, 바삐 서두르지는 말아야 한다.

과거 김대중·노무현 정부 시절 활발했던 남북 화해 협력도 인도적 지원으로 물꼬를 텄다. 그러면서 우리 김대중·노무현 대통령은 북한에 방문하기도 했다. 또한 대북 지원도 적극적으로 했다. 하지만 북한의 지도자는 오늘날까지 우리 대한민국을 방문하지조차 않았다. 그러면서 북한은 핵 개발로 전쟁의 발판을 굳혀 가고 있다. 물론 북한 주민의 삶의 질을 높이고 얼어붙은 남북 관계를 개선하기 위해서는 문재인 대통령 새 정부가 첫 대북 지원 승인 및 정치와 인도적 문제의 분리를 좀 더 세밀하고 적극적으로 검토할 필요가 있다.

이런 가운데 통일부가 대북 지원 단체인 우리민족서로돕기운동의 북한 주민 접촉 신청을 승인했다. 지난해 1월, 문재인 정부는 북한이 4차 핵 실험 이후 두 차례나 탄도 미사일을 발사했음에도 불구하고 '국제 사회의 대북 제재 틀을 훼손하지 않는 범위 내에서'라는 단서를 붙여 전임 정부에서 중단된 대북 인도적 지원 재개를 승인한 바 있다.

그러나 우리는 분위기에 도취되어 휩쓸려서는 안 된다. 지금 한반도의 엄중한 상황은 조금도 달라지지 않았다. 미국의 새로운 대북 원칙이 북핵 위기 해결을 의미하지는 않는다. 문제의 근원은 핵·미사일 개발로 정통성 없는 권력을 유지하고 미국으로부터 대가를 얻어내려는 김정은 정권의 잘못된 선택이다. 미국 주도의 대북 제재에 중국이 동참하자 잠시 숨을 죽였을 뿐이다. 압박이 약해지면 곧바로 도발에 또 나설 것이 분명하다.

얼마 전까지 제재에 모든 역량을 집중했던 정부가 갑자기 인도적 교류를 내세우며 서둘러 분위기를 바꾸려는 것은 바람직하지 않다. 지금은 국제 공조에 발을 맞춰 주는 것이 더 바람직하고 중요하다. 중국이 제 역할을 하도록 계속 노력해야 한다. 물론 오랫동안 단절된 남북 관계 정상화를 위해 인도적 지원으로 물꼬를 트는 것은 당연하다. 하지만 작은 틈새만 보여도 비이성적으로 행동하는 북한이 한반도 평화 정착을 위한 노력을 엉뚱하게 해석할 여지를 줘서는 안 된다. 접점을 조금씩 넓혀가는 한미 공조의 새 틀을 과시적인 행동으로 흔들 이유가 없다.

김정은 북한 노동당 위원장이 21일 발사에 성공한 '북극성 2형'의 실전 배치를 승인했다. 곧 대량 생산 체제에 돌입할 전망이다. 지난 2월 첫 시험 발사 이후 3개월여 만에 실전 배치를 위한 안정성을 확보한 것으로 분석된다. 중거리 탄도 미사일(MRBM) 북극성 2형이 무력화되면 유사시 한반도로 전개하는 미군 증원 전력뿐 아니라 주일 미군 기지 등이 위협권에 들어간다. 대량 생산마저 이뤄지면 문재인 정부 내내 북한 미사일 도발이 상시화될 수 있다.

북한은 또 지난 14일 시험 발사에 성공한 '화성-12' 미사일의 사정권을 '하와이와 미국 알래스카'라고 처음 언급했다. 도널드 트럼프 미 행정부가 정한 '레드라인'을 언제든지 넘을 수 있다는 메시지다. 북·미 대화 협상력을 최대한 끌어올리겠다는 의도다. 김 위원장이 "미국과 추종 세력이 올바른 선택을 할 때까지"라고 한 대목에서 엿보인다. 미국 본토를 공격할 수 있는 핵·미사일 역량을 갖추는 것이 가장 확실한 정권 유지의 방법이라는 인식이 깔려 있다.

우리 군의 대응 태세 수정이 불가피하다. 북극성 2형은 연료 주입 시간이 짧은 고체 연료를 사용하고, 탄두 낙하 속도도 마하 10 이상 되기 때문이다. 무한궤도 형 발사 차량에 탑재돼 있어 어디서나 발사가 가능하다.

공격 징후를 탐지해 선제 타격하는 킬 체인(Kill Chain)으로 요격하기엔 정찰 자산과 공격 수단 모두 미흡하다. 문 대통령이 조기 구축을 지시한 한국형 미사일 방어(KAMD) 체계 마련까지는 시간이 걸린다. 종말 단계에서 타격하는 사드마저 속도 면에서 요격이 쉽지 않다. 사거리를 늘리고, 상층에서 요격하는 방향으로 대응 체제 보안을 고민할 때가 됐다.

그래서 눈을 감을 수가 없었다

외교 안보 라인의 적절한 대응이 절실히 요구되는 시점이다. 그러나 새 수장 면면을 보면 기대보다 우려가 앞선다. 참신해 보이지만 북핵 문제를 직접 다뤄 본 경험이 부족하다는 점이 걸린다. 대화보다는 제재에 중점을 둬야 하는 게 현실임에도 통일부는 22일 국제 사회의 대북 체제 틀을 훼손하지 않는 범위 내에서 남북 관계의 정상화를 모색하겠다고 밝혔다. 발표 시점부터 적절치 않다. 이에 따라 새 정부는 국민이 안보를 걱정하지 않도록 외교 안보 라인을 새로운 각오로 대처해야 하는 동시에, 남북 관계 정상화는 추진을 하되 바삐 서두르지는 말아야 한다.

# 북한의 김정은 돈줄 차단에 총력,
# 한·미·일 공조는 물론
# 중·러시아도 앞장서야

조국의 안위보다 자신의 이익을 먼저 생각하는 국민이 많으면 어느 나라라도 위태로워진다. 오늘날 북한은 핵무장 도발로 전 세계를 향한 위험 수위를 높여가고 있다. 특히 북한은 해방 이후 지금까지 우리에게 끊임없이 도발해 오고 있다.

저들의 목표는 오직 통일로 가는 개방 정치가 아닌, 한반도의 적화 통일 야욕이다. 그래서 지금 국민은 북한의 김정은 '경제 제재'의 돈줄 차단에 모두 앞장서서 힘을 모아야 한다. 한·미·일 공조 체계에 있어 중·러시아도 대북 "끝장 경제 제재"에서 우리 대한민국의 힘을 위해 앞장서 줘야 한다. 이에 우리 국민 모두 문재인 정부에 힘을 모아 줘야 국력의 힘이 커질 것이다.

지난 8일, 우리 국민 10명 가운데 6명이 대한민국도 핵무장을 해야 한다는 주장에 찬성한다는 여론 조사 결과가 나왔다. 특히 북한 6차 핵 실험 이후 핵무장 찬성 여론이 높아지는 등 대북 강경론이 확산되고 있는 것으로 나타난다.

한국갤럽이 발표한 여론 조사에서 '우리나라도 핵무기를 보유해야 한다'라는 주장에 '찬성한다'는 응답이 60%, '반대한다'는 응답은 35%였다. 북한 4차 핵 실험 직후인 지난해 1월 실시한 같은 조사에서 핵무장 찬성은 54%, 5차 핵 실험 직후인 9월 조사에선 58%였다. 특히 이번 조사에서는 핵무장 찬성이 자유한국당(82%)과 바른정당(73%) 지지층뿐 아니라 더불어민주당 지지층(52%)에서도 절반을 넘었다. 또 '북한이 핵을 포기하지 않으면 모든 대북 지원을 중단해야 한다'는 응답은 65%로 작년 2월 조사(57%) 때보다 높아졌다. '인도적 지원은 유지해야 한다'는 응답은 32%였다. 한편, 북한이 불쌍하다는 말들도 거침없이 나돌고 있다.

이번 조사에서 '북한 6차 핵 실험이 한반도 평화에 위협적'이란 응답은 76%, '위협적이지 않다'는 20%였다. 다만 '북한이 핵·미사일 시험 발사를 계속할 경우 미국의 북한 선제 공격에 찬성하느냐'는 물음에는 33%가 찬성했고 59%는 반대했다. 또 '북한이 전쟁을 일으킬 가능성이 있다'는 응답은 37%, '없다'는 58%였다. 전국 성인 1,004명을 대상으로 실시한 조사는 95%에 의한 수치의 조사다.

이 가운데, 멕시코가 북한의 핵 실험에 대한 항의 표시로 자국 주재 북한 대사에게 추방 명령을 내렸다. 영국과 덴마크도 북한 대사를 불러 따졌고 아세안 10개 회원국 외교부 장관은 엄중한 우려를 표하는 공동 성명을 발표했다. 또한 지금까지 75개 국가·국제 기구가 북핵 규탄 대열에 동참했다. 북한의 핵 개발을 질타하는 국제 사회의 목소리가 거세지며 거대한 흐름을 이루고 있다. 최근 유엔 안보리 대북 제재위원회 전문가 패널 보고서에 따르면 북한과 시리아 간 생화학 무기 커넥션 가능성이 큰 것으로 드러났다. 북핵이 세계 각지로 새 나가 지구촌 전체를 위협할 수 있다는 것을 말해 준다.

이 같은 국제 사회의 우려 속에 미국이 준비한 새 대북 제재 방안이 비상한 관심을 끈다. '군사 행동을 빼고 할 수 있는 가장 강력한 제재'로 '북한의 국가 기능을 마비시킬 수 있는 최고 수준'이라고 평가되고 있다. 원유 공급의 전면적 중단이나 북한 노동자 송출 금지, 제재 대상에 오른 선박 검색 등 그야말로 전인미답의 강력 제재 백화점 수준이다. 특히 김정은 북한 노동당 위원장의 실명을 콕 집어 제재 대상에 포함한 건 아주 파격적이다. 이 경우 김 위원장은 중국 방문도 할 수 없다. 미국은 이 초안을 속전속결로 오늘 11일, 표결에 부치겠다고 했다. 이에 관건은 중국과 러시아의 큰 협조다.

중국과 러시아가 어느 정도 협조·협력하느냐에 따라 제재의 성패가 갈릴 전망이다. 워낙 초강력 제재라 원안대로 통과되기는 어려울 것이란 관측이 많다. 그러나 제재의 키를 쥔 중국이 일정 부분 동의할 가능성을 내비치고 있어 기대를 낳는다. 도널드 트럼프 미 대통령이 시진핑(習近平) 중국 국가주석과 통화한 뒤 "시 주석이 뭔가를 하고 싶어 한다"라고 말한 것이나, 왕이 중국 외교 부장이 "추가 제재를 취하는 데 찬성한다"라고 밝힌 점 등이 그런 바람을 갖게 한다.

시 주석은 북핵의 "평화적 해결"을 원하고 주장한다. 우리는 그 평화적 해결을 위한 선행 조치로 최고 수준의 대북 압박이 필요하다고도 본다. 쓸모없는 죽음을 파는 고집, 누구의 말도 듣지 않고 오로지 핵(核) '폭주의 마이 웨이'를 고집하는 북한에 군사 옵션을 쓰지 않고서 브레이크를 걸려면 북한의 정신이 바짝 들 정도로 초강력 제재가 절대적으로 요구되기 때문이다.

그래서 눈을 감을 수가 없었다

중국과 러시아는 이제까지 미국과의 대결 구도 속에서 북핵 문제를 봄으로써 제재에 소극적인 모습을 노정했다. 이젠 나라 덩치에 맞지 않는 그런 소아적 시각에서 벗어날 때가 됐다. 북핵은 인류의 안녕을 위협하는 큰 흉기로 부쩍 크고 있다.

북핵 기술 자체가 위협적이려니와 그 일부가 행여 테러분자 손에라도 들어가면 중국과 러시아는 더 이상 제재의 구멍이나 빈틈을 만들지 말고 오히려 북한의 "끝장 경제 제재", 김정은의 돈줄 차단하는 데 앞장서야 할 것이다.

이에 우리 정부도 이번 제재 방안의 큰 관철을 위해 외교의 국제사회를 상대로, 북한 핵 실험 응징, 대북 원유 공급 중단을 포함해 역대 최고 수준까지 결정타가 되도록 북한의 김정은의 돈줄을 차단하는 데 총력을 펼쳐야 한다.

# 북한 도발 계속 땐 몰락의 길뿐,
# 한·미·일 안보 협력 강화가
# 최우선돼야 한다

전 유럽을 제패하고 부족할 것이 없었던 나폴레옹은 말년에 이렇게 고달픈 삶을 토로했다. "내 인생의 행복한 날은 엿새도 되지 않았다." 반면 일평생 장애로 온갖 고생을 감내했던 헬렌 켈러는 이렇게 고백을 했다. "내 평생 행복하지 않은 날은 하루도 없었다."

대체 어디서 이런 차이가 발생할까. 바로 삶에 대한 감사다. 나폴레옹은 수많은 것을 가졌으나 감사할 줄을 몰랐지만, 헬렌 켈러는 장애로 어려운 삶 중에서도 모든 사물을 사랑하고 감사하며 살았기에 그 삶이 아름답고 행복할 수 있었다는 말이다.

이 말을 북한의 김정은 국방위원장을 두고 하고 싶다. 오늘날 UN의 회원국인 전 세계의 161개국이 북한의 핵 개발을 두고, "북한이 핵 개발로 도발을 계속하며 북한 김정은 정권은 몰락의 길을 자초하고 있다"라고 말한다.

문재인 대통령과 도널드 트럼프 미국 대통령이 UN총회에서도 양국 간 긴밀히 말해 줬듯이 "북한 정권이 도발을 계속할수록 더욱 강화된 외교적 고립과 압박을 받게 되어, 북한 정권이 몰락의 길로 들어서게

그래서 눈을 감을 수가 없었다

될 것임을 깨닫도록 더욱 강력하고 실효적인 제재와 압박을 가해 나가겠다"는 말이다.

그런데도 북한은 핵·미사일 도발을 중단하기는커녕 문재인 대통령 취임 후 총 11발 발사, 8월 29일과 9월 15일, 일본 열도 상공을 넘겨 미사일을 발사했다. 사거리는 2,700㎞에서 3,700㎞로 늘어났다. 다음번에는 더 멀리 날아가는 미사일을 발사할 것이다. 그 사이 수소탄 핵 실험도 감행했다. 북이 보여 주고자 하는 것은 미국 본토를 타격하는 핵·미사일을 곧 손에 넣을 수 있다는 역량이다.

과거에 우리가 무엇을, 어떻게 잘못했는지 따지는 것도 이제는 부질없는 짓이 되었다. 반성을 해야 같은 잘못을 반복하지 않을 것이라는 평범한 교훈도 그다지 소용이 없을 것 같다. 우리 안에서, 또 국제 사회 안에서 북핵 문제에 대한 시각과 방법을 놓고 자중지란을 벌였던 것이 이 문제를 해결하지 못한 원인 중 하나임에는 틀림이 없지만, 북한이 핵·미사일을 보유하고자 하는 강력한 동기가 더 큰 원인일 것이다.

합리적 행위자 모델로 보면 북이 핵·미사일을 보유하려는 근본적인 이유는 한반도의 군사력 불균형에 기인한다. 중국과의 동맹은 믿을 수 없는 반면 한미 동맹은 워낙 강하다. 북의 재래식 군사력으로는 한미의 군사력을 당할 수 없다. 만일 한반도에서 군사적 충돌 상황이 벌어지면 북한은 지도상에서 사라질지 모른다. 핵은 북의 안보적 억제력으로 필요하다. 나아가 북 주도의 통일을 이룰 수 있는 수단이 될 수도 있다.

그러나 이 모델로 보면 북이 핵무기를 실제 사용하는 일은 없을 것이라고 추론할 수 있다. 북의 핵미사일이 어디든지 날아간다면 그것은 북한 정권의 종말을 의미한다. 인류 역사상 나가사키와 히로시마에 단 두 차례 폭발했던 핵무기는 사실상 사용할 수 없는 무기가 돼버렸다. 1969년 중·소 국경에서 양국 군대가 충돌해 1,000여 명의 사망자가 발생했지만, 핵전쟁으로 비화되지는 않았다. 핵 보유국 간에도 군사적 분쟁이 재래전으로 그칠 수 있음을 보여 준 사례다.

　물론 현실은 합리적 행위자 모델로만 변수가 되는 것이 아니다. 지금처럼 북한이 사거리를 늘려 미사일을 계속 발사하고, 급기야 핵탄두를 탑재하여 태평양 상공에서 핵미사일 폭발 실험을 할 경우 어떤 일이 벌어질까. 미국도 그런 실험을 한 적이 있으니 미국이 이를 용인할 수 있을까. 그리고 자신의 상공을 가로질러 넘어가는 그런 실험을 일본은 계속해서 용인할 수 있을까. 이런 점들을 고려해서 우리가 취해야 할 행동의 우선순위를 생각해야 한다. 북한의 핵·미사일 폐기를 위한 노력은 필요하지만, 지금 단계에서는 한가한 말이다. 지금은 이 문제가 몰고 올 의도치 않은 상황을 미연에 방지하는 것이 가장 중요하다. 역시 최우선 순위는 한미 동맹의 강화다. 동맹 강화의 핵심은 신뢰에 있다. 긴밀한 소통, 일치된 공조, 동시에 내 이익을 분명하게 전달하는 데서 나온다. 그러한 과정과 절차는 진정성에 기반해야 한다.

　예컨대 사드 배치에 대한 박근혜 정부와 문재인 정부의 태도는 미국으로 하여금 한미 동맹에 신뢰를 갖지 못하도록 했다. 그것이 미국의 미사일 방어 체계(MD)의 일환이라고 하더라도, 북한의 미사일 위협으로부터 미군 기지를 방어하기 위한 논의가 나왔을 때 좀 더 진지

　그래서 눈을 감을 수가 없었다

하게 대처해야 했다. 한중 관계 악영향이나 국내의 반대 여론을 의식하여 뒤로 미루거나, 회피하는 행동은 미국을 포함해서 모든 당사자들에게 잘못된 신호를 주었다. 북의 잇따른 핵·미사일 도발을 접하고서야 갑작스럽게 배치 결정을 내린 태도는 한국은 자신의 이익만 챙긴다는 인식을 심어 주기에 충분했다.

핵무장이나 전술핵 재배치도 마찬가지다. 어느 것이든 미국에 대한 불신을 깔고 있다. 전자는 미국의 이익에 정면으로 반하기까지 한다. 물론 국제 사회에서 영원한 동맹은 없다. 미국이 언젠가는 한반도에서 물러날지도 모른다. 그러나 그렇게 되는 것이 우리 국익에 맞는 것인지 제대로 따져 보지도 않은 채 미국이 물러나게 된다면 우리 외교는 철저하게 실패하게 되는 것이다.

지금은 한미 동맹을 진정한 동맹으로 만들려고 노력하는 것이 최우선이다. 문 대통령도 한미 간 긴밀한 공조를 보여 주기 위해 북핵 대응에 애쓰고 있다. 그러나 유엔 총회에 참석하고 한·미·일 정상 회담을 개최하는 등 보여주기식이 아니라 진정성에 기반한 신뢰의 한·미·일 안보 협력 튼튼 동맹을 구축해야 한다. 그리고 북한은 도발을 계속하면 몰락의 길뿐이라는 것을 알아야 한다.

# 달콤한 곶감을 주는 듯한
# 북한의 대화 제의가 '덫'이 될 수도 있다
# 감격도 하지 말자


우리의 2018 평창 동계올림픽(2월 9일~2월 25일, 17일간)을 앞두고 북한의 김정은 위원장이 신년사에서 북한도 참가하겠다고 함에 따라 남북이 마주 앉아 평창 올림픽을 논의하는 모습이 보기 좋다.

그런데 많은 전문가들은 사실상 남북 정상 회담이나 다름없는 이번 고위급 회담이 평창을 넘어 남북 관계 전반에 대한 대화로 이어질 것인지와 올림픽 이후에 도래할 정세에 주목한다.

현 정부는 이럴 때일수록 조급해하지 말고 거시적 안목으로 경제에 활력을 주는 좋은 경제 정책을 만들어 추진해야 한다. 모처럼 주어진 경제 재도약의 기회를 잘 살려, 국가 안보를 우선하고 국민에게 기쁨과 행복, 희망을 주는 2018년이 되기를 기원한다.

물론 북한의 올림픽 참가 문제에 있어서는 뜨거운 가슴으로 대화에 임해도 좋다. 그러나 안보·외교 문제에 있어서는 북한이 주겠다는 것과 얻겠다는 것 사이의 등가(等價)성을 치밀하게 계산하여 정론대로 대응해야 함을 문재인 정부는 명심해야 한다. 남북 대화, 환영하되 감격은 하지 말자. 안보에서 덫이 될 수도 있는 김정은이 던진 대화 제의를 면밀히 살펴야 된다.

미국의 도널드 트럼프 대통령은 만일 북한이 핵·미사일 프로그램 개발을 계속한다면 전멸(全滅)도 각오해야 할 것이라고 위협하며 대북 강경 노선을 유지해 왔다. 하지만 그는 한미 합동 군사 훈련을 패럴림픽 이후로 연기하는 데 동의했고, 최근 인터뷰에서는 "김정은과 좋은 관계를 갖게 될 것"이라며 북한과의 외교에 대해 새로운 가능성도 내비쳤다.

현재 시점에 또 다른 한국 전쟁이 일어난다는 것이 얼마나 끔찍한 재앙인지 아는 사람이라면 누구든 남북 긴장 완화를 환영할 것이다. 문 대통령이 평양과 소통 창구를 열기 위해 노력한 것은 올바른 선택이다. 냉전 시기에도 미국과 러시아는 우발적 핵전쟁을 막기 위해 핫라인을 가동했다.

그러나 북한의 독재 정권은 대가(代價) 없이는 무언가를 내놓은 적이 없다. 대화 의지를 피력하면서 그 대가로 엄청난 양보를 요구해왔다. 북한은 남한에 공격을 가하고 그걸 중단하는 대가로 지원을 요구하는 등 갈취 행위를 해왔다. 한국이 '햇볕 정책'을 추진하던 시기에 80억 달러 이상의 보조금과 경제 지원이 한국에서 북한으로 흘러 들어갔다. 어떤 것도 북한의 핵·미사일 프로그램 개발과 북한 주민에 대한 인권 유린을 막지 못했다.

요즘 북한은 특히 제재로 인한 큰 압박을 느끼고도 있는 것 같다. 미국 트럼프 대통령 행정부는 유엔 안보리의 지원을 받아 제재를 강화해 왔다. 북한의 김정은이 평창 동계올림픽에 손을 내미는 것은 이런 제재를 좀 완화해 보려는 시도일 것이다.

남북 간 대화가 재개된 지금 시점에 문재인 대통령은 김정은이 놓은 덫을 피해가야 한다. 북한이 한국으로 하여금 일방적으로 양보하도록 상황을 몰아갈 가능성이 농하게 있기 때문이다. 지구상에서 가장 억압적인 북한이 위험하고 파괴적인 행위를 계속하도록 용인해 주고, 무엇보다 핵·미사일 시험을 통해 꾸준히 국제 사회를 위협해 온 북한에 적절한 조치 없이 양보해 준다면 한반도를 둘러싼 또 다른 갈등을 촉발할 것이다.

더 중요한 문제는 만일 한국이 북측에 행동 변화를 요구하지 않고 일방적인 양보를 할 경우 미국과의 관계가 대단히 어려워질 것이란 점이다. 트럼프 대통령은 취임 당시 한미 FTA(자유무역협정)를 폐기할 수도 있고, 한국이 방위비 분담금을 더 부담하지 않는다면 주한 미군을 철수할 가능성도 있음을 암시했다.

트럼프 대통령은 지금까지 그런 위협을 구체적으로 실행한 적은 없다. 하지만 그는 무엇을 할지 알 수 없는 예측 불허의 기업가 정치인이다. 만일 한국이 미국의 대북 강경책을 약화시키려 하는 것으로 판단할 경우 트럼프 대통령이 이런 구상을 실행에 옮길 가능성도 배제할 수 없다. 트럼프 대통령이 지난해 한국 방문 중 국회에서 했던 감동적인 연설에서도 그에게 가장 중요한 것은 여전히 '미국의 우선'이었다.

그의 가장 중요한 관심사는 워싱턴에 대한 북한의 핵 위협을 막는 것이다. 만일 그럴 만한 가치가 있다고 판단한다면 트럼프는 73년 된 한미 동맹을 버리는 일도 주저하지 않을 것이다. 반면 북한의 숙원은 한미 동맹을 깨는 것이다.

그래서 눈을 감을 수가 없었다

그러므로 문 대통령과 트럼프 대통령은 북핵 문제에 대한 기본 입장과 원칙에서 균열을 보이지 말아야 한다. 한미 동맹을 강하게 유지할 때 한국은 안보와 번영을 더 잘 유지할 수 있다. 미국의 방어 공약이 없다면 남한은 스스로 핵무장을 할 수밖에 없을 것이다. 이는 남북한과 일본, 중국 4개국이 핵 군비 경쟁에 나서게 됨을 말한다.

만일 한국이 미국과 입장이 같지 않은 것처럼 보인다면 트럼프 대통령이 대북 독자 행동에 나설 가능성은 더 높아질 것이다. 심지어 북한에 대한 선제적인 공격을 감행할 수도 있다. 대북 제재 등에서 미국과 보조를 맞춤으로써 문 대통령은 미국의 급작스러운 행동을 막을 수가 있을 것이다.

대북 제재는 이제 막 효과가 나타나기 시작했을 뿐이라는 생각이 든다. 이란의 사례가 보여 주듯이 평양이 검증 가능한 핵 동결이나 핵무기 프로그램 해체를 진지하게 고민할 정도로 압력을 느끼려면 앞으로 몇 년이 더 필요할지 모른다. 한국은 밑져야 본전 식, 달콤한 곶감 주는 식으로 북한이 아무런 노력도 하지 않았는데 양보를 해 줘선 결코 안 된다.

## 과거 실패의 덫에 갇히지 말아야
## 북한에 끌려다니지 않을 수 있고,
## 평화가 온다

천재성을 가진 인물은 감탄의 대상이 된다. 하지만 존경심을 불러일으키는 것은 인격이다. 사람들은 천재는 찬미할 뿐이지만, 인격적인 사람은 신봉한다. "강한 의지를 지닌 사람과 폭포가 길을 만든다."라는 말처럼 고결한 정신을 소유한 리더는 혼자만 지나가기 위해 새로운 길을 개척하는 것이 아니라, 자신이 개척한 길로 다른 이들까지도 인도한다.

즉, 인격적인 사람은 강력한 힘에 의한 신봉과 존경을 불러일으킨다. 요즘 평창 동계올림픽을 앞두고 정부가 북한의 '갑질'에 쩔쩔매는 저자세의 모습이 안타깝다. 북에서 외치는 '우리 민족끼리'라는 공허한 구호와 맹목적 민족 감정은 위태로울 뿐이며, 진정 중요한 것은 민족보다 국가가 먼저라는 것이다. 과거 실패의 덫에 갇히지 않아야 북에 끌려다니지 않고 우리 정부가 성공할 수 있다.

세계적인 평창 올림픽 개막식이 있는 9일, 북한이 한 손으로는 대화하고 다른 한 손으로 핵 개발을 한다면, 이어 8일 북한의 국방 강국창군 70돌 신무기열병식 평양시가지에서 핵탄두 군사병력열병식을

그래서 눈을 감을 수가 없었다

진행한다면, 신 대북 협상 전략에서는 우리도 똑같은 방법으로 맞받아치면 된다. 이에 우리는 평화를 위한 대화는 하되 '남북 대화=대북 지원'이라는 과거의 방정식을 버리고 미국, 유엔과 공조하며 기존의 군사·경제적 제재를 더욱 강화해 나가야 한다.

그러려면 우리가 인격적인 힘을 앞세워 성공한 협상을 이제는 더 세게 다가서야만 가능할 것이고, 언젠가 핵 보유의 손익계산서에 빨간 경고등이 켜질 것이다. 그때 그들은 문재인 대통령이 내놓은 평화의 징검다리를 건너와 비핵화를 위한 진정한 협상을 할 것이다.

지금 평창 올림픽을 계기로 찾아온 일시적 긴장 완화에도 한반도를 둘러싼 다양한 대북 전략들이 경쟁하며 분쟁 가능성이 높아지고 있다. 도널드 트럼프 미국 대통령이 지난달 30일 자국의 손익에 대한 국정 연설에서 북한 비핵화를 위한 "미국의 완전한 결의"를 천명했다. 과거 전임자들과는 달리 트럼프 대통령은 최대의 압박을 가하고, 북한 비핵화에 대한 양보와 타협은 하지 않겠다고 강조했다.

이에 우리 정부도 미국의 강공 비핵화 저지와 함께하며 굳건한 한미 동맹으로 맞서야 한다. 북한은 언제나 자신들이 필요할 때만 선택적으로 남북 대화에 응했다. 남북 교섭에서 지나친 기대나 정권 차원의 정략(政略)이 금물인 이유다. 따라서 우리는 상호주의를 준수해야 한다. 북한의 올림픽 참가를 이끌되 인류 보편주의의 잣대로 한반도 비핵화와 이산가족 상봉을 요구해야 마땅하다. 북한의 평화 공세에 대응하는 플랜 A와 함께 '평창 이후' 북한이 돌변했을 때의 플랜 B도 갖춰야 한다.

현 정부가 지금처럼 북한의 억지대로 끌려간다면 민주 정부의 품격이 크게 훼손될 것이다. 대중(對中) 굴욕 외교로 우리의 자존심이 상처를 입은 것과 같은 맥락이다. 김정은 같은 독재자에게 굴종하는 행태는 촛불이 상징하는 민주 시민들의 존엄과 충돌하며, 정의로운 민주공화국 대한민국의 위엄을 위협한다. 여자 아이스하키 단일팀과 한반도기(旗)가 거대한 민심의 역풍을 부른 까닭이 여기에 있다. 한반도 위기는 스포츠나 남북 정상 회담 같은 일회성 행사로 풀리지 않는다.

그럼에도 막상 올림픽이 시작되면 스포츠의 열정이 우리 사회를 강타할 것이다. '우리 민족끼리'가 합창되면서 민족 감정이 날개를 달고, '우리는 하나다'라는 통일론이 분출할 터이다. 그러나 여기엔 중대한 함정이 숨겨져 있다. 한국 사회에서 '우리 민족끼리'는 치명적 독소를 품고 있다. 전체주의 체제인 북한엔 인민의 목소리가 없다. 오직 수령만이 발언권이 있다. 그래서 유일 체제다. 북한판 '우리 민족'은 김일성 일가(一家)에 완벽히 종속된 존재다. 북한 헌법이 우리 민족을 "김일성 민족"이라고 부르는 것이 단적인 증거다.

결국 북한의 '우리 민족끼리'는 우리를 찌를 비수를 감춘 거짓 수사(修辭)에 불과하다. 올림픽 현장에서 '우리는 하나다'가 울려 퍼진다 해도 순간의 감성적 위안 그 이상(以上)은 아니다. 더 큰 문제는 '우리는 하나다'와 '우리 민족끼리'가 오히려 평화를 해치고 전쟁을 부추길 수 있다는 가능성이다. 북한판 '우리 민족끼리'는 우리가 민족주의적 감성의 회로(回路) 위에서 당연시해 온 한민족의 실체를 부정한다. '우리는 하나다'가 상이한 두 정치 체제와 삶의 방식을 강제로라도 합쳐야 한다는 민족주의적 당위 명제로 해석된다면 6·25 전쟁 같은 비

그래서 눈을 감을 수가 없었다

극을 낳을 수도 있다는 게 지난 역사의 교훈이다.

　북한의 김정은은 절대로 핵을 포기하지 않을 것이다. 게다가 김정은은 핵으로 한반도 전체의 패권을 장악하려는 과대 망상까지 공언하고 있는 실정이다. 이런 절체절명의 상황에서 '민족이 국가보다 먼저다'만을 외치는 김정은은 위태로울 뿐이다. 한반도에서 북이 핵을 독점하는 현실에서는 통일이 불가능하다는 사실을 우리는 인정해야 한다.

　지금 우리가 바랄 수 있는 최대치는 통일이 아니라 남북 양국(兩國) 서로 간 개방 정치다. 또한 체제가 담보하는 장기 지속적 평화다. 통일보다 중요한 건 평화며, 민족보다 앞서는 건 국가인 것이다. 이제 우리는 공허한 '우리 민족끼리' 구호 대신 국가의 화두에 집중해야 한다. 대한민국이라는 나라가 있어야 국민적 자유와 번영도 가능하기 때문이다. 문재인 정부는 북한에 끌려 다니지 않으려면 과거 실패의 덫에 갇히지 말아야 평화가 온다.

# 경제 압박에 기댈 곳이 없어진 북한이
# 필사적으로
# 한국의 평창 올림픽을 뚫으려 한다

대화에서 침묵했던 북한이 평창 동계 올림픽을 계기로 대대적인 대남 매력 공세를 펼치고 있다. '백두혈통' 김여정까지 한국에 특사로 보내는 강수로 우리의 관심을 '블랙홀'처럼 빨아들이고 있다. 경제 제재의 무력화를 위해 한발 한발 나아가는 살라미 전술도 구사 중이다.

만경봉호를 보내고 최휘 북한 체육지도위원장을 대표단에 포함시키는 등 대북 제재 전선에 물적·인적 '예외' 구멍을 내고 있다. '핵 있는 평화'를 위해 우리의 평창 올림픽을 평양 올림픽으로 납치한다는 말이 나올 정도의 배경이다.

이에 문재인 대통령이 김영남 최고인민회의상임위원장, 김여정 노동당중앙위원회 제1부부장, 최휘 국가체육지도위원장, 리선권 남북고위급회담 단장과 청와대 회담에서 만남을 가졌다. 이 자리에서 김여정은 문재인 대통령에게 김정은 노동당 위원장의 방북 요청 친서를 전달해 주기도 했다. 이를 통해 우리의 문재인 대통령은 "여건을 만들어 시간을 두고 방북을 검토하겠다"라는 말을 전했다.

기댈 곳이 없어진 북한이 필사적으로 뚫으려는 곳은 우리의 남한,

그래서 눈을 감을 수가 없었다

한국뿐이다. 북한이 김여정까지 우리 남측에 내려보낸 건 우리의 경제 제재로 인한 북한의 고통이 그만큼 크다는 걸 말해 준다. 북한 내부의 분열이 커지고도 있다는 방증이다. 그러므로 김여정은 김정은 위원장의 친서를 문 대통령에게 전달해 줬다.

물론 남북 관계 개선은 중요하며 그 정점을 이룰 남북 정상 회담 개최는 매력적이다. 그러나 우리는 그러한 유혹과 화해 물결에 휩싸여 비핵화 초심을 결코 망각해선 안 된다. 평창 올림픽 개막을 위해 참석한 마이크 펜스 미 부통령이 천안함 전시관을 둘러보고 탈북자들과 대화한 것도 대북 제재를 흔들려는 북한의 잇단 유화 공세에 맞선 것이다. 또한 남북 관계가 중요하나 비핵화를 위한 제재의 틀을 지켜야 된다는 말을 강조했다.

지난 6년간 북한 김정은의 행적을 살펴보면, 철저한 득실 계산 끝에 체제의 생존과 자신의 권력 유지에 이익이 되는 선택만을 해 온 놀라운 일관성을 확인할 수 있다. 미국 본토까지 도달할 핵미사일 개발도 이를 통해 얻을 전략적 이익이 이에 수반될 정치적·경제적 비용을 압도한다는 계산에 따른 것이다.

핵미사일 실험을 강행할 때마다 미국이 아무리 치명적 제재를 경고해도 중국이 막아 줄 것이라는 판단은 적중했다. 그간 체제의 운명에 영향을 미칠 만한 오판을 한 적이 없고, 북한의 명줄을 쥐고 있는 중국과 군사적으로 북한을 일거에 말살할 능력을 보유한 미국을 상대로 아슬아슬한 게임을 벌이면서도 매번 이기는 기적을 이뤄냈다. 미국의 제재 강화 의지와 군사적 옵션 논의에 심상치 않은 조짐이 감지되자 올림픽 참가와 남북 대화 재개 카드를 활용해 국면 전환과 김

빼기로 해킹 전략을 구사하는 순발력까지 발휘하고도 있다. 그러니 김정은을 '고위험 고수익' 투자의 귀재로 볼 수는 있어도 비이성적 도박사로 단정할 근거는 없다.

김정은은 위험을 피할 줄도 알고 의도하지 않은 군사 충돌에 말려드는 것도 경계하여 무턱대고 도발을 즐기는 것은 아니다. 예컨대 군권을 장악한 직후인 2010년 11월 23일, 연평도를 포격했다가 우리 군이 휴전 이후 처음으로 황해도 본토를 타격하자 즉각 포격을 중지한 바 있다. 핵으로 무장한 북한을 향해 우리가 감히 반격을 못 할 것이라는 판단이 빗나가자 확전을 피하는 선택을 한 것이다.

2012년 12월 22일 성탄절을 계기로 기독교 단체가 서부전선 애기봉 등탑에 점등 행사를 강행했을 때나 민간 단체들이 대북 전단 살포 행사를 벌일 때마다 김정은은 온갖 살벌한 위협을 남발하면서 실제 포격 준비까지 갖추었다. 그러나 실행에 옮기는 것은 자제하며 비무장지대(DMZ) 내에 목감 지뢰를 몰래 매설하는 수준의 보복에 그쳤다.

북한이 이렇듯 이성적이라면 전쟁을 억지 못 할 이유가 어디 있을까? 억지력은 도발을 통해 얻은 것보다 잃을 것이 압도적으로 많은 데서 나온다. 한미 동맹이 건재한 상황에서 북한이 핵무기를 사용하거나 전쟁을 도발하면 김정은은 모든 것을 잃게 되므로 억지가 가능하다.

그러나 북한이 다른 핵 무장 국가들과 근본적으로 다른 점은 억지가 실패할 순간이 온다는 데 있다. 김정은이 내부의 급변 사태로 어차피 모든 것을 잃을 위기에 몰리면 핵무기 사용의 손익 구조가 바뀌

그래서 눈을 감을 수가 없었다

기 때문이다. 핵 사용으로 더 잃을 것이 없고 오히려 외부의 군사 개입을 저지함으로써 정권을 연장할 수 있다는 실낱 같은 희망이 실존적 결심을 좌우하게 되고 이런 상황에 도달하면 억지력은 더 이상 작동할 여지가 없어진다.

김정은이 미국의 제한적 선제공격을 받으면 어떻게 나올까? 김정은의 생존 본능과 이성이 마비되지 않는다면 전면적 반격에 나설 가능성은 평생 누릴 권력을 포기하고 체제의 종말을 선택할 확률만큼 낮다. 함부로 오기를 부렸다가 미국이 쳐놓은 덫에 걸려들어 완전 궤멸을 당할지 모르니 대륙간탄도미사일(ICBM)을 수백 기 배치할 때까지 와신상담하며 후일을 기약하려고 할 것이다. 따라서 일단 측근들을 안심시켜 놓은 다음 비핵화 협상을 통해 생존을 모색할 공산이 크다. 그러나 김정은이 이성을 잃고 자멸을 선택할 가능성도 배제할 수 없으므로 이에 철저히 대비해야 된다.

우리 정부가 미국의 선제공격을 무조건 반대하기보다는 그보다 훨씬 쉽고 인적, 물적 코스트가 적은 대북 전면 경제 봉쇄 단행을 설득해야 한다. 기댈 곳이 없어진 북한이 경제 제재 압박 앞에서 필사적으로 뚫으려는 것은 바로 우리의 평창 동계 올림픽이다.

# 북한의 평창 올림픽 참석 일등 공신은
# 김정은의 선의가 아니라
# 유엔 경제 제재 압박의 큰 성과다

사람은 누구나 어려움에 처했을 때 흔들리기 쉽다. 그때 보이는 것이 사람을 현혹시키고 흔들어대기 때문이다. 그러나 바로 그때 '보이는 것 이상'을 찾아내면 어려움에 처한 오늘의 절망적 상황이 더 큰 도전과 희망으로 되돌려진다.

그러므로 우리가 삶을 뜻있게 살아가려면 누구나 그에 걸맞은 '사명'이 있어야 한다. 사명이 있어야 우리 삶에서 존재 가치, 열정, 성취, 보람, 감사, 행복 등을 느낄 수도 있다. 그러나 우리는 북한 김정은의 가면 뒤 민낯을 직시해야 하는 것이 슬플 따름이다.

이에 따라 문재인 정부는 평창 올림픽으로 마련된 남북 대화 분위기가 북한의 추가 도발을 막고 이것이 자연스럽게 북·미 대화로 이어지기를 기대하는 듯도 하다. 그러나 '남북 대화-북한 도발 중지'는 가장 약한 고리다. 북한은 핵과 미사일 실험을 중지하는 대가로 '제재 완화와 한미 군사 훈련 중단'을 요구할 가능성이 크다.

원칙을 철저히 지키려는 미국 대신 남한이 주도적으로 나서기를 원할 것이다. 남한이 유엔 안전보장이사회 제재 자체를 완화할 힘은 없

그래서 눈을 감을 수가 없었다

다고 하더라도 여러 명분을 만들어 제재에 구멍을 만들어 주기를 기대할 수 있다. 한미 군사 훈련도 시늉만 내도록 요구할 수 있다.

북한이 이러한 요구를 한다면 우리 정부는 분명히 거절을 해야만 한다. 제재가 효과를 발휘하지 못하고 한미 동맹이 이완될 때 가장 큰 피해를 볼 나라는 우리 한국이다. 제재는 전쟁을 막고 평화적으로 북핵 문제를 풀기 위한 '고난도 행군'이다. 이 행군에서 한국이 이탈하는 조짐만 보여도 제재 효력은 반감된다. 그 경우 북·미 간 협상은 시작조차 할 수 없거나 시작이 되더라도 결렬될 가능성이 크다. 핵동결·비핵화를 위해서는, 협상을 하지 않을 경우 잔혹한 경제적 대가가 김정은을 기다리고 있어야 한다. 그러지 않고 그의 선의(善意)에 기대다간 오히려 전쟁으로 갈 가능성만이 커질 수 있다. 이것이 대화를 하더라도 제재 강도를 낮추지 말아야 할 절실한 이유다.

우리 정부는 북한 정권의 행태를 철저히 학습해야 한다. 2014년 아시아게임 폐막식 때 북한 실세 3인방이 갑자기 한국을 방문한 것도 경제가 어려워졌기 때문이다. 북한 수출의 40%를 차지하던 무연탄 가격이 2011년에 비해 2014년에는 절반으로 떨어졌다. 정부의 추정에 따르면 경제 성장률도 2012~2013년 평균 3% 정도에서 0%로 추락했다. 경제와 외화벌이에 비상등이 켜지자 일본-러시아의 관심을 타진하다가 실패하니 한국에 온 것이다.

이번 평창 올림픽 참가도 마찬가지다. 북한 참가의 일등 공신은 김정은의 선의가 아니라 유엔 경제 제재의 압박으로 인한 것이다. 한국이 대화만을 통해 참가를 설득하겠다면 북한은 막대한 경제적 지원과 정치적 양보를 요구했을 것이다.

김정은은 김여정까지 평창 올림픽에 투입해 제재의 판을 크게 흔들어 보려 한다. 그동안 우리 남한과의 대화를 시도하지도 않은 것은 물론, 문재인 대통령 취임 후 미사일 12발을 쐈다. 그러면서도 평창 올림픽을 계기로 문 대통령을 북한에 초청하기까지 했다.

북한의 상황이 참으로 경제적 고통이 절박해졌다는 신호다. 그러나 북한이 요구할 경제 제재 완화는 '트로이 목마'다. 이를 수용한다면 한국이 치명상을 입을 것이다. 북한 선수와 응원단에 대해선 마음을 더 열자. 포용하고 힘껏 격려를 하자. 따뜻한 마음으로 대하고 자유와 번영의 길이 있다는 영감을 선물로 크게 주자. 그러나 김정은의 핵과 미사일에 대해서는 냉정하고 혹독하게 대해 줘야 한다. 핵 문제가 해결의 길에 들어서지 않는 한, 평창 이후에도 이전과 달라질 것은 없다. 북한의 속셈, 즉 김정은의 가면 뒤 민낯을 바로 보아야 한다.

그러므로 문재인 대통령이 방북해 정상 회담을 한다면 제1의 목표는 반드시 비핵화 논의 진전에 두어야 한다. 청와대 관계자는 이제 "평양을 가냐, 안 가냐의 문제보다 북한과 미국이 어떤 관계를 유지하느냐가 중요하다"라고 말했다. 북·미 변화의 관계를 위해서는 김정은이 핵·미사일 추가 도발을 중단하고 비핵화에 나설 진심이 있음을 진정으로 보여 줘야 한다. 문 대통령이 특사를 보낸다면 가장 중요한 과제는 북한이 그런 자세를 취하도록 설득하는 것이다.

정부는 대북 설득과 더불어 군건한 한미 공조를 재확인해야 한다. 이미 "양국이 다른 신호등을 향해 가고 있는 것 아니냐"라는 우려가 나오는 터에 한미 간의 온도 차를 줄이는 데 전력을 다해야 한다. 우방국들에 남북 회담은 비핵화 진전 논의를 위한 것임을 분명히 설명

그래서 눈을 감을 수가 없었다

하고, 평창 올림픽 기간 중 일시적으로 취해진 대북 제재의 예외를 원상태로 회복해야 한다. 국제 제재의 긴장도가 조금이라도 느슨해지면 김정은은 정상 회담에 빈손으로 나올 것이다.

11년 만에 남북 정상 회담이 이뤄진다면, 그리고 한반도에 평화의 온도가 퍼진다면 그보다 더 좋은 일은 없을 것이다. 하지만 정상 회담을 했는데도 비핵화 문제에 아무런 진전을 이루지 못한다면 그것은 서로에게 치명적인 후폭풍을 가져올 수 있다. 현재 2018년은 과거 2000년, 2007년 김대중, 노무현 대통령의 방북 때처럼 만남 자체에 연연하고 감격할 시기가 아니다.

# 남북 정상 회담 성공을 위해서는
# 미국-일본과의
# 신뢰 구축이 필수적이다

　남북 정상 회담은 북한의 핵무기 제거와 한반도 평화 구축, 그리고 통일로 가는 역사적 관문이 될 수 있다. 하지만 한미 동맹에 균열이 생기고 일본이 딴지를 걸면, 남북 정상 회담의 성공에는 먹구름이 낄 수밖에 없다. 북한이 국제 사회의 제재와 압박 속에 대화의 장으로 나오려는 지금은 어쩌면 역사적 기회일지도 모른다. 그 기회를 단단히 잡아챌 수 있으려면 동맹은 물론 주변국과 신뢰를 탄탄하게 구축해 놓아야 한다. 지난해 세상을 떠난 독일의 통일 총리 콜이 남긴 메시지다.

　과거 제2차 세계 대전 발발 전 처칠(1874~1965)은 외톨이였다. 나치를 강력히 비판해 정치적 퇴물로 여겨졌다. 당시 영국은 체임벌린(1869~1940) 총리의 유화(宥和) 정책이 득세했다. 히틀러에게 굴욕적인 양보를 거듭한 뮌헨 협정(1938년 9월)으로 체임벌린은 '우리 시대의 평화'를 이룬 정치가로 칭송받았다.

　하지만 처칠은 평화를 구걸한 뮌헨 협정은 휴지 조각에 불과하다고 외쳤다. "평화는 강자의 특권이다"라는 게 그의 확신이었다. 1939년 9

　　　　　　　　　　　　　　그래서 눈을 감을 수가 없었다

월, 나치가 폴란드를 침공하자 처칠의 혜안이 입증되었다.

리더십에는 시공간을 꿰뚫는 입체적 인식이 필수다. 지도자라면 과거-현재-미래의 흐름을 보는 역사학적 통찰과 지역 정세와 국제 정치에 대한 판단 능력을 지녀야 한다. 처칠은 역사와 국제 정치를 녹여낸 세계 대전 회고록으로 1953년 노벨 문학상을 받았다.

이에 비해 한국 지도자들은 역사학과 국제 정치학을 합친 전략적 안목이 참 부족하다. 우리는 반만년 역사를 앞세우지만 '제국'을 다스린 경험이 없다. 낡은 운동권 정서의 영향을 받는 문재인 정부는 소국의식(小國意識)과 결합한 민족주의적 일국주의(一國主義)를 고집한다.

작년 문재인 대통령 방중(訪中) 시 베이징대 연설이 상징적이다. "중국과 운명공동체인 작은 나라 한국이 대국의 중국몽(中國夢)과 함께할 것"이라는 문 대통령의 발언이 외교적 공치사(功致辭)가 아니라는 사실이 심각하다. 역사와 국제 정치를 통찰하는 대한민국 지도자라면 가서는 안 될 퇴행의 길을 말하고 있기 때문이다.

문재인 정부가 중국몽의 실체를 알고 있는지 의문일 정도다. 중국 편을 들면서 미국을 소홀히 하는 문재인 정부의 친중경미(親中輕美) 노선은 역사학적인 편향과 국제 정치적 무지(無知)의 산물에 가깝다.

열혈 독서가였던 마오쩌둥은 중국 왕조 전사(全史)인 3213권에 이르는 24사(史)를 평생 숙독(熟讀)했다. 마르크스주의자이기 전에 중화주의자였던 마오의 진짜 스승은 진시황이었다. 6·25전쟁에서 마오가 최강국 미국과 정면 대결을 불사한 배경이다. 통일이 좌절된 우리로선 통탄할 일이었지만 철저히 '제국 중국'의 전략에 입각한 행보였다.

중국몽의 시진핑은 마오의 충실한 후예일 뿐이다. 한반도를 중국의 조공국으로 보는 중국의 역사 유전자가 너무나 선명하다. '세계사의 가장 큰 행위자'임에도 인권과 자유에 무지한 제국 중국 앞에 한국의 자존(自尊)과 자유를 지키는 일은 중차대한 문명사적 과제가 아닐 수 없다. 문재인 정부는 그러한 역사의 흐름을 거슬러 가려 한다. 대한민국이 치러야 할 비용을 측정하기 어렵다.

미국 역사 역시 제국의 경험으로 가득하다. 19세기 미국은 아메리카 대륙에서 스페인과 대영 제국을 축출해 서반구 전체의 패권을 장악했다. 이어 제1, 2차 세계 대전 승리로 '20세기 로마 제국'이 된다. 대한민국 건국 자체가 '제국 미국'의 자장(磁場) 안에서 가능했다. 냉전에서 소련을 이긴 미(美) 제국은 제국 중국의 굴기로 사상 최대의 도전을 맞고 있다. 신흥국이 패권국의 자리를 위협할 때 생기는 전쟁 위기인 '투키디데스의 함정'을 넘어 미국과 중국이 '공진화'(共進化, co-evolution) 할 수 있을지가 초미의 세계적 관심사다.

북한발 핵 위기는 사상 최초의 핵전쟁이자 제3차 세계 대전이 될 미·중 전쟁의 방아쇠 노릇을 하고 있다. UN과 미국-유럽 연합에 이어 중국과 러시아조차 북한을 규탄하는 까닭이다. 북핵은 인류의 공적(公敵)이 되었다. 북핵을 김정은 정권의 체제 보전 이슈로 읽는 건 일국주의의 편향에 불과하다. 남북 양국 체제에 입각한 항구적 한반도 평화를 위해서라도 북한 비핵화는 절체절명의 과제다. 세계 최대 안보 포럼인 뮌헨안보회의(MSC)에서 북한에 대한 '최고의 압박과 제재'가 주 의제였던 것과 같은 맥락이다. 북핵 최대 피해국인 대한민국의 외교부장관이 이 회의에 불참한 건 국제 사회의 '코리아 패싱'을 자

그래서 눈을 감을 수가 없었다

초한다.

1940년 전시(戰時) 거국 내각 총리가 된 처칠은 '피와 땀과 눈물'의 리더십으로 조국과 현대 민주주의를 나치의 마수(魔手)에서 구한다. "약자는 평화를 누릴 자격이 없다"는 역사와 국제 정치의 진실이 그를 이끌었다. 비굴함과 유약함으로 평화를 이루는 건 불가능하다. 갈수록 심해지는 미국과의 통상 마찰에서 문 대통령이 강조한 '의연하고 당당한 대응'이 요구되는 곳은 따로 있다. 바로 대중 관계와 대북 관계다. 그러므로 현 정부 노선은 남북 정상 회담을 위해선 미국-일본과의 신뢰 구축이 필수다.

# 존경받는 리더십의 용기가
# 한반도 평화 일궈낼 역사적 비핵화의
# 이정표를 세운다

우리가 삶에서 필요한 용기는 영웅적인 것이 아니다. 일상생활에서의 용기다. 솔직할 용기, 유혹에 저항할 용기, 가식 없이 있는 그대로를 보여 줄 용기, 다른 사람의 부(富)에 부덕하게 의존하지 않고 자신이 갖고 있는 것 내에서 정직하게 살아갈 큰 용기다.

그러므로 지금은 한반도 평화를 일궈낼 역사적 비핵화의 이정표를 찍어낼 존경받는 인물이 필요한 때이며, 리더십의 큰 변곡점 또한 필요한 시대다. 이에 따라 결단과 용기가 중요하며 세상만사 이해 상충인데 좋은 것만 갖는다는 건 불가능하다.

우리는 퇴근 후 짧은 시간 동안 책을 볼 건지, 다음 날 편하기 위해 잔무를 처리할 건지, 친구들과 술 한 잔 할 건지, 가족과 함께할 건지 정해야 한다. 여기서 선택과 포기가 발생한다. 우선순위를 따져 자기에게 가장 유리하고 효율적인 선택을 한다.

이에 북한에게 가장 바람직한 것은 비핵화와 미국-일본의 수교를 통해 국제 사회의 정상적 일원으로 나서는 것이며, 북한 체제 안전은 유엔과 한·미·북·중·러 등 동북아 관련국이 모두 참여하는 안전 보장

그래서 눈을 감을 수가 없었다

체제로 푸는 것이다.

북이 핵만 버리면 이 세계에서 북한을 공격할 나라는 하나도 없다. 이 경우 대북 제재 해제와 국제 사회의 경제 지원으로 북한의 경제적 어려움은 단기간에 크게 개선될 수 있다. 김정은은 핵을 버리고 미·북 수교와 제재 해제를 얻는 것만이 살길이라는 전략적 판단을 내리길 바랄 뿐이다.

김정은이 참으로 조건만 맞으면 핵을 포기할 생각이 있는 것인지, 아니면 이 모든 것이 또 거대한 쇼 한 편인지는 앞으로 한두 달 안에 드러나게 될 것이다. 낙관은 금물이지만 비관할 필요도 없다. 흔들릴 수 없는 목표는 두말할 것도 없이 '완전하고 검증 가능하며 되돌릴 수 없는 핵 폐기'다. 불안하고, 검증할 수 없으며, 언제든 되돌릴 수 있는 핵 폐기는 핵 폐기가 아니라 사기(詐欺)극일 뿐이다. 북은 과거에도 핵 폐기에 합의해 놓고 검증을 거부해 온 전력이 있다.

한미 동맹과 주한 미군은 북한을 공격하기 위해 존재하는 것이 아니라 북한의 위협을 방어하고 전쟁을 막기 위해 있는 것이다. 한미 동맹은 실제 역할을 해 왔고 지금의 대한민국은 그 바탕에 서 있다. 북핵이 실제로 없어진다고 해도 한미 동맹이 사라지면 한반도의 전쟁 위험은 오히려 더 커질 우려가 있다.

우리로서는 한미 동맹과 북핵 폐기의 맞교환을 받아들일 수 없다. 트럼프 대통령이 어떻게 반응할지 확인할 수는 없지만, 미국의 조야(朝野) 역시 한미 동맹 폐기를 받아들일 가능성은 거의 없다. 일각에서는 미국이 자신의 우선 관심사인 북 대륙간탄도탄만 포기시키고 북핵은 사실상 용인하는 거래의 가능성도 제기하고 있다. 이 경우 대한민국은 비상한 결단을 내릴 수밖에 없으므로 우리도 핵을 보유하는 쪽으로 신중히 고민해야 할 것이다.

지금 북한을 상대로 2개의 정상 회담이 4월, 5월 동시에 진행될 수 있는 만큼 한미의 철저하고도 정교한 공조는 필수다. 주한 미군 철수 등 북한이 제기할 수 있는 모든 현안에 대해 조율을 거친 뒤 회담에 임해야 한다. 북한이 말이 아닌 구체적 행동으로 비핵화를 보여 줄 때까지 압박과 제재가 계속 되어야 하는 건 당연하다.

북핵 문제가 두 차례 정상 회담만으로 해결되기 어려운 만큼 정부는 긴 호흡을 갖고 차분하게 발걸음을 옮겨야 한다. 주변국들의 협력도 절실하기에 입체적 외교전도 병행할 필요가 있다. 미국도 북한의 진정성이 확인되면 군사 옵션을 배제하고 전향적인 자세로 회담을 해야 한다.

북핵 협상의 역사는 한미의 '실수반복사(史)'다. 1994년 미국은 북핵 시설 폐쇄도 아닌 동결에 중유(重油)를 매년 50만 톤 주기로 했고 대북 무역·금융 제재도 줄줄이 풀었다. 북은 중유를 총 400만 톤 챙기면서 뒤로는 고농축 우라늄(HEU) 핵 프로그램을 개발했다.

이번 발표가 과거 한국 햇볕 정권들의 대북 합의보다 크게 나은 점은 바로 '또 속지 않는다', '핵 폐기가 실천될 때까지 제재를 풀지 않는다'라는 의지를 분명히 하고 있는 것이다. 어쩌면 이것이 미·북 정상 회담보다 더 핵심일 수 있다. 김정은을 비핵화 테이블로 끌어낸 것이 바로 제재와 군사 압박이었고, 앞으로 김정은의 기만을 막을 장치도 제재와 군사 압박이기 때문이다.

지금의 유엔 대북 제재 2321호는 과거와는 다르다. 배급 시스템이

그래서 눈을 감을 수가 없었다

붕괴된 뒤 북한 경제를 지탱하고 있는 장마당과, 장마당에서 뇌물을 받아 생활하는 당·군 간부들의 생활 자체를 위협하고 있다. 전문가들은 올해 말에는 이 효과가 거의 태풍 수준으로 북한을 엄습할 것으로 보고 있다. 이와 함께 미국의 전례 없는 대북 군사 조치 검토는 김정은과 북 정권 집단을 공포로 몰아넣었다.

아직 북이 무너지는 상황이 아니기 때문에 김정은의 비핵화 언급의 진정성은 불확실하다. 어쩌면 김정은 자신도 확신이 없을 것이다. 여기서 비핵화 외의 모든 출구를 틀어막고 다른 선택을 할 여지를 주지 않는 방법은 김정은이 비핵화를 실천할 때까지 지금의 대북 경제 제재와 군사 압박을 흔들림 없이 밀고 나가는 신뢰와 용기인 것이다. 그때만이 북핵 사태가 평화적으로 해결될 수 있다. 그러므로 한반도가 이뤄낼 역사적 비핵화의 이정표는 신뢰와 존경을 받는 리더의 큰 용기와 리더십이다.

# 북한의 비핵화 단계적 조치 함정에 빠지면
# 2005~2012년 북한 보상만 챙겨준 꼴,
# 두 번 속지 말아야 한다


3차 남북 정상 회담 날짜가 오는 4월 27일로 확정됐다. 남북은 한반도 비핵화 문제를 포함한 정상 회담 의제는 추후 협의하기로 했다. 2000년 6월 김대중 대통령과 김정일 국방위원장, 2007년 10월 노무현 대통령과 김정일 위원장 간 회담에 이어 11년 만에 열리는 남북 비핵화의 정상 회담이다.

북한은 과거 비핵화 협상 때마다 '단계적 해결'을 내세워 왔다. 북한이 한 단계씩 비핵화 조치를 할 때마다 한미가 즉각적으로 보상을 제공하는 '행동 대 행동' 방식이다. 하지만 2005년 9·19 공동성명과 2007년 2·13 합의, 2012년 6·29 합의는 번번이 북한의 합의 파기로 실패했고 매번 북한의 핵 실험으로 이어졌다.

이에 따라 북한의 비핵화 단계적 조치 함정에 또다시 빠지면 2005~2012년도의 한국은 과거 재연과 함께 북한에 또 다른 보상만 챙겨 주는 꼴이니, 두 번 세 번 속지는 말아야 한다. 다시 한번 말하지만, 과거 비핵화를 위한 협상 경험을 거울삼아 이번 3차 남북 정상 간 협상에서는 북의 보상만 챙기고 비핵화 합의를 파기하지 않도록

그래서 눈을 감을 수가 없었다

확고히 진행되어야 한다.

북한은 2003년 8월 북핵 6자회담이 개시될 때부터 '동시 행동' 원칙을 주장했다. 미국의 북한 체제 보장, 경제 지원이 북한의 핵 포기와 동시에 이뤄져야 한다는 것이다. 미국이 '선(先) 핵 폐기'를 요구하자 북한은 "동시 행동이 아니면 행동 대 행동도 가능하다"라고도 했다.

양측이 한 발씩 물러서며 우여곡절 끝에 2005년 6자회담에서 북한 비핵화의 '로드맵' 격인 9·19 공동성명이 채택됐다. 성명에는 '6자가 공약 대 공약, 행동 대 행동 원칙에 입각해 단계적으로 합의 이행 조치를 취한다'라는 문구가 들어갔다. 하지만 이듬해 7월, 북한은 한미 군사 훈련을 구실로 대포동 2호를 발사한 데 이어 그해 10월 1차 핵 실험을 감행했다.

9·19 이행 조치가 담긴 2007년 2·13 합의에서는 북핵 해결을 '동결-불능화-폐기' 3단계로 나눴다. 북한이 핵 시설 불능화 조치를 이행하는 조건으로 한·미·일·중·러가 중유 100만 톤을 제공하기로 했다. 북한은 2008년 6월 영변 핵시설 냉각탑을 폭파했고, 미국은 그해 10월 북한을 테러지원국에서 해제했다. 그러나 이후 북한은 핵 신고서 검증 조치를 거부하며 6자회담 합의 사항을 깼고, 2009년 5월에 2차 핵 실험을 강행했다.

2012년 북한이 핵 실험 등을 중단하는 대가로 미국이 식량 지원을 하기로 한 2·29 합의도 북한이 그해 4월에 파기했다. 북한은 장거리 로켓을 발사한 뒤 헌법 전문에 핵 보유국임을 명시했다. 미국은 이후 '단계적 조치'는 북한에 시간만 벌어줄 뿐 비핵화가 불가능하다고 결론을 내렸다. 단계마다 보상을 주다 막판에 북한이 핵 사찰을 거부하면서 사실상 대책이 없다는 결론을 내렸다.

이에 따라 지금 북핵 문제를 둘러싸고 한·미·북·중 간에 치열한 수 싸움이 진행되고 있다. 김정은의 속셈도 처음 드러났다. 25년간 핵 개발을 위해 써먹었던 '단계 조치' 주장을 또 들고 나왔다. 최단기간 내에 북핵 폐기 완료를 원하는 트럼프 미국 대통령의 구상과는 배치된다.

그런데 한국 청와대의 입장이 김정은의 주장을 따라가려는 듯한 움직임이 가시화되고 있다는 데서, 청와대 관계자가 30일 '핵을 한꺼번에 폐기한 후 보상을 하는 리비아 방식은 북한에 적용하기 힘들다'라고 한 것은 미국의 의구심을 부채질할 우려가 있다. 리비아 방식은 존 볼턴 국가안보회의(NSC) 보좌관이 북핵 해법으로 주장해왔고 청와대도 그동안 "단칼에 고르디우스의 매듭을 끊듯이" 일괄 타결하는 방안을 말해 왔다. 그랬다가 김정은이 시진핑 중국 국가주석을 만나 비핵화를 "단계적, 동시 조치"로 하겠다는 입장에 장단을 맞추기 시작한 것이다.

트럼프의 대한(對韓) 경고는 이 시점에서 나왔다. 남북 정상 회담을 앞둔 문재인 대통령을 향해 김정은 편을 들지 말라고 한 것이나 마찬가지다. 3월 초 워싱턴을 방문한 우리 특사단이 김정은의 미·북 정상 회담 제안을 전달했을 때 트럼프 대통령이 즉석에서 수락하면서 그런 사실을 우리 특사단으로 하여금 직접 발표하도록 하자 트럼프 대통령 참모들조차 "이례적"이라며 의아해했었다.

한국이 대화를 통한 북핵 해결을 중재했으니 그 결과도 한국이 책임지라는 뜻이 아닌가 싶었는데 트럼프 대통령의 지금 태도가 딱 그렇다. 거기에다 이제 한국 정부와 북한이 '단계 조치'에 합의하고 미국에 이를 들고 오지 말라는 뜻까지 포함됐나 싶다.

북핵을 없애려면 한미가 한 몸처럼 움직여도 힘들다. 그런데 트럼프 대통령은 한국을 미국이 아닌 북한과 한 팀인 것처럼 취급하기 시작했다. 트럼프의 사려 깊지 못한 태도도 문제지만 정부가 어떻게 움직이고 있길래 미국 대통령 입에서 이런 말까지 나오느냐는 우려도 하지 않을 수 없다.

'단계적, 동시 조치'는 핵 폐기는 먼 미래의 목표로 정해 놓고 거기까지 가는 과정마다 북한에 대가를 주는 방식이다. 지금의 대북 제재는 몇 달 안에 허물어질 것이다. 한 번 무너진 제재망을 다시 복구하는 것은 거의 불가능하다. 그런 다음에도 김정은이 핵 폐기 약속을 지킬 것이라고 믿는다면 그것은 국민을 속이는 것이다.

정부가 북한을 달래려 노심초사하는 것은 이해할 수 있다. 그렇다고 김정은에게 끌려다니다가는 북핵 해결의 천금 같은 기회를 날려 보내고 한미 동맹까지 잃어버릴 수 있다. 한국은 북한의 비핵화 '단계적 조치' 함정에 빠지면 과거 2005~2012년도에 그랬던 것처럼 또 보상만 챙겨 주는 꼴이 될 수 있으므로 두 번 다시 속지 말아야 한다.

# 전 정권 전철 안 밟으려면,
# 문재인 정부는 철저한 준비와 점검으로
# 후회 없는 남북 정상 회담이 돼야 한다

오는 4월 27일 남북 정상 회담에서 주목되는 것은 2013년 당 전원 회의가 채택한 '경제-핵 병진(경제발전과 핵 개발 동시 추구) 노선'의 수정 여부이다. 그동안 번번이 국제 사회와의 비핵화 합의를 깨고 몰래 핵 개발을 계속해왔던 북한이다.

김정은이 비핵화 의지를 거듭 밝힌다 해도 그 진정성에 대한 의문은 계속될 수밖에 없다. 노동당의 노선 변경은 김정은의 비핵화 의지를 보다 분명히 드러내는 한편, 고립을 벗어나 국제 사회의 일원이 되고자 하는 북한의 희망을 대내외적으로 공표하는 계기가 될 것이다.

지금까지 남북 관계 정상화를 위한 여정은 순조로워 보인다. 하지만 진정 의미 있는 결과는 27일 남북 정상 회담, 그리고 한 달 뒤 북·미 정상 회담에서 나올 것이다. 그러므로 문재인 대통령은 전 정권 전철을 밟지 않으려면 철저한 준비와 점검으로 한 치도 후회가 없는 남과 북의 정상 회담을 진행해야 한다.

요즘 한반도는 남북 정상 회담으로 인한 흥분에 휩싸여 있다. 문재인 대통령이 곧 김정은 북한 국무원장을 만난다. 지난 몇 달간 낙관

그래서 눈을 감을 수가 없었다

적인 분위기가 이어졌다. 회담을 앞둔 분위기는 지난해 전쟁 위험에 비하면 분명 큰 진전이다.

도널드 트럼프 미국 대통령의 충동적 언사를 저지한 데에는 문 대통령의 공이 크다. 문 대통령은 트럼프 대통령의 허풍을 진정시키고자 김 위원장을 협상의 자리에 앉힌 공로를 트럼프 대통령에게 돌리는 현명한 모습을 보였다. 김 위원장의 갑작스러운 행보가 트럼프 대통령 덕분이라고 실제로 믿는 사람은 별로 거의 없다. 트럼프 대통령을 돋보이도록 한 것은 문 대통령의 참으로 현명한 판단이자 전략이었다.

하지만 회담을 둘러싼 과장된 기대감이 놀랍다. 남북 관계에 일종의 돌파구가 생기고 한반도에 큰 변화가 곧 다가올 것이라는 기대감이 팽배하다. 그러나 현실이 될 가능성은 낮다. 설사 기대한 대로 이뤄진다 하더라도 이는 남한의 비용이 될 가능성이 크다. 이달 열릴 남북 정상 회담에 앞서 문 대통령은 아래 세 가지를 잊어서는 안 된다.

첫째, 북한은 개혁이나 변화를 수용하지 않았다. 북한이 유리한 입장에 설 수 있다고 보기 때문이다. 김정은 정권 하에서 북한이 정치적으로 의미 있는 변화를 했다고 볼 만한 근거는 거의 없다. 북한에는 정권 개방이나 체제화의 관계 개선을 위해 자유화를 이끈 미하일 고르바초프, 넬슨 만델라, 아웅산 수지 같은 인물이 없다. 실제로 김정은 정권에서 가장 놀라웠던 것은 북한이 거의 변화하지 않았다는 점이다.

현재의 북한이 우리가 알던 그 북한과 한 치도 다르지 않았다면 문 대통령, 트럼프 대통령, 아베 신조 일본 총리, 시진핑 중국 국가주석,

불라디미르 푸틴 러시아 대통령 등과의 정상 회담이라는 갑작스러운 돌풍은 북이 이를 통해 유리한 위치에 서기 위한 것이라고 볼 수 있다. 김 위원장이 미국을 타격할 핵무기를 보유하고 있고 이로 인해 자신의 안전이 보장되고 있다는 것이 현 상황에 대한 가장 간단한 설명이다. 김 위원장은 핵무기 추진으로 얻는 이득을 현금화하기 위해 쇼핑을 하고 있다.

둘째, 주한 미군 철수는 절대 되돌릴 수 없다. 북한과의 협상에서 가장 명백한 '그랜드 바겐'은 완전한 비핵화를 대가로 한 주한 미군의 철수일 것이다. 남한은 이 제안에 매우 신중해야 한다. 한반도 긴장 완화를 위해서라면 초반에는 미군 철수가 매력적인 방법으로 보일 수도 있다.

하지만 주한 미군이 철수하면 절대로 되돌릴 수 없다는 것을 알아야 한다. 남한은 다른 국가는 누리지 못하는 세계 최고의 안보를 미국으로부터 보장받고 있다. 또 강대국들에 둘러싸인 상황에서 남한은 한미 동맹을 통해 중간 국가의 역할을 공고히 하고 있다. 미국과의 긴밀한 관계 덕분에 미국 대학, 달러, 영어, 월가 등 미국 소프트 파워가 지배하는 세상과 단단히 연결돼 있다.

셋째, 지난 정상 회담과 햇볕 정책을 통해 남한은 만족할 만한 결과를 얻지 못했다. 개성 공단도 의도에 부합하지 못했다. 오히려 북한은 개성 공단을 수입 창출을 위한 고립 지역으로 만들고 합법적으로 달러를 벌어들였으며 남한에는 별다른 이익이 돌아오지 않았다. 북한은 심지어 햇볕 정책이 진행되는 동안 핵무기 개발도 지속적으로 진행해왔다.

그래서 눈을 감을 수가 없었다

이는 보수 언론의 비판을 야기했고 2007년 이명박 대통령의 당선으로 이어졌다. 문 대통령이 전임 정권의 행보를 되풀이하고 싶지 않다면 북한으로부터 진정한 양보를 얻어내야 할 것이다. 북한은 인권 개선이나 핵 사찰단 수용처럼 자신들에게 중요한 문제를 양보해야 한다. 과거 북한에 수용했던 추가 회담, 교류 행사, 이산가족 상봉 등은 양보라고 하기 어렵다. 북한이 희생을 치를 필요가 없는 것들이기 때문이다.

이처럼 문 대통령은 매우 힘든 상황에 처해 있다. 이와 같은 문제들을 처리하기 위해서는 큰 협상 능력을 발휘해야만 한다. 김정은 위원장(혹은 트럼프 대통령)이 그랜드 바겐을 통해 교묘한 수를 쓰지 못하도록 서두르지 않는 모습을 보이는 것이 가장 현명한 자세이다. 과거 DJ-盧 정부의 정상 회담과 햇볕 정책에 우리는 만족할 만한 결과를 얻지 못했다. 전(前) 정권 전철을 밟지 않으려면, 문재인 정부는 주한 미군 철수는 되돌릴 수 없고, 북한은 변한 게 없다는 점을 명심하여 철저한 준비와 점검으로 후회가 없는 남북 정상 회담을 해 줘야 할 것이다.

# 대한민국 국민들은
# 북한의 완전한 비핵화 말고는
# 다른 해법이 없다고 본다

　남북 정상이 한반도 통일의 미래로 발을 내딛었다. 한 번도 가보지 않은 길이다. 문재인 대통령과 북한 김정은 국방위원장이 대결과 갈등의 상징인 판문점 군사분계선을 함께 넘어섰다. 분단 후 70년, 6·25 전쟁 휴전 65년만이다.

　두 정상은 손을 맞잡고 군사분계선을 넘고 넘어 역사적인 남북 정상 회담을 이어 두 영부인 만찬까지도 가졌다. 한반도 평화의 봄은 이렇게 오는가도 하지만 대한민국 국민들은 오직 완전한 비핵화 말고는 평화 통일의 해법은 없다고 본다.

　물론 남북이 앞으로 정기적인 회담과 직통 전화를 통해 수시로 논의하기로 했다. 이에 다음 정상 회담은 올가을 또 평양에서 열기로 했다. 2000년 6·15 공동선언에 명시된 서울 답방은 이번에도 무산됐지만 적어도 가을까지는 비핵화와 평화 체제의 로드맵을 완성한다는 목표를 설정한 것으로 볼 수가 있다.

　물론 첫술에 배부를 수는 없다. 이번 남북 정상 회담은 비록 기대에는 좀 미흡하지만 새로운 한반도 평화의 역사를 쓰기 위한 시작이

　　　　　　　　　　　　　　그래서 눈을 감을 수가 없었다

될 수는 있을 것이다.

김정은이 방명록에 '새로운 력사는 이제부터 평화의 시대, 력사의 출발점에서'라고 썼듯 새 역사의 출발이 될지, 아니면 한바탕 쇼에 그칠지는 전적으로 북한의 진정성, 특히 완전한 비핵화에 대한 김정은의 신속한 실천 의지에 달려 있다. 그리고 그 성패는 앞으로 한 달여간 전개될 북·미 국제 외교전에서 드러나게 될 것이라고도 본다.

이에 따라 두 정상은 유엔 제재를 의식해 경협 문제를 직접 다루지는 않았다. 하지만 남북 교류를 확대해 대화의 동력을 유지하기로 의견을 모았다. "쌍방 당국자가 상주하는 남북공동연락사무소를 개성지역에 설치하기로" 합의한 게 그 예다. 또 "남북 적십자회담을 통해 8·15를 계기로 이산 가족, 친척 상봉을 진행하기로" 합의도 했다.

무엇보다 이번 회담에서 눈여겨볼 대목은 북한이 정상 국가의 이미지를 얻게 됐다는 점이다. 김정은 위원장은 잔인한 독재자, 미치광이 로켓맨에서 개방적이고 솔직하며 유머까지 구사하는 합리적 이미지를 얻게 됐다. 양측 영부인까지 동반하는 만찬으로 북한은 정상 국가에 한발 더 다가섰다.

또한 이번 회담에서 남북 정상은 수행원이나 통역 없이 30분간 단둘만의 '도보다리 밀담'을 나누었다. 양쪽 실무진이 '판문점 선언'의 구체적 표현을 가다듬는 시간에 이뤄진 가장 중요한 대화로 꼽히고 있다.

이번 회담에서 공개되지 않았지만 양측 정상 간의 신뢰 구축, 북 비핵화에 대한 내밀한 합의 등 판문점 선언을 뛰어넘는 성과를 거두었을 가능성을 시사하는 대목이다.

이번 회담은 이런 성과들에도 불구하고 아쉬움을 남겼다. 특히 북한의 비핵화에 대한 우리 국민의 의구심을 말끔히 풀어 주기엔 여전히 미흡한 게 사실이다. 김 위원장으로부터 비핵화 시기 등보다 진전된 비핵화 발언을 이끌어 내지 못한 점이 크게 아쉽다. 물론 한겨울 얼음 석 자가 하루아침에 언 게 아닌 것처럼 오랜 대치 구조를 바탕으로 한 북핵 문제를 한칼에 고르디우스의 매듭을 끊듯 하기는 어려울 것이다.

그럼에도 우리가 '완전하고 검증 가능하며 돌이킬 수 없는 비핵화(CVID)' 일괄 타결을 강력하게 요구하는 건 북한의 핵미사일 능력이 과거와는 비교할 수 없을 정도로 무섭게 고도화돼 우리를 위협하고 있기 때문이다. 비핵화 문제를 외면하고선 사실 그 어떤 남북 간의 논의도 무의미한 게 현실이다.

비핵화 문제는 물을 거슬러 오르는 배처럼 전진하지 않으면 후퇴한다. 진전을 이루지 못하면 북핵 고도화의 시간만 벌어 주기 때문이다. 정부는 북한을 대화의 장으로 나오게 한 대북 제재의 틀을 굳건히 견지하면서 미국과 찰떡같은 공조 체제를 유지해 완전한 비핵화라는 목표를 향해 흔들림 없이 나아가야 한다.

이번 회담 결과를 미국과 정확하게 공유하며 비핵화 완성의 시나리오를 짜야 할 것이다. 백 리를 가려는 자는 구십 리가 반이라는 말처럼 정부는 긴장의 끈을 자나 깨나 놓지 말고 완전 비핵화에 매진해야 한다. 완전 비핵화 말고는 다른 해법을 찾을 수 없고, 이번이 비핵화의 마지막 기회이기 때문이다.

우리의 한반도 분단 이후 55년 만에 이루어졌던 2000년 남북 정상 회담과 공동 선언 이후 2007년의 남북 정상 간 두 번째 만남, 그리고 다시 11년 만에 이루어지는 2018년 4월 27일의 남북 정상 회담이 '이제 다시' 우리 앞에 펼쳐졌다.

비핵화의 평화로 가는 체제 구축을 위한 두 정상의 만남에서, 대한민국 국민들은 오직 북한의 완전한 비핵화 말고는 다른 해법은 없다고 본다. 그러므로 우리 앞에 놓인 한반도의 비극을 평화 통일로 이끌어야 한다.

# 나라를 이끌어 가는 데
# 적당한 확신은 약(藥)일 수 있지만,
# 지나친 확신은 독(毒)이 될 수 있다

나라가 질서 있고 공평한 사회를 만들려고 할 때 결코 놓치지 말아야 할 것이 확신이다. 우리는 오랫동안 간직해 온 옳고 바른 한마음을 잃지 않아야 한다. 한마음을 잃지 않는 사람은 범법자를 대할 때도 마음 자세가 달라진다.

옳고 바른 마음의 자세가 된 사람은 법을 투쟁의 수단으로 삼는 일도 없고, 법을 왜곡하는 일도 없다. 한마음을 가진 사람은 범법자를 들추어내 처벌하는 것보다 사람들의 좋은 점들을 드러내 칭찬하는 분위기를 만드는 데 주력한다.

오늘의 모든 협상은 주고받는 게임이다. 1993년부터 25년간 진행된 북핵 게임은 북핵 완성 전(前)과 후(後)로 나뉜다. 전반부에서 북한은 체제 고통을 최소화하며 핵 개발에 주력해 뜻을 상당 부분 이뤘다.

관건은 후반부에서 우리가 요구하는 '북핵 폐기'와 북한이 원하는 '체제 안전'을 놓고 누가 얼마나 적게 주고 많이 받느냐다. 한반도에 평화를 구축하려면 북한과 주고받을 것을 분명히 하고 확고한 원칙을 견지해야 한다.

먼저, 우리가 추구하는 북핵 폐기에 대한 북한의 진의(眞意)는 지난달 20일에 열린 노동당 중앙 회의에서 드러났다. 김정은은 이날 사실상 핵 보유국을 선포하며 핵 동결(핵 대륙간 탄도 미사일 시험 중지)과 비확산(핵무기·기술 이전 금지)까지 양보할 수 있음을 밝혔다.

미국 본토를 위협하는 미사일은 시험 중지와 검증으로 해소할 수 있지만, 비확산의 경우 북한에 대한 신뢰가 없는 현 상태에서는 북한의 모든 핵무기 폐기만이 가장 확실한 방법이다.

문제는 곧 열릴 미·북 정상 회담에서 북한이 기존 핵 보유국처럼 '절대 핵 확산을 하지 않을 것'이라는 신뢰를 주면 한국과 미국이 느끼는 북핵 체감도(體感度)가 달라지기 시작한다는 점이다.

미국이 '핵 동결 감축 비확산'으로 본토 안전을 확보하고 체면 세우는 걸로 만족한다면 이는 우리에게 재앙이다. 한국을 위협하는 재래식 미사일을 포함한 북한의 완전 제거를 목표로 하고 이에 대한 검증이 끝나는 마지막 순간까지 한미 간에 조그만 틈도 없어야 한다.

완전한 북핵 폐기에 대한 보상책인 '북한 체제 보장'의 본질은 그 범위에 있다. 대북 제재 해제와 경협 확대 같은 경제적 지원과 한미 동맹에 영향 없는 미·북 수교와 평화 협정 같은 외교적 보상은 충분히 가능하다.

그러나 우리 능력 범위 밖의 것도 있다. 내부 모순에 의한 북한 체제 위협이 대표적이다. 최근 50년 동안 이라크의 후세인 정권을 제외한 모든 독재 정권은 내부 모순과 분열에 의해 자멸(自滅)했다. 북한이 외부와의 교류와 경제 개발에 나설수록 이런 위험에 노출될 가능성이 높다.

그래서 북한은 열악한 인권 문제를 제기하는 국내외 언론의 비판 보도를 가장 심각한 체제 위협으로 느낄 것이다. 이를 내정 간섭이라 주장하며 트집 잡을 공산이 크다. 북한이 언제든 도발로 복귀할 명분을 주고 과도한 보상을 요구하게끔 하는 이런 종류의 약속은 절대 금물(禁物)이다.

우리가 앞으로의 협상이나 대화에서 가장 경계해야 할 것은 한미 동맹 약화이며 그 핵심은 주한 미군이다. 미국 대통령과 국방장관이 최근 주한 미군 철수 감축 가능성을 시사했다는 보도가 잇따르고, 문정인 대통령 특보와 이종석 전 통일부 장관의 발언 등은 예사롭지 않다. 분명한 것은 한미 당국이 확인한 것처럼 앞으로 어떠한 경우에도 주한 미군 철수 감축이 협상 테이블에 올라와선 절대로 안 된다는 말이다.

주한 미군이 있는 한미 동맹은 그동안 전쟁을 억지하고 대한민국의 위대한 성취를 뒷받침 해왔다. 앞으로도 한반도의 지정한 특성을 고려하면 북한뿐만 아니라 주변국의 도발을 억제하는 결정적인 역할을 할 것이다.

북핵 협상의 마지막 단계에서 북한이 완전한 북핵 폐기를 전제로 미국에 주한 미군 철수를 요구하고, 미국은 우리에게 '북핵 폐기와 주한 미군 철수' 중 택일(擇日)하라고 할 가능성도 있다. 지금처럼 북핵이 있고 주한 미군도 있는 게 나을까, 아니면 북핵은 완전 폐기되고 주한 미군 또한 없는 게 나을까?

당연히 주한 미군이 있는 게 우선이라고 확신한다. 그동안 북한이 수많은 도발과 위협을 했고 심지어 핵무기를 완성했지만, 우리의 대외 신인도는 흔들리지 않았고 성장을 계속했다. 그 밑바탕에 주한 미군이라는 든든한 버팀목이 있었기 때문이다. 그러나 주한 미군 철수가 가시화되면 먼저 외환·증권 등 자본 시장이 혼란에 빠지고 이어 실물 경제가 심각한 타격을 받을 것이다. 안보 위기가 오기 전에 경제적 토대가 붕괴되는 상황이 올 것이다.

북핵 폐기가 긴요한 안보 현안인 것은 맞지만, 더 중요한 것은 튼튼한 한미 동맹임을 잊어서는 안 된다.

한반도 7,000만 명의 운명을 좌우할 미·북 정상 회담과 그 이후 협상 과정에서 확고한 원칙과 합리적 전략을 끝까지 견지하는 쪽이 원하는 것을 얻을 수 있다. 여기에서 '한미 동맹 약화 없는 북핵 완전 폐기'가 우리의 절대 양보할 수 없는 불변의 목표가 돼야 한다.

지금 우리는 북한 김정은의 진정한 의도가 어디에 있는지, 한국을 불바다로 만들 것임을 말했던 그가 갑자기 태도를 바꾼 전략이 무엇인지, 세심하게 알고 파악을 해야 한다. 북한의 핵이 없어졌다고 해서 '남한의 공산화'도 없어지는 것은 아니다. 우리는 대화는 하되 거리를 좀 두고 진위를 정확히 알아야 백승한다.

오늘의 경제는 숨죽이고 있다. 국민을 먹여 살리는 일이 국가의 존재 이유라면 이처럼 최저 임금, 근로 시간 단축, 퍼 주기 식(式) 복지를 동시 다발적이고 전면적으로 감행하는 일은 할 수 없다. 나라를 이끌어 가는 데에 적당한 확신은 약(藥)이 될 수는 있지만 지나친 확신은 독(毒)이 될 수도 있다.

# 북한은 양심의 소리를 듣고 하루라도 빨리 핵 폐기를 선언하여 남·북·미 모두에게 새 길을 열어가야 한다

우리 삶에서 양심은 의무를 다할 것을 요구한다. 양심이 통제력을 발휘하지 않는다면 현명하고 위대한 지식도 길을 잃고 헤매는 불빛에 지나지 않을 것이다. 양심은 사람들로 하여금 혼자 힘으로 일어서게 만들고, 의지는 사람들이 쓰러지지 않고 계속 서 있을 수 있도록 뒷받침한다.

양심은 올바른 행동과 사고, 믿음, 생활의 지배자이다. 양심이 지배력을 발휘할 때만 고결하고 올바른 인격을 온전히 발전시킬 수 있다. 인간의 본성은 시련을 겪은 뒤 꽃을 피우고 열매를 맺는다. 편안하고 안락한 환경 속에서는 시들거나 쇠약해질 뿐이다.

우리의 삶이 말해 주듯이 의무는 치욕당하거나 정신적으로 파산당하고 싶지 않은 사람들이라면 누구나 마땅히 해야 하는 일이다. 그것은 일상생활에서 단호히 행동하고 자발적으로 노력할 때만 갚을 수 있는 채무인 것이다.

미국의 트럼프 대통령이 다음 달 12일 열기로 한 북·미 정상 회담을 돌연 취소한 지 9시간 만에 북한이 회담 개최를 요청하는 입장을

그래서 눈을 감을 수가 없었다

발표했다. 북은 전례 없이 꼬리를 내리며 공손한 태도로 "아무 때나 어떤 방식으로든 마주 앉아 문제를 풀어나갈 수 있다"라고 했다. "(김정은 위원장이)트럼프 대통령과 만나면 좋은 시작을 뗄 수 있을 것이라며 준비에 모든 노력을 기울였다"라고도 했다.

북·미 정상 회담이 일방적으로 취소됐음에도 북한이 이런 식의 입장을 밝힌 것은 이례적이다. 전문가들은 판문점 도끼 만행 이후 북한이 보인 가장 저자세의 입장이라고 한다. 허세를 부리고 있지만, 사실은 궁지에 몰려 있는 것이다. 북한은 양심의 소리를 바로 듣고 하루라도 빨리 핵 폐기를 선언하여, 남·북·미 모두에게 새로운 나라 건설로 나아가는 길을 열어야 한다.

트럼프 대통령은 회담을 취소하면서 북의 '극도의 분노와 공개적인 적대감'을 거론했지만 이는 표면적인 이유일 뿐이다. 진짜 이유는 북이 물밑 협상 과정에서 '애매한 비핵화'를 고집해 '핵 사기' 행각을 다시 하려 한다는 의구심이 트럼프 행정부 내에서 커졌기 때문일 가능성이 높다. 만약 김정은과의 회담에서 과거 핵 문서와 다를 게 없는 합의문이 나올 경우, 미국 내 반발로 트럼프는 당장 11월 중간 선거에서 고전할 수밖에 없다.

트럼프 대통령은 회담 취소라는 충격 요법을 통해서라도 CVID(완전하고, 검증 가능하고, 되돌릴 수 없는 핵 폐기)를 전제로 하는 단기간 내 비핵화를 반드시 관철하려 하고 있다.

앞으로 회담이 되살아나더라도 이 핵심 문제가 해결되지 않으면 트럼프는 언제든, 어떤 방식으로 판단을 깰 것이다.

북한은 이날 회담 취소 후 발표한 성명에서도 '한 가지씩이라도 단계별로 해결'해 나가자고 함으로써 '단계 조치'에 미련을 버리지 못하는 모습을 보였다. 김정은이 시진핑 중국 국가주석을 두 차례 만났을 때 밝힌 '단계적 동시 조치' 비핵화와 같은 맥락이다. 이는 북이 핵 폐기를 많은 단계로 잘게 나눈 후 길게 끌고 가면서 제재 해제와 경제 지원을 받는 과거의 방식을 또 되풀이하자는 것이다. 그러다 합의가 깨지면 다시 제재로 돌아가기 힘들다. 북한이 여기까지를 계산하고 있다면 이것은 또 한 번의 핵 사기극이다. 수차례 속은 미국이 이를 수용할 가능성은 거의 없다.

북한의 태도는 핵 포기를 결단했다고 보기엔 이상한 구석이 한두 가지가 아니다. 아직도 '핵 폐기'가 아니라 '핵 군축'이라는 용어를 고집한다. 자신들이 핵 보유국이란 것이다. 풍계리 핵 실험장을 폐쇄하면서 당초 약속까지 어기고 핵 전문가들은 접근하지도 못하게 했다. 핵을 버린다면서 무엇을, 왜 감출까 싶다.

김정은은 지금이라도 '빠르면 6개월, 길어도 1년' 내의 CVID 핵 폐기 결단을 내리고 새로운 발전의 길로 나서야 한다. 그렇게 하면 한미와 국제 사회는 미·북 수교, 종전 선언, 평화 협정, 제재 해제, 경제 지원에 기꺼이 나설 것이다. 그토록 두려워하는 정권 붕괴도 막을 수 있다.

그러지 않고 끝까지 핵 사기극을 벌이겠다면 또 다른 '고난의 행군'을 각오해야 한다. 공식 경제가 무너져 주민들이 장마당에 90%를 의존하고 있는 상황에 김정은 정권이 이를 버텨낼 수 있을지는 미지수다. 김정은이 한국 정부를 상대하듯이 미국을 다룰 수 있다고 생각했다면 큰 오산이다.

그래서 눈을 감을 수가 없었다

김정은이 직접 나서 단기간 내 CVID 핵 폐기를 선언해 남북 모두에 새로운 길을 열어 주길 고대한다. 그러므로 북한은 올바른 양심의 소리에 귀 기울여 바로 듣고 하루라도 빨리 핵 폐기를 선언하여 북한의 경제 발전에 매진해 나가야 한다. 만약 또다시 핵을 이용하여 경거망동하게 행동한다면 이번 트럼프 대통령의 6·12 협상 포기 때처럼 "꼬리 내린 북, '핵 사기극'을 꿈꿨다면 여기서 확실하게 접어야 할 것"인 상황이 펼쳐질 것이다.

# 비핵화 입구에 들어선 북한의 정상국가화는
# 꼭 통일이 아니어도
# 개방의 문으로 완성돼야

　우리 속담에서 "은혜는 흐르는 물에 새기고 원수는 돌에 새긴다"라고 했다. 사람이 사람답게 사는 길은 은혜를 잊지 않는 것이다. 일제 강점과 6·25 전쟁의 폐허에서 대한민국을 건설하게 하신 순국선열, 우방국들의 희생과 은혜를 잊지 않고 감사해야 한다는 뜻이다.

　그러므로 꼭 통일이 아니어도 비핵화 입구에 들어선 북한의 정상국가화는 개방 정치의 문으로 활짝 완성되어야 한다.

　과거 1972년, 서울과 평양에서 동시에 7·4 남북 공동 성명이 발표됐을 때 곧 통일이 될 것처럼 전국이 들끓었다. 그리고 1980년대 중반 각국 회담이 활발하게 이어지고 남과 북의 이산가족이 평양으로 올라가고, 서울로 내려오는 감동이 수차례 반복되면서 통일 열풍이 또한 차례 세차게 불었다.

　남북 사이에 훈풍이 분다. 남북 정상이 한 달 새 두 번이나 얼굴을 맞대는 사상 초유의 경험도 했다. 뒤이어 고위급 회담, 군사 회담, 적십자 회담을 비롯한 각 분야의 회담이 열렸거나 열릴 예정이다. 분단 이후, 남북 간에 지금처럼 정상 회담부터 실무 회담에 이르기까지 여

　　　　　　　　　　　　　그래서 눈을 감을 수가 없었다

러 회담이 동시다발적으로 열린 적은 드물었다.

게다가 세기(世紀)의 만남이라는 김정은, 도널드 프럼프 간 북·미 정상 회담이 하루 앞두고 있다. 북미 관계도 최상이다. 그럼에도 1970~1980년대에 불었던 통일 열풍은 어디에서도 찾아 보기 어렵다. 7·4 성명이 박정희 유신 독재로 귀결되고, 서울과 평양을 오가며 전국을 눈물 바다로 만들었던 이산가족 상봉 행사는 단발성 이벤트로 끝났던 학습 효과 때문이리라. 북한이 언제 어떻게 돌변할지 모른다는 대북 불신감이 더해지면서 차분하게 지켜보는 분위기다.

TV 생중계 속 김정은의 이미지는 그동안 대다수 국민에게 각인된 '철부지 독재자'의 모습과는 거리가 멀었다. 밝게 웃는 얼굴 속에 감춰진 심중이 무엇인지 가늠하기 어려우나 정상 회담 뒤 그에 대한 호감도가 높아진 것은 분명해 보인다.

핵 포기 발언이 크게 한몫했다. 김정은이 핵을 포기하는 대가로 국제 사회에 요구하는 건 체제 보장이다. 공산당 일당이 지배하는 중국식도, 베트남식도 아닌 백두 혈통이 세습하는 북한만의 체제를 원하고 보장해 달라는 주문이다.

핵 폐기와 체제 보장의 '빅 딜'이 성사될 경우 한반도와 그 주변에는 평화가 온다. 그러나 통일은 더 멀어진다. 김정은 체제를 보장하는 건 통일은 없다는 말이다. 그가 독일식 흡수 통일을 원할 리 없다. 더욱이 무력에 의한 베트남식 통일이나, 평화적으로 통합했으나 끝내 차이를 극복하지 못하고 내전으로 치달은 예멘식 통일은 남과 북의 길이 아니다.

남과 북이 동등한 조건으로 하나 되는 것이 가장 이상적인 통일 방안이다. 그러나 이 같은 일은 꿈에서도 일어나기 어렵다. 남과 북이 줄곧 유지해 온 자신들의 체제를 포기하지 못한다는 건 자명하다.

분단 이후 통일은 당위였다. 수없이 '우리의 소원은 통일'을 부르고 들어온 이들에게 통일은 분명 '꿈에도 이뤄야 할' 당연한 명제였다. 시대는 변했다. 시대 변화에 따라 사람들의 인식도 바뀌었다. 제 앞가림조차 버거운 청춘에게 통일은 먼 나라 이야기다. 지난 1월 민족화해협력범국민협의회 의뢰로 한국리서치가 실시한 여론 조사 결과, 연령이 낮을수록 '통일의 필요성'에 부정적이었다. 20대의 경우 38.9%만이 통일의 필요성을 긍정적으로 봤다. 60대 이상의 71%와는 확연한 차이다. 자기희생이 따르는 통일에 대해서는 찬성률이 뚝 떨어진다.

20대는 80%만이 '통일을 위해서라면 내가 좀 못 살아도 된다'라고 응답했다. 정도와 차이만 있을 뿐, 이런 현상은 전 연령대에서 공통으로 나타난다. 찬성률이 가장 높은 60대 이상에서도 15.8%에 그칠 정도로 내 삶의 질이 떨어지는 통일에 대한 거부감은 심했다. 통일은 당위가 아닌 선택이라는 얘기다.

통일이 아니어도 공존의 길은 있다. 양안 모델이다. 중국과 대만은 각자 자신의 정체(政體)를 유지하면서 '삼통사류(三通四流)' 한다. 3통은 통상(通商), 통항(通航), 통우(通郵)를, 4류는 경제 교류, 과학 교류, 문화 교류, 체육 교류를 뜻한다. 양안 간에는 매일 100여 편의 직항 항공기가 오간다. 또 매년 300만 명 안팎의 중국인이 대만을 방문한다.

대만의 최대 투자처는 중국이다. 삼통사류는 중국 주도로 이뤄진다. 양안 교류는 중국보다 대만에 더 큰 이익을 가져다줬다. 이런 이유 때문인지 대만은 친중 성향의 국민당 정권은 물론 반중독립 성향의 민진당 정권에서도 교류 확대 정책을 꾸준히 계승하고 발전시켜오고 있다. 통일이 현실적으로 어렵다면 남북이 함께 추구해야 할 모델이다.

비핵화으로의 입구에 들어선 북한의 정상국가화는 개방으로 완성된다. 개방은 김정은에겐 양날의 칼이다. 번영을 부르는 최선의 수단인 동시에 체제 유지의 가장 큰 위협이기도 하다. 북·미 간은 물론 남북 간에도 불가침 조약에 준하는 확실한 안전 장치가 필요하다. 그것은 진보·보수 정권에 상관없이 유지, 계승될 수 있는 것이어야 한다.

우리를 신뢰할 수 있어야 북한이 개방의 길로 나선다. 그리고 그 길은 서울역에서 기차를 타고 유럽으로 가는 길과 통한다. 유럽으로 가기 위해서는 북한이 통일은 아니더라도 개방으로 활짝 여는 개방 정치를 보여 줄 때, 남과 북이 다 잘 사는 나라가 되는 행복한 길이 열릴 것이다.

# 북한의 달콤한 말만 듣고
# 국방 정책의 근간을
# 허물어선 절대로 안 된다

인공지능, 사물인터넷, 블록체인, 4차 산업혁명……. 21세기 대한민국의 미래는 단순한 과거의 연장일까? 아니면 우리는 지금까지 경험해 보지 못한, 예측 불가능한 특이점을 향해 가고 있는 것일까? 그렇다면 가장 중요한 질문은 '무엇을 준비해야 할까'가 아니라, '미래에 대한 준비를 누구에게 맡겨야 하는가'이다.

대부분 조직, 기업에서의 결정은 가장 많은 경험을 가진 이들이 내린다. 경험은 어쩔 수 없이 대부분 과거에 대한 지식이다. 과거에 대한 지식을 가장 많이 가진 전문가들이 누구도 경험하지 못한 미래를 예측하는 순간, 우리는 또다시 과거 '정치인'들의 실수를 반복하게 될 것이다. 그들은 탱크가 등장하고 비행기가 날아다닐 미래를 대비해 더 빠른 말과 더 단단한 칼을 준비했다. 그래서 우리는 요즘 북한의 달콤한 비핵화 말만 듣고 우리 자주국방의 DMZ 철책 근간을 허물어선 안 된다는 말이다.

대한민국 국방의 두 축은 한미 동맹의 자주국방이다. 북핵 협상 장기화로 한미 연합 훈련 중단이 계속되고, 국내 반미(反美) 세력까지

그래서 눈을 감을 수가 없었다

합세하면 주한 미군 철수 여론이 확산될 수도 있다. 낭만적 기대와 허술한 전략이 겹치면 최전선(最前線) 방어가 무너진다. 우리 국방은 곧 안보가 튼튼해야만 살길이 보인다.

지난 6월 12일 북·미 정상 회담 결과, 북한 비핵화를 시작도 하기 전에 연합 훈련 중단을 결정해 한미 동맹이 흔들리고 있다는 것이 국민 대다수의 말이다. 앞으로 남북 군사 회담에서 긴장 완화라는 달콤한 명분에 빠져 자주국방 태세마저 약화되는 건 아닌지 크게 우려된다.

한미 동맹의 토대인 한미 상호 방위 조약의 경우 양국이 6·25 전쟁처럼 외부 침략을 받았을 때만 적용된다. 타국을 침략하거나 양국 영토를 벗어난 대외 군사 개입은 적용 대상이 아니다. 따라서 이를 뒷받침하는 연합 훈련은 합법적이다. 북한이 이를 '침약 전쟁 연습'이라고 억지 부리는 것은 동맹을 흔들려는 모략이다. 미국 대통령이 북한 주장에 공감하고, 주한 미군에 대한 부정적 생각을 표현한 것은 동맹의 앞날에 불길한 징조이다.

더욱이 미국은 '훈련 안 된 군대는 전장(戰場)에 투입하지 않는다'라는 철칙을 갖고 있다. 승리 가능성도 낮고 준비 안 된 병사들을 죽음으로 내모는 비윤리적 행위라는 판단에서다. 북핵 협상 장기화로 연합 훈련 중단이 장기화되고 트럼프 대통령과 한국 내부의 반미(反美) 세력까지 합세하면, 주한 미군 철수 여론이 급물살을 탈 수도 있을 것이다.

주한 미군이 있는 지금의 정전(停戰) 체제와 주한 미군이 없는 미래 평화 체제 가운데 어느 쪽이 우리 국민에게 더 나은 평화를 제공할 것인가. 북한이 속임수를 쓰거나, 지금의 선의를 주한 미군 철수

후 악으로 표변하면 우리에게 대재앙이 될 것이다. 미군 철수 후 일어난 6·25 전쟁이나 베트남 공산화 같은 상황이 재현되지 말라는 법은 없다.

자주국방과 관련해 가장 중요한 원칙은 남북 간의 군사적 신뢰가 완전히 구축되기 전까지 최전방 대비 태세를 훼손해선 안 된다는 것이다. 그런데 벌써부터 비무장지대 DMZ를 서해 북방한계선(NLL) 일대처럼 평화 지대로 만들자는 식의 주장이 잇따르고 있다. DMZ 안에 생태 공원이나 관광, 남북한 만남의 장소 등을 만든다면 반길 일이다. 그러나 DMZ를 벗어나 남북이 동일 면적으로 부대와 전투 시설을 철수하는 일은 신중해야 한다. 판문점~평양은 215㎞인 반면 판문점~서울은 불과 62㎞로, 총인구 절반이 밀집한 서울·경기도의 안보 불안이 현실화되기 때문이다.

장사정포와 아군의 화력(火力) 자산을 후방으로 동시 철수하자는 북한의 제안은 어떨까. 북한은 사거리 50여 ㎞ 이상의 장사정포 1,100문을 갖고 있는데 이 중 340여 문이 수도권을 조준하고 있다. 장사정포는 평소 탄약고와 함께 갱도에 보관하며, 포탄 사격은 야외 진지로 나와서 해야 한다. 유사시 아군이 북의 갱도만 파괴해도 북한은 포 1문당 적재한 10~22발을 쏘고 나면 탄약이 없어 더 이상 사격을 할 수 없다.

이 장사정포는 '서울 불바다' 위협의 핵심 전력으로 불리지만 실제로는 콘크리트 관통력이 없고 정확도가 크게 떨어진다. 일례로 북한은 2010년 연평도 도발을 오랫동안 준비했지만, 발사한 장사정포의 절반 이상이 바다에 떨어지거나 불발이 됐다. 우리 측 사망자는 야외에 있던 4명이 전부였다. 포탄 성능과 우리 군의 대응력을 감안하면 장사정포 위협은 크게 과장돼 있다. 한국군은 장사정포 위협과 북한 군의 양적 우세, 휴전선에서의 짧은 작전 종심 등을 상쇄하는 화력 자산을 갖추고 있다.

문제는 북한의 평화·선전(宣傳) 공세에 넘어가 한국군 화력 자산 등을 철수할 경우, 후방이 대부분 인구 밀집 도시 지역이기 때문에 옮길 데가 없어 그냥 해체될 수도 있다는 점이다. 과대평가된 장사정 포 위협에 속아 우리로선 훨씬 치명적인 대가를 치르는 오판을 하게 되는 셈이다.

국방·안보의 기본은 상대방의 '의도'가 아닌 '능력'을 기초로 대비하 고, 최선의 선의(善意)가 아니라 최악의 악의(惡意)를 전제로 임하는 것이다. 한반도에서 평화 분위기 고조에 따른 긴장 완화는 심리적인 안도감에 불과하며, 진정한 평화는 실체적인 군사 위협이 감소할 때 가능하다. 우리는 휴전 이후 한 번도 약속을 지킨 적이 없는 북한이 이번에는 지킬 거라는 '확증 편향'에 젖어 모험을 하고 있다.

'낭만적 기대'와 '허술한 전략'이 겹치면, 주한 미군도 철수하고 최전 선 방어 태세마저 허물어진 미래를 만나게 될 것이다. 이렇게 되면 우 리의 모든 생명줄은 오로지 '북한의 선의'에 맡기게도 된다. 이런 평화 는 가짜이며 늘 파멸이 뒤따랐다는 것은 지난 역사가 증명하고 있다. 그러므로 요즘 문재인 정부는 북한의 달콤한 평화 공세 말만 듣고 국 방 정책의 근간을 절대로 허물어선 안 된다는 말이다.

# 평양 공동 선언의 허와 실을 놓고 군사적 긴장 완화의 문제점들을 관리해 나가야 된다

"조선 반도를 핵무기도, 핵 위협도 없는 평화의 땅으로 만들기 위해 적극 노력하기로 확약했다." 김정은 북한 국방위원장 입에서 나온 비핵화의 발언이다. 남북 정상의 '9월 평양 공동 선언'은 구체적인 진전을 위한 북측의 조치를 담았다.

그렇다. 남북 정상 회담에서 군사적 긴장 완화를 위한 합의가 도출됐다. 어떤 경우에도 무력을 사용하지 않기로 합의했다는 점이 골자다. 특히 군사 분계선 일대 지상과 해상, 공중에서 일체의 군사 훈련이나 적대 행위를 전면 중지하기로 했다. 이 지역에서 크고 작은 충돌이 있었다는 점에서 일단 바람직하다.

그러므로 우리는 더욱이 평양 공동 선언의 허와 실을 놓고 비핵화는 물론 군사적 긴장 완화의 문제점들을 충분히 관리해 나가야 된다는 걸 명심해야 한다. 물론 문제는 실천일 것이다.

남북은 또 비무장지대(DMZ)를 평화의 지대로 만들기 위해 감시초소(GP)를 전부 철수하고 판문점 공동경비구역(JSA)을 비무장화하기로 했다. JSA는 1976년 8월 18일, JSA의 북한군들이 미루나무 가지

그래서 눈을 감을 수가 없었다

치기 작업을 하던 미군 장교 2명을 살해한 '미루나무 사건'이 있기 전까지 비무장 상태로 근무하는 지역이었다. 42년 만에 원상 복구되는 것이다.

남북은 또 2004년 6월 4일 제2차 남북정상급군사회담에서 서명한 '서해 해상에서의 우발적 충돌 방지' 관련하여 재확인하는 한편 서해 상해 평화 수역과 시범적 공동어로구역을 설정하기로 했다.

2004년에 합의한 내용을 14년이 지난 지금 남북 정상이 재확인했다는 것은 평화는 합의만으로는 불충분하고 실천과 이행이 중요함을 말해 준다.

1999년 제1 연평해전, 2002년 제2 연평해전, 2010년 천안함 폭침 사건과 연평도 포격 도발 등은 한반도의 화약고로 불리는 서해북방한계선(NLL) 일대를 비롯한 서해에서 벌어졌다.

2007년 남북 정상 회담에서도 공동어로수역 지정과 평화 수역 조성에 합의했지만 북한의 도발로 이어졌다. 더구나 이번 회담에서도 북한은 여전히 우리 NLL을 인정하지 않았다. 아직도 연평도, 백령도 등을 제외한 상당 부분을 북측 해역이라고 주장하고 있는 것이다.

남북은 군사 분계선 일대에서 항공기 정찰을 포함한 군사 훈련을 중지하기로 했다. 이를 두고 논란이 많다. 자유한국당은 북이 핵무기로 무장돼 있는 상태에서 우리가 정찰 기능을 포기한 것은 안보 해제라고 주장하고 있다.

군사 훈련 중지는 향후 한미 간 비핵화 협상에 영향을 줄 것으로 보인다. 결국 군사적 긴장 완화를 위한 남북 간 합의도 비핵화가 전제될 때 실효성이 있다. 비핵화가 안 되면 이 또한 사상누각이다.

물론 남북 관계가 단절되고 긴장 상태에 있던 것과 비교하면 큰 진전이다. 그런데 실질적인 진전을 보자. 이번 정상 회담도 의미 있는 행사, 그리고 미래에 대한 약속에서 크게 벗어나지 못한 것으로 보인다. 남북 관계 개선, 비핵화, 군사적 긴장 완화 등이 왜 중요한 진전을 보이지 못하는 것일까.

남북 관계 개선은 유엔 안보리 제재 하에서 실질적인 진전이 이뤄져야 한다. 그러나 핵은 북한의 생명줄로 여겨지기 때문에 핵 포기를 통해 개척해 나가기 쉽지 않다. 이번 북한의 외무상 리용호는 유엔 연설에서도 일방적으로 핵을 포기할 수는 없다고 강하게 말했다. 북한이 간절히 원하는 경제 협력을 우리가 해결해 줄 수 없기 때문이다. 이러한 상황에서 남북 관계 개선은 쉽게 이뤄지기 어렵다.

미국은 우리가 일방적으로 남북 경협을 약속할 것을 우려하고 있다. 그 경우 안보리 제재를 유지하고자 하는 미국과 균열이 생길 수 있다. 이에 마이크 폼페이오 미국 국무부 장관이 문 대통령 방북에 앞서 우리에게 남북 관계 진전과 비핵화에 대한 미국 입장을 전한 것으로 알려졌다. 미국은 북한의 비핵화 조치가 없으면 안보리 제재를 해소할 수 없다는 입장이다.

북한의 비핵화는 단순한 '비핵화'가 아니다. 북한이 내거는 '조건'이 있음을 절대로 잊지 말아야 한다. 북한은 '북한에 대한 위협 해소'가 전제되어야 비핵화를 할 것이라고 여러 번 선언했다. 북한에 대한 위협 해소는 안보리 제재 해소를 의미한다.

겉으로는 북한이 종전 선언을 내세우고 있으나 종전 선언의 뒤를 잇게 되는 평화 협정에는 안보리 제재 해소 등이 포함되지 않으면 의

그래서 눈을 감을 수가 없었다

미가 없게 된다. 결국 종전 선언은 안보리 제재 해소로 연결될 수밖에 없다. 북한이 경제, 즉 경제 제재 해소에 그렇게 매달리는 이유는 경제가 북한 체제의 생존을 좌우하는 요소이기 때문이다.

군사적 긴장 완화는 경제적인 제약을 덜 받는 만큼 남북 간 협의 하에 이뤄질 수 있다. 그런데 본격적인 긴장 완화는 북한이 선뜻 동의하기 쉽지 않다. 북한 정권을 유지하는 근간인 통제 체제를 이완해야 하기 때문이다.

다시 말하면, 남북 간 군사적 긴장 완화는 북한 정권의 남북 관계에 대한 의도와 상관없이 주민 통제 체제 때문에 어렵다는 것을 이해해야 북한 문제를 다룰 수 있다.

제3차 평양 정상 회담의 세 가지 중요 의제가 근원적인 어려움이 있기 때문에 열심히 노력하겠다는 우리의 의지로만 뚫고 나가기 힘들다. 특히 북한이 안고 있는 딜레마는 우리가 해결해 줄 수 없으며 북한 스스로 처리해 나가야 한다는 데 우리는 주목해야 한다.

왜 우리의 많은 노력에도 불구하고 남북 관계의 실질적인 진전이 힘든 것일까. 그것은 우리의 노력과 관계없는 북한 내부의 문제 때문이다. 북한이 구소련과는 달리 붕괴, 소멸을 피하고 경제를 재건하려면 바깥세상과의 무역과 투자의 길을 열어야 한다.

이는 곧 남북 간 서로 개방 개혁을 의미한다. 그러나 철저한 통제 체제로 유지되는 북한 정권에서 개방 개혁은 쉽지 않다. 개방을 통해 주민에게 자유를 주는 것은 통제의 이완을 의미하고 이것은 곧 정권의 붕괴로 이어질 수 있기 때문이다.

그렇다고 정권 유지를 위해 주민 통제를 계속하자니 경제가 더욱 나빠져 정권의 기반을 악화시키고 결국 붕괴를 야기할 가능성이 크다. 이럴 수도 없고 저럴 수도 없는 진퇴양난의 딜레마에 빠져 있다.

이것이 북한의 본질적 문제다. 북한이 진실로 두려워하는 위협은 내부로부터의 위협이지, 미국의 침공이 아니다. 우리는 이러한 현실을 고려하여 북한의 공동 선언의 허와 실을 놓고 비핵화 문제를 정확히 관리해 나가야 한다.

그래서 눈을 감을 수가 없었다

## 북한 지도부가 개방과 개혁의 정치 없이 지금 같은 사회주의 체제를 고수하면 100% 무너진다

오늘날 세상은 수많은 이야기들로 넘쳐난다. 그러므로 사람들은 저마다의 이야기를 가지고 뒤엉켜 지낸다. 그중에는 북한의 개방 없는 개혁을 놓고 서로 대결하는 이야기들도 있다. 북한의 비핵화 약속의 진정성에 대해서 회의적인 시각이 적지 않다.

하지만 김정은 북한 국무위원장의 개혁 개방을 통한 경제 개발 의지에 대해서는 전문가들 사이에 별로 이견이 없다. 실제 그는 2012년 집권 이후 꾸준히 시장 친화적 노선을 시행해 왔다.

지난 4월 20일에는 핵·경제 병진 노선을 종료하고 경제 발전 총력 노선으로 전환하겠다고 선언했다. 이와 관련해 북한이 중국이나 베트남의 개혁 개방 방식을 모델로 삼을 것이라는 관측이 적지 않다.

하지만 저명한 북한 전문가인 안드레이 란코프 국민대 교수는 북한이 시장 체제를 도입하는 등 개혁은 하되 대외 개방은 하지 않는 독특한 길을 걸을 것이라고 전망한다. '개방 없는 개혁'이 북한식 모델이 될 것이라는 얘기다.

북한 지도부가 이러한 길을 가려는 첫 번째 이유는 풍요롭고 자유롭게 잘사는 남한의 존재 때문이다. 개방 정책으로 해외와 접촉·교류가 자유롭게 되고 국내에서도 통제가 풀리면 외부와의 격차를 느낀 인민들의 불만이 지도부로 향할 가능성이 높다.

그래서 경제 부문에서는 중국처럼 시장 경제 시스템을 도입하겠지만 정치와 대외 부분에서는 변함없이 인민들을 엄격하게 감시하고 통제한다는 것이다.

태영호 전 영국 주재 북한 대사관 공사는 북한이 '개성 공단식 경제 개발'을 추구할 것이라고 말한다. 그는 이를 단절 모델형이라고 부르는데 란코프 교수의 개방 없는 개혁과 일맥상통한다. 그도 란코프 교수와 비슷한 이유로 북한이 중국과 베트남식 개혁 개방은 추진하지 않을 것이라고 본다.

그래서 특별 통행증을 받아야 들어갈 수 있는 금강산 관광 특구나 개성 공단 같은 단절 모델을 늘려 돈만 버는 경제 개발을 추구할 것이라고 한다. 김 위원장이 그리는 이러한 개방 없는 개혁 모델이 성공할지는 미지수다.

란코프 교수는 "북한 지도부가 개혁을 하지 않고 지금 같은 국가사회주의 체제를 고수하면 무너질 확률이 거의 100%다. 그러나 개방 없는 개혁을 할 경우 무너지지 않을 가능성이 20~30%는 된다."라고 말한다.

이런 가운데서 프란치스코 교황의 방북 초청 수락을 계기로 집권 여당까지 대북 제재 완화론을 띄우고 나섰다. 홍영표 더불어민주당 원내대표는 19일 "북한 비핵화에 상응해 제재 완화도 상호주의적으로 검토해야 한다"며 "도널드 트럼프 대통령도 '비핵화가 20%에 이르면 되돌아갈 수 없는 시점'이라고 단계적 제재 완화를 언급했다"고 했다. 문재인 대통령이 제재 완화 조건으로 거론한 '되돌릴 수 없는 단계'를 트럼프 대통령의 '20% 비핵화'와 연결 지은 것이다.

이런 주장은 비핵화 프로세스에 대한 무지는 물론 아전인수식 해석도 마다하지 않는 여당의 인식 수준을 단적으로 보여 주는 대목이 아닐 수 없다. 물론 트럼프 대통령이 6·12 북·미 싱가포르 정상 회담 직후 기자회견에서 그런 발언을 한 것은 사실이다.

하지만 이를 두고 오해와 논란을 낳자 더 이상의 언급을 삼가고 있다. 나아가 그 발언 내용과 맥락을 제대로 살펴보면 그처럼 제멋대로 해석을 할 수 없을 것이다.

트럼프 대통령은 '비핵화에 얼마나 걸릴 것으로 보느냐'는 기자의 질문에 "15년이 걸린다는 얘기를 읽은 적이 있는데 그렇게 생각하지 않는다. 예를 들어 20%만 완료된다 하더라도 되돌릴 수 없는 지점에 있을 것이다"라고 했다.

비핵화의 최종 완료까지는 장기간이 필요하지만 실질적인 비핵화 조치는 자신의 임기 안에 가능하다는 얘기였고 이는 핵탄두 국외 반출 같은 비핵화 초기의 과감한 조치(front loading) 이행을 전제로 한 것이었다.

하지만 북한은 비핵화 프로세스의 첫 단계인 핵 신고, 즉 핵무기·시설 리스트 제출마저 거부하고 있다. 핵 실험장 폐기 등 선제적 비핵화를 취했다지만 검증도 없는 일방적 조치를 하고선 미국을 향해 6·25 종전 선언과 대북 제재 완화 등 상응 조치를 요구하고 있다.

그러면서 미국과 합의한 비핵화 실무 협상마저 응하지 않고 있다.

최근 유엔총회에선 한반도 정전 체제를 관리하는 유엔사령부를 '괴물'에 비유하며 해체를 주장하기도 했다.

그런데도 우리 정부, 나아가 여당 지도부 누구도 북한의 이런 행태에 문제를 제기하며 비핵화를 촉구하는 목소리를 내지 않고 있다. 그 대신 북한이 요구하는 대북 제재 완화를 한껏 띄우고 있다.

대량 살상 무기로 무장한 불량 국가(Rogue State) 북한을 비핵화를 통해 '정상 국가'로 만드는 동력이 바로 대북 제재다. 섣부른 제재 완화 주장은 당장 미국의 의구심을 사고 대북 협상력을 악화시킬 뿐만 아니라 북한의 오만 불순, 나아가 탈선까지 부추길 수 있음을 여당인 더불어민주당은 직시해 섣부른 핵 '완화'에 대한 말을 할 때가 아니다.

이에 또한 북한의 지도부가 개방 개혁 정치를 하지 않고 지금 같은 사회주의 정치 체제를 고수하면 북한 정권은 붕괴될 확률이 높다고 본다.

그래서 눈을 감을 수가 없었다

# 북한은 완전한 핵 폐기를
# 하루빨리 실현하고
# 평화의 궤도에 오르길 바란다

우리는 누구나 쉬지 않고 흘러가는 시간 속에서 살아간다. 아무리 큰 권력을 가진 사람이라 해도 시간의 흐름을 막을 수는 없다. 지금 이 순간도 과거가 되고 있고, 현재는 과거와 맞닿아 있음이다.

그리고 미래가 다가온다. 과거는 우리에게 후회와 아쉬움을 남기고 현재는 긴장감을 주며 미래는 불안함과 두려움을 준다. 이 시간 속에서 우리는 모두 용서하고 사랑하며 서로의 삶을 도우며 살아간다.

북한이 완전한 핵 폐기를 하루빨리 실현하여 평화의 궤도에 오르길 온 세계 사람들은 바라고 있다. 이번 하노이 회담에서 확인됐듯이, 긴밀한 한미 공조의 바탕에서만 남북 관계의 진전도 가능해진다.

정부는 북한이 완전한 비핵화에 나서야 제재 완화와 남북 경협 등 성과를 얻을 수 있다고 북한에 적극적으로 설득해나가야 한다. 그래야 북·미 협상의 불씨를 다시 살려낼 수 있을 것이라고 본다.

도널드 트럼프 미국 대통령과 김정은 북한 국무위원장의 두 번째 핵 담판이 결렬됐다. "서두르지 않겠다"고 거듭 강조해 온 트럼프 대통령은 결국 '올바른 거래(right deal)'를 위해 합의 도출 실패를 선택했다.

트럼프 대통령의 '통 큰 결단'을 치켜세웠던 김정은은 "고민과 인내가 필요했다"며 상응 조치에만 집착했고 끝내 빈손으로 발걸음을 돌렸다. 충분한 사전 실무 협상 없이 성급하게 마련된 정상 간 톱다운식 담판의 결말이었다.

북·미 정상은 지난 2월 28일 오전 단독, 확대 회담 이후 예정됐던 업무 오찬과 합의문 서명식을 전격 취소했다. 아무런 합의를 이루지 못한 채 각자 회담장을 떠났다.

트럼프 대통령은 기자 회견을 갖고 "북한이 전면적인 제재 해제를 요구했으나 우리는 받아들일 수 없다"고 결렬 이유를 밝혔다. 다만 마이크 폼페이오 국무장관은 "긍정적 진전이 있었다. 몇 주 안으로 합의되길 바란다"고 후속 협상을 벌여나갈 것임을 예고했다.

하노히 회담 결렬의 이유는 북한의 과도한 요구였다. 김정은은 영변 핵 시설의 폐기만을 내걸고 그 대가로 전면적인 제재 해제를 요구했다. 나아가 김정은은 영변을 넘어선 비밀 핵 시설이나 대륙간탄도미사일(ICBM) 반출 같은 '플러스알파' 요구에도 응하지 않았다.

북한 '핵 개발의 심장부'인지 '쓸모없는 고철 덩어리'인지 논란의 대상인 영변 핵 폐기만으로는 미국이 '선(先)비핵화, 후(後)제재 해제' 원칙을 허무는 보상 조치를 할 수는 없었을 것이다.

북·미는 비핵화의 개념에서조차 제대로 합의하지 못한 듯하다. 트럼프 대통령은 비핵화란 '북한의 완전하고 돌이킬 수 없는 비핵화', 즉 핵 시설은 물론 핵 물질과 핵탄두, 미사일, 대량살상무기(WMD)까지 완전히 폐기하는 것임을 재확인했다.

그래서 눈을 감을 수가 없었다

김정은은 "비핵화 의지가 없다면 여기 오지 않았을 것"이라고 했지만, 명확한 비핵화 종착점의 명시에는 끝내 동의하지 않은 것으로 보인다.

결국 김정은이 지난해 6·12싱가포르회담에서 동의한 '완전한 비핵화'는 모든 핵의 완전한 폐기가 아니라 이미 확보한 핵탄두 물질은 그대로 보유한 채 추가 핵 개발을 중단하는 수준을 의미하는 것이 아닌지 의구심이 드는 대목이다.

더구나 부분적 제재 완화가 아닌 전면 제재 해제는 비핵화가 완료된 시점에만 가능하다는 게 미국의 분명한 입장임을 북한도 알고 있었을 것이다. 이렇게 무엇을 짓겠다는 설계도도 없이 기초 공사부터 할 수 없는 것이다.

그러나 하노이 회담 결렬을 당장 북·미 대화의 파탄으로 볼 수 없다. 특히 미국은 이번 결렬을 '미완의 합의'로 보고 몇 주 안에 합의되길 바란다며 지난해 중단한 한미 연합 훈련의 재개는 하지 않겠다는 뜻을 밝혔다.

제재는 계속 유지하되 더 강화하지도 않을 것이라고 했다. 대북 압박 강도를 높여 위기로 몰아가지는 않으면서 국면을 관리해 나가겠다는 의지인 셈이다.

이번 회담에서 트럼프 대통령은 '예측 불허의 협상가' 면모를 여실히 보여 줬다. 그래서 치밀한 협상 전략 차원에서 회담을 결렬시킨 것 아니냐는 추측도 가능하다.

트럼프 대통령으로서는 자신의 개인 변호사였던 마이클 코인의 의회 청문회 증언으로 인해 정치적 코너에 몰린 상황이었다.

당장 외교적 성과에 급급해 적당한 수준의 '나쁜 거래'를 했다는 비판을 받기보다는 '올바른 거래'를 내세워 협상장을 박차고 나오는 쪽을 선택했을 수 있다.

이번 회담의 결렬은 1986년 아이슬란드 레이캬비크에서 열린 미소 정상 회담의 실패를 연상시킨다. 로널드 레이건 대통령과 미하일 고르바초프 서기장은 아무런 합의를 이루지 못한 채 헤어졌지만 당시의 치열한 논쟁을 토대로 1년 뒤 다시 만나 중거리핵전력 폐기 조약(INF)에 서명할 수 있었다. 하노이 담판의 결렬도 '북·미판 레이캬비크'가 돼야 한다. '2보 전진을 위한 1보 후퇴'로 만들어야 한다.

미국도 북한도 재작년 말 한반도를 전쟁 일보 직전의 위기에 빠뜨린 대결 국면의 재연을 바라지 않을 것이다. 결국 남은 것은 김정은의 확고한 결단이다. 완전한 핵 폐기를 통한 정상 국가만이 북한이 선택할 수 있는 유일한 길임을 분명히 인식하는 계기가 돼야 한다.

평화로 가는 여정이 마냥 순탄할 수만은 없다. 북·미가 하루빨리 혼란과 불안을 걷어내고 비핵화와 평화의 궤도에 오르길 바란다.

북한이 핵 협상 중단을 고려하는 것은 북한 경제에 파탄을 가져오는 길이다.

그래서 눈을 감을 수가 없었다

# 김정은은 패착을 자초할 행보 멈추고
# 비핵화 빅딜 응하는 게
# 인민 앞에 최선이다

인간이 지닌 대외적인 힘은 점점 세지고 있다. 마치 강철 벽을 두른 듯, 인간은 문명의 혜택을 입고 모든 생명 위에 군림하는 강자가 되어간다. 그렇지만 우리는 알고 있다.

종으로서의 사람이 강해질수록, 개별적인 하나의 마음은 점점 약해지고 있다는 사실을 말이다. 이처럼 사람이 약해지는 탓에 우리의 '두려움 리스트'는 늘어간다.

우리는 갑자기 공격해 올 타인이 무섭다. 인간관계에서 받는 상처도 두렵다. 타인이 너무 두려워 혼자이길 택했더니 이번에는 공허함이 두렵다.

혼자 텅 빈 공간과 시간을 감당하는 일이 고통으로 느껴져 견딜 수 없다. 진퇴양난이다. 독재로써는 살 수가 없다는 말이다. 현대의 이러한 삶에 대한 공포 속에서 우리는 서로 사랑과 화해의 힘을 나누어야 한다.

그러므로 북한의 김정은 국방위원장은 지금이라도 무력시위를 접고 비핵화 '빅딜'로 남한 문재인 정부에 응하는 게 북한 인민 앞에 최선이라는 걸 알아야 한다.

북한 김정은은 지난 17일 5개월 만에 신형 전술 유도 무기 시험을 참관하고 "마음만 먹으면 못 만들어내는 무기가 없다"고 했다. 전날엔 공군 부대를 찾았다. 트럼프 미 대통령과 회담이 결렬된 뒤 낮은 강도지만 노골적으로 군사 시위에 나선 것이다.

김정은은 며칠 전엔 미국이 '완전한 북핵 폐기'를 계속 요구하면 "가까스로 멈춰 놓은 조·미(미·북) 대결의 초침"이 움직이게 될 것이라고 했다. 트럼프 대통령에게 '우리가 미사일이라도 발사하면 당신도 곤란해질 것'이라고 위협한 것이다.

북한의 대남 선전 매체는 최근 있는 국군 육해공 합동 상륙 훈련과 지난 3월 미 태평양 해병 부대의 한국 전개 훈련을 '망동'이라고 비난했다. 이 매체는 "남측이 군사 분야 합의서를 이행할 의지가 없다는 것을 스스로 드러내 보인 것"이라고 했다. 자신들은 대놓고 도발 위협을 하면서 한국을 향해선 늘 해 온 통상 훈련마저 시비를 건다.

북한 외무성은 "앞으로 미국과의 대화가 재개되는 경우에도 폼페이오가 아닌, 우리와의 의사소통이 보다 원만하고 원숙한 인물이 대화 상대로 나서길 바란다"고 했다. 폼페이오 미 국무장관에 대해 "판이 지저분하고 일이 꼬일 수 있다"고 비난했다.

지난해 1차 싱가포르 회담을 앞두고는 볼턴 미 안보 보좌관을 겨냥해 "우리는 그에 대한 거부감을 숨기지 않는다"면서 협상 테이블에서 빠지라고 요구하더니 이번에 폼페이오 국무장관마저 상대하지 않겠다는 뜻을 밝힌 것이다. 그러면서도 김정은이 "트럼프 대통령과 가까이 지내는 것은 기쁘게 생각하신다"는 말을 빼놓지 않았다.

그래서 눈을 감을 수가 없었다

김정은은 북핵 문제에 밝은 폼페이오나 볼턴을 제치고, 구체적 사안을 모르고 정치적 업적이 필요한 트럼프 대통령을 직접 상대해 비핵화 사기극을 완결시키려 하고 있다.

김정은은 이제 "뭐 하러 핵을 끌어안고 어렵게 살겠느냐", "내 자식들이 핵을 지고 살게 하고 싶지 않다" 같은 입에 발린 말조차 하지 않는다. 지난 한 해 동안 썼던 가면을 벗어던지고 남쪽엔 윽박지르고 미국엔 위협하는 진짜 얼굴을 드러내고 있다.

김정은 북한 국무위원장이 연일 '군사적 무력 과시' 행보를 하고 있다. 김정은은 '최종적이고 완전하게 검증된 북한의 비핵화(FFVD)'를 목표로 한 '빅딜' 원칙을 고수하는 미국에 불만을 표시하고, 자신이 데드라인으로 제시한 연말까지 상황 변화가 없으면 언제든지 도발을 재개할 수 있다는 경고 메시지를 보낸 것이다. 2·28 하노이 북미 정상회담 결렬로 인해 흔들리는 북한 군부의 '군심'을 다독이기 위한 정치적 목적도 있을 것이다.

그러나 김정은의 이런 '저강도 위협' 카드는 결국 패착일 뿐이다. 탄도 미사일 아닌 재래식 신형 무기 시험 수위를 조절했다고 해도 문제의 발사체는 대한민국에 치명상을 입힐 수 있는 명백한 위협이다.

한미 군사 훈련 등 핵심 안보 자산을 유보하면서까지 평화 분위기 조성에 힘써온 우리 정부의 노력에 찬물을 끼얹는 행위다. 이런 적반하장식 도발은 대한민국 국민의 반발을 불러 남북 화해에 집중해 온 문재인 정부의 입지만 좁힐 공산이 크다.

북한의 도발은 저강도건 고강도건 미국의 강경 대응을 부채질한다는 점에서 우려가 더욱 크다. 당장 김정은이 군사 행보를 재개한 직후인 17일, 존 볼턴 백악관 국가안보회의 보좌관은 언론 인터뷰를 자청해 "3차 북·미 정상 회담은 북한이 핵무기를 포기하는 전략적 결정을 한 징후가 있어야만 열리게 될 것"이라고 못 박았다.

김정은의 '빅딜' 거부로 하노이 회담이 결렬된 뒤 열흘 만에 유엔이 미 정보 당국의 협조 아래 지난해 북한이 140여 차례나 석유 제품을 불법 거래했다는 보고서를 내며 평양을 압박한 것과 같은 맥락이다. 미국의 감시망과 제재 사슬은 그만큼 촘촘하고 강력하다. 김 위원장과 북한 수뇌부는 이런 현실을 직시하고 선을 넘는 행동을 자제해야 한다.

우리 정부도 미국과의 대화가 벽에 부닥치자 단거리 미사일 발사로 대남 협박에 나선 북한의 공세에 냉철하게 대응해야 한다. 대화의 끈은 놓지 않되, 도발은 단호히 응징할 것이란 의지를 북한에 분명하게 전해야 한다.

김정은은 오는 25일 전후 러시아를 찾아 블라디미르 푸틴 대통령과 첫 정상 회담을 열 것으로 관측되고 있다. 미국과 무역 전쟁 중인 중국 대신 러시아와 관계를 터 대북 제재 전선에 구멍을 내려는 의도가 엿보인다.

정부는 미국과 공조를 강화해 이런 북한의 꼼수를 막고, 김정은이 비핵화 '빅딜'에 응하도록 유도하는 데 최선을 다해야 한다. 그리고 북한의 김정은 국방위원장은 미 강경 대응 자초할 행보 멈추고 핵 '빅딜' 재협상에 응하는 게 북한 인민들 앞에 최선이다.

그래서 눈을 감을 수가 없었다

# GSOMIA가 그렇게 중요하다면
# 미국이 일본 정부를
# 일찍이 설득했어야 했다

요즘 대한민국은 '고래 사이의 새우' 신세다. 한 고래는 무기 배치를 이유로 몇 년째 보복 중이다. 다른 고래는 돈 문제, 협정 문제를 들먹이더니 이젠 칙사를 마구 보내 상대 고래의 장비를 쓰지 말라는 으름장까지 놓는다.

둘이 다툴 노릇이지, 왜 애꿎은 새우만 들볶는지 알 길이 없다. 그 탓에 우린 진퇴양난(進退兩難)의 피곤한 처지가 됐다. 나설 수도, 물러설 수도 없다.

그러나 묘수보다 중요한 것이 있다. 당당함이다. 이치에 맞게 우리 정부도 따질 건 강하게 따지고 말할 건 옳고 바르게 당당하게 말할 수 있어야 한다. 그래야 저들 앞에 오래 휘둘리지 않는다.

"새우는 비록 작지만 큰 바다를 헤엄치니, 어찌 고래를 부러워하랴." 옛 화공(畵工)이 새우 그림 옆에 적어 넣은 글귀다. 두 고래를 상대해야 할 우리에겐 한번 새겨 볼 만한 구절이 아닌가 싶다. 이런 자긍심이 있다면 십전십미(十全十美)의 묘책은 절로 나타날 것이다. 정부의 명쾌하고 당당한 분발을 기대한다.

미국 국방부 장관과 합참의장이 동시에 방한한 것은 위기의 한미 동맹을 봉합하기 위한 조처로 보인다. 지금까지 서울에서 열린 한미 연례안보협의회의(SCM)에 장관과 합참의장이 동시에 온 사례는 거의 없다.

그만큼 현 상황을 심각하게 보고 있다는 얘기다. 미 정부에서 금기어인 주한 미군 철수론을 미 합참의장이 제기하고, 우리 국민 사이에선 미군 전술핵 재배치와 핵무장론까지 나온다. 국민의 안보 불안 심리가 커지고 있다.

이런 가운데 지난 15일 용산 국방부 청사에서 열린 제51차 SCM에서 북한 핵·미사일에 대비해 한·미·일 안보 협력을 지속하기로 뜻을 모은 것은 다행이다.

지금 한국과 미국 사이엔 방위비 분담금 대폭 증액과 한일 군사정보협정(지소미아) 종료에다 전시작전권(전작권) 조기 전환 등 해결해야 할 사안이 한둘이 아니다. 방위비 분담금 증액은 트럼프 미 대통령이 먼저 꺼냈지만, 미 정부 내에서도 공감대를 이루고 있다.

한국이 내는 분담금으로는 동맹 유지가 어렵다는 분위기다. 올해 한국이 내는 분담금은 1조 389억 원인데 트럼프 대통령은 50억 달러(약 5조 8,200억 원)로 크게 요구하고 있다.

마크 밀리 미 합참의장은 지난 11일 일본행 전용기에서 "한국과 일본은 매우 부유한 나라인데 왜 스스로 방어할 수 없느냐"며 주한 미군 철수론과 방위비 분담금을 연계했다.

동맹의 잣대가 가치와 신뢰가 아니라 돈으로 격하되고 있다. 한미가 이번 SCM에서 합의한 대로 공평하고 합리적으로 협상을 해야 한다.

그래서 눈을 감을 수가 없었다

이런 과정에서 마크 에스퍼 미국 국방부장관은 GSOMIA에 대해 "한·미·일이 효과적, 적시적으로 정보를 공유하기 위해서 중요하다"면서 "만료되도록 방치한다면 효과성이 약화되는 면이 있기 때문에 양측의 의견들을 좁힐 수 있도록 촉구했다"고 말했다.

그는 "지소미아(GSOMIA)의 만료로 득을 보는 곳은 중국과 북한"이라고도 했다. 에스퍼 장관은 그러나 GSOMIA 종료 결정의 원인인 일본의 수출 규제 조치에 대해서는 언급하지 않았다.

우리의 GSOMIA 시한 종료를 오는 23일로 앞둔 이날 에스퍼 장관은 청와대를 방문해 문재인 대통령에게도 GSOMIA 유지를 촉구했다. 랜들 슈라이버 인도·태평양 안보차관보, 마크 밀리 합참의장, 로버트 에이브럼스 주한 미군사령관 등 외교 안보 핵심 인사들을 대동한 채 총공세를 편 셈이지만 이견을 좁히지는 못했다.

문 대통령은 안보상으로 신뢰할 수 없다는 이유로 수출 규제 조치를 취한 일본과 군사 정보를 공유하기는 어렵다는 입장을 재확인했다. 미국의 요구는 '고장 난 축음기'처럼 하등 달라진 게 없을 뿐 아니라, 설득력은커녕 성의조차 없어 보인다. 에스퍼 장관은 문 대통령에게 "일본에도 노력해 줄 것을 요청하겠다"고 했다지만 과연 그럴지 의문이다.

GSOMIA 종료의 원인을 제공한 일본에는 별다른 요구 없이 한국만 과도하게 압박해 왔다는 협의를 피하기 어렵다. 한국을 안보 불신국으로 지목하면서 군사정보는 받아내겠다는 일본의 태도에 미국은 문제의식을 느끼지 못하는 건지 묻고 싶다.

에스퍼 장관은 방위비 분담금 문제와 관련해 "대한민국의 분담금이 늘어난 상태로 방위비 분담금 특별 협정(SMA)을 체결하는 것이 매우 중요하다"고 했다. 외교당국 간 협상에 대해 미 국방부장관이 나서 증액을 공개 요구하며 압박한 것이다.

이날 여야 의원 47명이 성명에서 지적했듯이, 미국은 주한 미군 숫자조차 한국 정부에 통지하지 않은 채 '묻지 마 증액'을 주장하고 있다. 트럼프 행정부의 이기적이고 사려 깊지 못한 행태는 한미 동맹에 대한 한국 국민들의 피로감을 더욱 키울 뿐이다.

우리 한국의 입장은 확실하고 명확하다. 일본이 태도 변화를 보인다면 한국 정부도 GSOMIA를 재검토할 수 있다. 하지만 일본이 움직이지 않는 한 한국이 물러설 수는 없다. 미국이 GSOMIA가 그렇게 중요하다면 사태의 원인 제공자인 일본 정부를 설득해야 한다. 그래야 한국 국민의 마음을 움직일 수가 있다.

그래서 눈을 감을 수가 없었다

# 주한 미군 방위비 분담금에 언제까지 끌려다닐 건가, 내 운명은 내가 지킬 수 있는 강력한 힘을 만들어야 한다

미국 조야에서 이미 트럼프 행정부의 터무니없는 방위비 분담금 인상 요구에 비판의 목소리가 커진 상태다. 뉴욕타임스는 지난달 22일 자 사설에서 "트럼프 대통령의 터무니없는 요구는 미국의 신뢰를 의심케 하는 모욕"이라며 "동맹을 돈으로만 바라보면 미국의 안보·번영에 도움이 되지 않는다"고 비판했다.

같은 날 미 전직 고위 관료들 또한 《워싱턴포스트》 기고문에서 "미국의 욕심에 대한 한국인의 분노가 커지고 있다"고 했다. 방위비 분담금 5배 인상 겁박이 한미 동맹 훼손은 물론 미국의 아시아 전략에도 악영향을 미칠 것이란 우려가 뚜렷해지면서 미 의회도 제동 걸기에 가세한 셈이다.

동맹국을 현금자동인출기(ATM) 취급하는 트럼프 행정부의 무례한 겁박에 한국인들의 인내가 임계점을 향해 치닫고 있다. 더 이상 동맹을 흔들면 소탐대실할 수 있다. 서로가 납득할 수 있는 선에서 분담금 협상에 임해 트럼프 행정부는 동맹 훼손을 막아야 한다는 걸 알아야 한다. 우리 한국도 이제는 내 운명은 내가 책임지겠다는 각오가 필요하다.

인간관계 사이에 변하지 않는 관계는 없다. 영원한 적도, 동지도 없다는 국제관계에서는 더 말할 나위 없다. 최근 우리는 그동안 변하지 않을 것으로 생각했던 한미 관계의 변곡점을 지나고 있는 듯하다.

한미 동맹은 냉전적 안보 상황의 산물이다. 6·25 전쟁이 아니었으면 한미 동맹도 없었다. 그리고 지금 우리는 미국과 중국이 패권 경쟁을 벌이고 있는 새로운 안보 상황에 직면하고 있다. 일본의 수출 통제와 한일 군사정보보호협정(GSOMIA) 처리 과정에서 드러난 일본 편향적 태도, 그리고 주한 미군 주둔 비용 6조 원을 요구하는 미국은 우리에게 매우 낯설다. 이런 미국의 태도 변화는 한국에 대한 생각이 바뀌고 있다는 것, 아니 이미 바뀌었다는 것을 의미한다.

미·중 패권 경쟁에 직면한 미국은 우리보다 먼저 한미 동맹의 내용과 형식을 바꾸고 있는 것이다. 유감스러운 것은 그럼에도 불구하고 우리는 여전히 한미 관계를 바라보는 과거의 관점에서 벗어나지 못하고 있다는 것이다.

최근 미국의 태도를 우리 정부가 한미 동맹을 중요하게 여기지 않은 것에서 비롯된 징벌적 조치로 이해하는 사람들도 있는 모양이다. 한미 동맹이라는 형식보다는 그 안에 무엇이 어떻게 담기는가가 더 중요하다. 변화를 따라잡지 못하면 손해를 보는 것이 국제 관계다.

그런 의미에서 우리 정부는 아무런 대가 없이 GSOMIA를 연장함으로써, 안보 상황 변화에 합당하게 한미 동맹의 형식과 내용을 조율할 수 있는 기회를 상실했다. 미국은 최근 들어 부쩍 한·미·일 관계의 중요성을 강조하고 있다. 이는 중국과의 패권 경쟁에 한국과 일본의

그래서 눈을 감을 수가 없었다

힘을 이용하기 위해서다.

그러나 미국이 주장하는 한·미·일 관계는 우리에게 명백한 손해를 초래한다. 당연한 우리의 몫을 주장해야 함에도 그러지 못하고 있다. 우리 지식인과 위정자들은 이런 사실을 잘 알면서도 애써 모른 척하고 있다. 미국이 지금과 달리 한국에 우호적인 자세를 취할 것이라고 기대하는 것은 현실적이지 않다.

특히 미국이 주한 미군 주둔 비용으로 6조 원을 요구한 것을 트럼프 대통령의 비상식적 일탈 행동으로 인식해서는 안 된다. 트럼프 대통령이 이런 주장을 하는 것은 미국에게 한국이 과거와 같은 가치 동맹이 아니라 강압적으로 눌러서라도 복속을 시켜야 하는 대상으로 바뀌었다는 것으로 해석해야 한다.

엄혹한 국제 정치의 무대에서 미국의 호의적인 행동을 기대하는 것보다 그들이 어떤 태도를 취하더라도 대비할 수 있는 태세를 취해야 한다. 과거의 관성에서 벗어나지 못하면 그 피해는 고스란히 우리 몫이 된다.

미국에 대해 정당한 이익을 따져야 한다고 하면, 미국을 버리고 중국 편을 들자는 것이냐고 몰아가는 사람들이 많다. 미국과의 이해관계를 합당하게 조정하자는 주장을 중국 편을 들자는 것으로 치환해 버리는 것은, 뿌리 깊은 사대의식의 발로이다. 우리 지식인과 위정자들 중 많은 사람들이 미국과 중국 사이에서 우리가 독자적인 위치를 확보하는 것은 불가능하다고 생각하는 것은 그렇게 길들여졌기 때문이다.

19세기 말에 우리가 국권을 상실한 것은 강대국을 확실하게 붙들지 못했기 때문이 아니다. 19세기 말 대한 제국은 부지런히 중국, 러시아, 미국 혹은 일본과 굳건한 관계를 만들어 보고자 했다. 우리가 국권을 상실한 것은 강대국과 확고한 관계를 유지하지 못해서가 아니라, 우리 스스로 지닌 힘이 없었기 때문이었다.

우리 주변에서 가장 강력한 강대국인 일본을 꼭 붙잡은 대가는 식민 지배였다. 그런 역사적 경험에도 불구하고, 21세기 한국의 지식인과 위정자들은 여전히 19세기 말 대한 제국의 경우에서 벗어나지 못하는 것 같다. 잘나가는 강대국 하나를 꼭 붙잡아야 한다는 사람들은 역사적 교훈을 배우지 못하였거나 아니면 잘못 배운 것이다.

냉전과 달리 미·중 패권 경쟁 시대에서는 어느 한편을 든다고 해서 안전을 보장받기란 쉽지 않다. 우리에게 필요한 것은 미국이 아니면 중국이라는 지금까지의 이분법적 사고에서 벗어난 분별력이다.

독자적인 활동 공간과 영역을 확보하겠다는 전략적 사고가 중요하다. 어느 한쪽에 속하면 반대급부로 불이익을 받게 되는 상황에 직면해 있기 때문이다. 어느 편에 지나치게 기울 때 반대급부로 지불해야 하는 비용은 치명적일 수도 있다.

내 운명은 내가 책임지겠다는 각오가 필요하다. 주한 미군 철수라는 말에 대한민국은 언제까지 미국에 끌려다니기만 할 것인가? 지금 우리에게 필요한 것은 무소의 뿔처럼 강력한 경제력과 용기와 지혜다. 곧 강력한 힘만이 위기를 기회로 만들어 줄 수 있기 때문이다. 그래야 미국도 우리 한국을 예측 가능한 상대로 인정하게 될 것이다.

그래서 눈을 감을 수가 없었다

# 지방 도시는 곧 나라의 근간이다

풀뿌리 민주주의는 국민 개개인에게 골고루 영향을 미치는
대중적인 참여 민주주의를 말한다.
기존의 엘리트 위주의 정치 및 경제행위 대신 지역에서
평범한 시민들의 자발적인 참여를 통해 권력의 획득보다는
자신의 이익을 대변하는 참여 민주주의로
한국에서 지방자치제와 동의어로 쓰인다.
1935년 미국 공화당의 전당대회에서 사용되기 시작하였다.

## 당과 여론을 떠나 지방자치행정을 제대로 이끌고 감시할 적임자를 뽑아야 내일의 내 삶이 밝은 세상이 된다

　이번 6·13 지방 선거는 1948년 5월 10일 대한민국 최초의 민주 선거가 실시된 지 70주년이 되는 해에 치러지는 뜻깊은 선거다. 대한민국 70년은 국민의 선거 참여로 가꿔온 역사였다. 유권자 스스로 민주주의의 적인 무관심과 맞서야 한다.

　대한민국 국민의 높은 정치 의식과 참여 열기가 이번 6·13 지방 선거에 이어져 당과 여론을 떠나 지방자치행정을 제대로 이끌고 감시할 적임자를 국민이 제대로 뽑아야 내일의 삶이 더 나아질 토대를 마련할 수 있는 것이다.

　혹 당을 보고 자질 없는 후보자가 선출되면 그 피해는 고스란히 그 지역 주민들에게로 돌아간다. 이번 지방자치 일꾼을 뽑는 6·13 지방 선거에서의 후보자의 정책·공약을 확인하고 지방 선거에 적극적으로 참여해야 하는 것은 유권자들의 의무이고 원칙이다.

　투표율 못지않게 후보자의 정책과 공약을 꼼꼼히 따져보고 올바르게 투표하는 정책 선거가 정착되어야 한다. 4,028명의 지역 일꾼을 뽑는 이번 지방 선거에는 총 9,363명의 후보자가 출사표를 던졌다. 하

　　　　　　　　　그래서 눈을 감을 수가 없었다

지만 후보자들의 정책과 공약은 물론, 후보가 누구인지도 모르는 유권자가 상당수라는 우려의 목소리가 크다.

어떤 후보가 어떤 정책과 공약을 갖고 나섰는지 모르고 투표권을 행사하는 건 투표를 하지 않는 것만큼이나 민주주의에 해악을 끼칠 수 있다. 유권자의 의식 수준이 민주주의의 수준을 가른다는 점을 유념해야 한다.

오늘에 6·13 지방 선거가 10일로 다가왔다. 그럼에도 선거의 열기는 좀처럼 사라지지 않고 있다. '한반도 비핵화'라는 빅 이슈가 지방 선거에 대한 집어삼키는 블랙홀이 되고 말았다. 국민의 관심은 온통 북·미 정상 회담의 성공 여부에 쏠려 있다.

한반도 비핵화 이슈가 반전에 반전을 거듭하고 그 어떤 드라마도 연출할 수 없는 흥미를 유발하고 있으니 지방 선거에 대한 관심이 떨어진 것이다. 65년 동안의 비정상 정전 체제와 안보 불안이 해소돼 한반도의 영구적 평화라는 민족적 염원이 눈앞에 다가올 수 있는 상황이니 국민들의 높은 관심은 이해가 되고도 남는다.

그러나 6·13 지방 선거는 내 삶을 좌우하는 선거이기 때문에 결코 외면해서는 안 된다. 65년 동안 지속된 정전 체제의 불확실성은 중앙 집권적 효율성에 길들여진 획일적 사회로 우리를 유도했다. 3차에 걸친 산업 혁명은 4차 산업 혁명의 전사(前史)가 될 수 없는 근본적인 변화가 펼쳐지는 오늘, 우리 경제와 사회는 국가와 개인의 운명을 가르는 문명사적 대전환의 국면에 서는 현실도 함께 맞이하고 있다.

한반도의 영구적 평화 4차 산업 혁명의 물결이 교차하는 역동의 시간 속에 우리는 삶을 바꾸는 또 하나의 역사적 시간을 마주하고 있는 것이다. 자치와 분권으로 정치 체제 대전환이 그것의 궤를 함께하고 있다.

고도 성장의 강박과 안보 불안은 자율과 창의, 자치와 분권, 개성과 다양성의 코드를 망각시키기에 충분했다. 그리고 그 망각의 지평 위에 중앙 집권적 효율성과 획일성의 경직 사회를 생성시켰다. 하지만 우리가 망각한 것들을 기억의 반추를 통해 되살리지 못한다면 우리 사회는 한 걸음도 진전할 수 없을 것이다.

집단 망각은 사회 구성원 하나하나의 가슴속에서 시작할 때 균열의 틈새를 허락한다. 개성과 다양성이 그 균열의 이름들이다. 균열의 파열음이 혼돈으로 보이고, 더딘 비효율로 보일지라도 우리는 그 안에서 새로운 창의와 새로운 질서를 발견하게 된다. 자치와 분권이 민주주의와 '소확행'의 새로운 지평임을 웅변한다. 시대의 변화에 조응하는 자신의 역할을 멈추지 않는 사람에게만 희망을 현실로 바꾸는 능력을 허락한다.

참여하는 자만이 세상을 바꿀 수 있다. 생활 속에서 내 삶을 근본적으로 바꾸는, 자치와 분권의 새로운 역사는 무관심의 악마를 넘어서야 하는 과제를 안고 있다. 자치와 분권은 한 사람, 한 사람의 자아가 발휘될 때 비로소 우리 앞에 군건한 제도로 서게 될 것이다.

6·13 지방 선거는 이제까지의 지방 선거와는 다른 의미를 부여할 충분한 이유가 있다. 지방자치경찰제의 시행을 비롯해 재정자립의 수단으로 국세와 지방세 비율을 현재의 8대 2에서 7대 3을 거쳐 장기적으로 6대 4 수준까지 개선할 것을 문재인 정부가 공약과 국정 과제로 천명했다.

　　　　　　　　　　　그래서 눈을 감을 수가 없었다

국가 사무의 지방 이양 문제 역시 정부 각 부처와 국회 각 상임위의 복잡한 단계를 거치지 않고 일괄하여 처리하는 '지방이양일괄법'(안)도 추진되는 등 기존 패러다임의 전환이 수반되는 실질적인 조치들이 단행될 것으로 보인다.

우리 삶의 근본적 변화가 다가오고 있는 것이다. 지방 선거는 이런 변화를 주민들의 삶의 질 향상으로 연결시켜 줄 지역 일꾼을 뽑는 선거다. 늘어난 예산을 집행할 단체장과 이들의 행정을 감시할 지방의원들이 누가 되느냐는 우리의 삶에 직접적인 영향을 미친다.

지방자치가 중앙정부로부터 완전히 독립적일 수는 없지만 지방 행정은 주민들의 일상생활과 맞닿아 있다는 점에서 독자적인 영역을 갖고 있다. 지방 자치, 지방 행정을 제대로 이끌고 감시할 적임자를 뽑아야 내 삶이 윤택해진다. 자질 없는 후보가 선출되면 그 피해는 주민들 앞에 고스란히 돌아간다. 6·13 지방 선거는 당과 여론을 떠나 지방자치행정을 제대로 감시할 줄 아는 참일꾼을 뽑아야 내 삶이 윤택해지고 밝은 세상이 온다.

## 서민 울리는 집값, GTX(수도권광역철도)든 경전철이든 직주근접 가능케 하면 굳이 평생 모아 서울에다 집을 사려 하겠나

　나날이 치솟는 집값, 서민들 울리는 집값으로 양극화 심화가 우려된다. 신도시 교통 지옥이 여전한데 또 신도시 짓는 게 해법이 될까? 국토교통부가 하루라도 빨리 GTX(수도권광역철도)든, 경전철이든, 개발 일정을 대폭 단축해서 수도권 지역인 동두천 연천군의 북쪽에다 직주근접(職住近接)을 가능케 하면 굳이 평생 모아도 아깝고 모자랄 돈 들여 서울 복잡한 도심에다 집을 사겠다고 지금 서민들이 이 난리를 치겠나 싶다.

　이 같은 시기에 문재인 정부가 남북 당국 간 전쟁이 없는 평화의 10·4공동선언식도 11년 만에 북한에서 지난 4일 성대히 가졌다. 이는 곧 남북 간 평화를 뜻하는 것이다. 물론 김포-파주-위례 등 참여 정부 때 조성한 2기 신도시의 주민들은 10년이 지난 지금도 매일같이 교통 지옥에서 시달리고 있다.

　이제는 남북 간이 없다. 특히 문재인 정부 들어 통일로 가는 길이 밝아지고도 있다. 그러므로 70년 안보 희생으로 낙후돼온 연천군 동두천시에다 현 정부는 인구 분산책으로 한층 신도시 정책과 더불어 남쪽에 편중된 신도시 정책을 북쪽인 통일 도시 연천-동두천으로 국방부, 외교부는 분산시키는 데 큰 틀을 맞춰 주어야 된다고 본다.

그래서 경기 순환 도로인 송추에서 동두천시-연천군의 종착지인 신탄리 38선 끝까지 어서 빨리 통일의 도로로 왕복 8차선을 고양시-문산-파주 간 도로처럼 확 뚫어 주는 국토부의 투자 정책이 필요한 동두천-연천군의 목마른 미개발 지역인 수도권 지역이다.

지금은 연천-동두천 지역이 북한과 안보로 대치하는 곳이 아니라는 것을 현 정부가 말해 주고 있다. 그래서 정부와 국토교통부는 북쪽인 연천-동두천을 평화통일의 거대 신도시 개발 발전을 위해 뒤늦었다지만 적극적인 투자와 함께, 서민 울리는 집값과 울화통 터지는 신도시 정책을, 서울 1.2배가 되는 연천군 땅에다 통일의 신도시로 발전시켜 균형된 인구 분산 도시 발전이 돼줘야 한다는 큰 지적이다.

최근 젊은 세대나 무주택자들이 치솟는 서울 집값을 보면 힘이 쭉 빠질 것이다. 약 30평 규모 아파트 가격이 10억, 20억 원을 넘어서니 앞으로 월급쟁이들은 도저히 집을 사기 힘들 것 같다. 글로벌 도시통계정보사이트(NUM-BEO)에 따르면 서울의 소득 대비 주택 가격 비율(Price to Income Ratio)은 17.8이다. 집을 사기 위해 연 소득을 한푼도 쓰지 않고 모아도 17.8년이 걸린다는 얘기다. 뉴욕, 도쿄 등 선진국 대도시보다도 더하다. 젊은 세대가 결혼을 기피하고 출산을 주저하는 근저(根柢)에도 집 문제가 깔려 있다.

사실 우리나라 대기업 임금 수준은 글로벌 기업에 비해 결코 적지 않다. 하지만 집값에 견주어 보면 이야기가 달라진다. 아무리 좋은 직장을 다녀도 천정부지로 치솟는 집값에 허덕이다 보면 돈을 쓸 수가 없고, 소비 부진에 따른 내수 불황은 끝날 조짐이 안 보인다.

또 주택 여부와 그 주택이 '서울에 있느냐 지방에 있느냐'에 따라 신분이 갈릴 정도로 자산 양극화가 심해지는 것은 사회적으로 큰 문젯거리가 아닐 수 없다. 개인의 능력 차이에서 오는 격차도 인정하지 않는 우리 사회에서 자산 격차에 따른 양극화는 대재앙의 불씨가 될 수 있다.

예컨대 빚내서 아파트 한 채 더 사려는 사람들에게 은행권 대출 규제보다는 금리 인상이 오히려 더 효과적이고, 보유세 인상이 실효성을 가지려면 양도세 등 거래세 인하가 함께 진행되어야 한다. 그렇지 않으면 과거 노무현 정부 당시처럼 집을 팔면 큰 손해가 되기 때문에 끝까지 쥐고 있을 수밖에 없게 된다.

이 모든 정책 혼선의 배후에는 시장을 무시하는 정부의 오만한 태도가 깔려 있다. 다주택 소유를 무조건 투자로 간주해 적폐로 몰고, 다주택 소유자들에게 큰 손해를 감수하게 하는 정책은 성공하기 어렵다. 이들이 과도한 이익을 보는 것은 막을 수 있다고 해도 엄청난 손해를 감수하게 하는 정책은 성공하기 어렵다.

약간의 이익 또는 약간의 손해를 보더라도 쥐고 있던 집들을 풀게끔 유도하는 것이 올바른 정책의 방향이다. 보유세는 강화하되 양도세 등 거래세는 완화하는 것이 미국 등 선진국에서도 일반화되어 있지 않은가!

그런데 가지고 있어도 부담이고 팔면 더 큰 손해라면, 어떻게 할까? 결국 팔고 큰 손해를 보느니 계속 가지고 있으면서 정책이 바뀌기를 기다리게 된다. 그리고 이는 주택 공급을 옥죄는 결과를 가져온다.

그래서 눈을 감을 수가 없었다

부동산 정책만 아니라 문재인 정부의 다른 정책도 경제 사회 문화적 경영의 활동을 지원하고 규제를 완화하기보다는 이른바 적폐 청산을 앞세워 억제하고 숨죽이게 만드는 것이 대다수다. 심지어 생활 적폐라는 이름으로 온갖 것들이 청산의 대상이 되고 있다.

박근혜 정부의 불법 비리에 분노하던 국민이 초기에는 이러한 정책들에 박수를 보냈지만, 더 이상은 아니다. 이제는 과거 정부의 잘못을 바로잡는다는 미명 하에 국민의 삶을 피폐하게 만드는 일이 계속돼서는 안 된다. 그 결과를 가장 먼저, 그리고 정확하게 보여 주는 것이 시장이고 경제다. 정부의 태도가 달라지지 않는 한 부동산 정책 또한 과거 노무현 정부의 실패를 그대로 반복할 수밖에 없다.

정부의 부동산 정책 목표가 잘못됐다고 말하는 것이 아니다. 다만 잘못된 방식을 선택해 오히려 역효과가 더 커지고 있다는 점을 지적하는 것이다. 목적의 정당성으로 방법의 오류를 덮으려 하지 말라. 정부가 진정으로 집값 광풍을 잠재우고 집 없는 사람의 좌절과 분노를 해소하고자 한다면 정부의 선의(善意)를 강조하지 말고 성공적인 결과로써 말해야 한다. 시장을 무시하는 경제 정책이 이념을 앞세워 전면에 나서면 그 결과는 불 보듯 뻔하다. 정부의 독선과 오만이 가장 잘 드러나는 영역이 바로 경제이며 현재의 부동산 정책이다.

그러므로 서민 울리는 집값, 울화통 터지는 부동산의 신도시 발전 확장의 국토교통부 정책을 GTX(수도권광역철도)든 경전철이든 직주근접(職住近接) 가능케 해 줘 수도권 지역인 경기 최북단 국가 안보 우선 70년 희생을 감내해 온 연천군과 동두천시에다 통일 대비 신도시 발전이 거듭 요구된다.

# 한국이 11년째 3만 달러
# 진입 못 하는 족쇄,
# 지방분권개헌으로 새 활력 찾아야

우리가 21세기 오늘날의 현실에서 행복한 삶을 위해 반드시 전제돼야 할 것이 있다면 바로 평안과 행복한 삶이다. 만일 기쁨과 즐거움이 없고 행복하고 평안하지 않다면 제아무리 좋은 것을 보고 먹고 입고 누려도 별 소용이 없다. 왜냐하면 별것 아닌 일에 금세 흔들리고, 불안하고, 좌절하고, 분노할 것이기 때문이다.

그래서 우리는 무엇보다 먼저 평안한 삶을 원한다. 이런 가운데 오늘의 우리 대한민국이 11년째 3만 달러를 진입을 못 하는 지방분권개헌의 족쇄를 풀고 국민 소득 3만 달러 진입로를 확 뚫는 새 바람, 새 활력을 찾아야 한다.

우리 한국이 2006년 1인당 국민 소득 2만 달러 시대에 진입했으나 11년이나 지나도록 선진국 문턱이라 할 수 있는 3만 달러를 넘지를 못하고 있다. 지금의 추세라면 2020년에나 3만 달러 시대를 열 수 있을 것으로 전망된다. 선진국이 국민 소득 2만 달러에서 3만 달러에 진입하는 데 평균 8.2년 걸린 것과 비교하면 두 배 가까이 긴 셈이다.

세계적 미래학자 앨빈 토플러가 2001년 6월 대한민국 대통령에게

그래서 눈을 감을 수가 없었다

「위기를 넘어: 21세기 한국의 비전」이라는 보고서를 제출했다. 그는 한국의 산업화 과정에서 효율적으로 작동한 중앙 집권적 국가 운영 체제가 지식정보화 사회에서는 걸림돌이 되고 있다고 진단했다. 경제 발전을 위해 정부 체제의 근본적 변화가 필요하다고 강조했다.

그러면서 획기적인 지방 분권을 제안했다. 놀랍게도 토플러는 『불황을 넘어』라는 저서에서 우리가 지방 분권 국가로 생각해 온 미국도 불황을 극복하고 경제적 번영을 지속하려면 연방 정부의 권력을 과감하게 지방 정부로 넘겨야 한다고 주문했다. 국가 경제 시대를 넘어 지방 경제 시대가 도래했다는 논거였다.

절대 빈곤을 해결하기 위해 산업화를 추구하던 시기에 대한민국은 후발 주자로서 선진국의 발전 모델을 답습하는 것이 정답이었다. 중앙 정부의 엘리트 관료가 발전 방안을 기획하고 실천 매뉴얼을 만들어 전 국민이 일사불란하게 움직이도록 강제하는 중앙 집권적 관료 체제가 효율적이었다.

하지만 지식 정보 사회에 접어들자 이러한 국가 운영 체계가 오히려 지방과 국가의 발전을 가로막고 있다. 정답 없는 시대를 살게 되었기 때문이다. 이제는 우리 스스로 정답을 찾아내기 위해 다양한 실험을 해야 한다. 실험에는 위험이 수반된다. 국가가 실험을 주도한다. 실패하면 국가 전체가 위기에 빠진다. 위험을 분산시켜야 한다. 그러기 위해서는 지방이 혁신 실험실이 되어야 한다.

국가 경쟁력 세계 1위에 단골로 오르고 국민 소득이 8만 달러에 달하는 스위스의 원로 경제학자 르네 프라이(Rene Frey) 교수에게 "스위스가 이토록 잘 사는 이유가 무엇인가"라고 물은 적이 있다. 그의 반문은 이러했다. "스위스에는 2,300개의 지방 정부가 잘 살기 위한 경쟁을 한다. 경쟁에 이기기 위해서 끊임없는 혁신을 통해 효율성을 높여야 한다. 이런 나라가 못 살면 이상하지 않느냐?" 고도의 지방분권체계가 스위스 경제에 혁신 동력을 제공하는 성장의 엔진이다.

세계화 시대에는 국가와 국가가 경쟁하는 것이 아니라 지방과 지방이 국경을 넘어 경쟁을 한다. 기업을 유치해 지역 경제를 발전시키고 일자리를 만들기 위해 지방까지 사활을 걸고 경쟁한다. 다른 나라의 지방들은 기업을 유치하는 데 유리하도록 스스로 법률을 제정해 세금을 결정하고, 교육·부동산·환경·치안·노사 관계를 자율적으로 결정할 수 있는데 우리의 지방은 결정할 수 있는 것이 거의 없다.

스위스에는 추크(Zug) 같은 시골 지역에도 세계적 기업들이 찾아와 일자리를 제공하고 지역 경제를 발전시키는데, 우리는 지방마다 국가산업단지를 만들어 놓고 신발이 닳도록 기업을 찾아다녀도 잘 들어오지 않는다. 우리의 지방은 법률제정권이 없어 기업 유치에 필요한 조치를 할 수 없기 때문이다. 현행 헌법은 지방이 스스로 지역 발전을 위해 아무것도 할 수 없도록 손발을 묶어 놓고 있다. 중앙 정부는 과부하로 기능 마비에 빠져 있다. 지방 정부도, 중앙 정부도 제대로 작동하지 않는다. 심각한 한국의 병이다.

지방 정부가 중앙 정부에 애걸해 법령을 개정하는 등 기업 유치에 필요한 조건을 어렵게 마련하고 나면 그 기업은 이미 다른 나라로 떠나고 없다. 외국 기업을 유치하기는커녕 국내 기업마저 다른 나라로 빠져나간다. 실제로 지난 10년간 국내 기업의 해외 투자는 외국 기업의 국내 투자보다 3배 가까이가 되었다.

그래서 눈을 감을 수가 없었다

국회가 법률제정권을 독점하고 있다 보니 좋은 법률을 만들기 위해 노력할 필요가 없다. 국회가 만든 법률은 어느 지방에는 맞지 않는 경우가 많다. 독점 기업처럼 국회의 법률 독점은 입법의 품질을 하락시킨다. 우리의 지방들이 외국의 지방들과 경쟁해 기업을 유치해 일자리를 만들고 지역 발전을 시키기 위해서는 헌법을 개정해 지방이 자유롭게 활동할 수 있도록 손발을 풀어 줘야 한다.

지방마다 지역 발전을 위한 다양한 정책 구상을 자기 책임으로 실현할 수 있도록 지방 정부에도 법률 제정권을 주어야 한다. 그러면 중앙 정부와 지방 정부 간, 지방 정부 상호 간에 치열한 입법 경쟁을 통해 창조적 혁신이 아래로부터 일어난다. 대한민국이 만성적인 경제 불황에서 탈출해 재도약하기 위해서는 지방분권 개헌으로 새로운 활력을 찾아야 국민의 소득 3만 달러를 뚫게 될 것이다.

# 수도권 규제법,
# 경기도 한수 북쪽 풀고 바꾸고
# 정책 바꿔야 한다


대한민국은 서울시가 수도이다. 서울이 발전하고 국가가 발전하기 위해서는 경기도의 큰 잠재력을 더 적극 활용하고 개발해야 된다고 본다. 현재 서울시를 도넛처럼 에워싸고 있는 경기도는 서울의 발전 기반이 되고도 있다.

서울과 지방을 이어 주고 남북 관계와 국제 관계에서도 더욱 중요한 위치에 있는 남북한 대한민국의 중심 경기도, 그중에서도 경기도 연천군과 동두천시는 대한민국의 지도상 한가운데, 허리에 해당한다.

이 과정에서 수도권 규제는 1964년 대도시 인구 집중 방지책이 법제화된 이래 현재까지 계속되어 왔으니 벌써 57년이 지났다. 57년 세월을 뒤돌아보면서 수도권 규제 정책의 최우선 목표가 '수도권 과밀 해소'와 '국가 균형 발전'이라는 점에서 이 정책은 실패한 정책임을 스스로 입증하고 있다.

1960년 20.8%에서 1970년 28.9%, 1980년 35.5%, 1990년 42.8%, 2000년 46.3%, 2005년 48.09%로 꾸준히 경기도 수도권의 인구가 증가하고 있기 때문이다. 이렇듯 수도권 인구 비중 지표가 말해 주듯이

그래서 눈을 감을 수가 없었다

수도권 규제 정책에도 불구하고 수도권의 인구는 현재까지 폭발적으로 증가해 왔다. 지역 간 불균형도 더 심화되었다. 앞으로도 현행 수도권 규제 정책을 고수한다 해도 수도권 인구 집중률은 줄어들 가능성이 아주 희박하다.

이렇게 '실패한 정책'이 이토록 오랜 세월 동안 꿋꿋이 유지된 것이 놀랍기도 하다. 수도권 규제 정책의 효율성 측면에서도 정책 실패의 원인을 보듯 늦었지만 실패의 중요성의 원인을 즉시 찾아내고 보다 효율적인 정책으로 바꾸는 게 오늘날의 현실에 지당하다.

국민 소득 3만 불 시대가 도래한 지금, 4~5만 불 시대를 만들기 위해서는 수도권과 지방이 골고루 발전되어야 한다는 데는 누구 하나 이견이 없을 것이다. 또한 57년에 걸친 수도권 규제 정책에도 불구하고 내놓을 만한 성공 사례 하나 제대로 없다는 것은 문제가 있는 것 아닌가 싶다.

지방에도 수도권 규제와 비슷한 규제들이 지방의 개발과 발전을 막고 있는 것은 아닌지, 제21대 국회와 문재인 정부는 다시 한번 뒤늦었다지만 꼼꼼하게 검토해 보고 살펴보아야 한다.

과거 노무현, 이명박 정부 때 세종시 수정방안법을 놓고 충청도민들과 대립각을 세우고 눈만 뜨면 서로 간 신경전을 벌이기도 했었다. 우리 사회의 고질적인 양분화, 지방과 수도권의 이해 다툼으로 전락한 것 같기도 하다. 이제 국가 발전을 위한 올바른 정책 논의가 이루어지기 위해서는 수도권 규제 완화를 논하는 것 자체를 터부시하는 분위기부터 바뀌어야 된다.

지금은 21세기, 글로벌 개방화 시대다. 또 세계가 하나 된 경쟁의 시대인 것도 사실이다. 봉사, 돈으로 살 수 없는 베풂의 즐거움, 사랑을 배워가는 시대, 이기적인 삶이 아닌 더불어 사는 삶이 강조되면서 '지식'보다는 '인성'에 대한 중요성이 갈수록 높아지고 있다.

수도권의 개발을 제한하는 규제 정책은 이제 더 이상 정당성이 없을뿐더러 효율성이 낮다는 것이 입증되고 있다. 21대 국회는 지난 57년 동안 수도권을 꽁꽁 묶어 두었던 각종 많은 규제들을 과감하게 철폐하고 지역 간 불균형 해소를 위해 보다 효율적인 정책이 과연 무엇인가를 살펴 고민해야만 된다.

경기도 최북단, 대한민국의 허리인 연천군과 동두천 시민들은 수십 년 세월 동안 수도권 규제법으로 묶여 불이익과 희생을 감내해 왔다. 특히 동두천시는 시의 전체 면적 중 42%를 주한 미군이 차지하면서 군사우선보호법으로 낙후되어 피해를 받았다. 시민들은 동두천시의 특별 법안을 촉구하고 있다.

또 연천군은 수도권 지역이지만 복선 전철도 아닌 단선 전철이 한 세월이다. 연천군민은 전철도 전철이지만 빠른 왕복 통일로 준비된 왕복 8차선 도로를 원한다. 이제는 수도권 한수 북쪽 경기도민들에게도 수도권 규제의 멍에를 벗기고 자신들의 운명을 마음껏 발전, 개척할 수 있는 자유를 주는 것이 맞다고 본다.

대한민국 국민이 고루 잘사는 '상생' 정치가 뒤늦었다지만 새로이 시작되는 것이 21대 국회의 몫이다. 위성 도시인 파주시처럼 경기 송추 IC에서 연천군 신탄리역까지, 경기도와 강원도 철원경계점까지 왕복 8차선의 통일 도로를 어서 빨리 개설해 줘야 서울의 인구 집중 과밀도를 막고 폭등한 아파트 값을 잡을 수 있음을 현 정부와 21대 국회

　　　　　　　　　　　　그래서 눈을 감을 수가 없었다

는 직시해야 된다.

현 정부와 21대 국회가 여야 정쟁으로만 대립각을 세우지 말고, 하루속히 국민들이 정부와 국회를 믿으며, 여야 상생으로 믿음과 신뢰를 주는, 국민이 상생하며 축복을 받는 국회 정치를 바란다.

젊은 청년들이 집값과 전·월세 폭등으로 결혼을 꺼리며 미루고, 삶에 고통과 함께 몸부림치고 있음을 직시하는 현장 확인 정치로, 진보의 길 정치로 나갈 때만이 곧 국민들의 21대 국회가 존경과 믿음을 받는다고 본다.

현 정부 국토부 장관과 21대 국회는 탁상 행정을 벗어나 현장 행정에서 서울시 땅의 1.2배의 큰 땅이 된다는 연천군을 찾아 현장 확인으로 수도권 인구 분산책으로 지역을 고루 발전시야 할 책무를 다해 줘야 한다.

21세기는 우주에 가고, 전기로 자동차가 움직이는 초고도화의 현실이다. 연천군-동두천시 주민들에게도 어서 빨리 수도권 규제의 정책법을 풀어 줘서 통일의 준비된 도로도 확 뚫어 주고 삶에 행복을 담아 줘야 한다.

문재인 정부와 21대 국회가 남쪽과 북쪽의 삶이라는 차별 개념을 떠나 연천군-동두천시의 시급한 수도권 규제법을 확 풀어 줘 서울시 인구 과밀을 막고, 연천군-동두천시가 빠른 도시 개발로 70년 남북 분단 안보의 보상과 함께 고루 함께 행복의 추구의 길을 열 수 있도록 해 줘야 할 것이다.

# 소망은 현실을 극복하게 하며
# 올바른 지성과의
# 배려 생활이 삶의 빛이 된다

　인간의 밥그릇은 음식을 담는 도구다. 깨졌거나 지저분한 그릇은 폐기 처분되거나 사용 보류된다. 그래서 사람들은 누구나 사회생활의 리듬 속에서 자기 발전과 함께 귀하게 쓰이는 사람이 되고 싶어 한다.

　하지만 간절한 자기 성취욕의 바람은 결국 자신의 탐욕과의 싸움이 될 것이다. 사회생활의 밥그릇은 곧 상식적인 죄, 즉 악을 끊고 거짓말을 멀리하는 것이다. 늘 고상한 꿈을 꾸되 그 꿈을 담을 인격을 갖추는 게 더 중요하다.

　우리의 인격은 지·정·의로 되어 있다. 인격 중에서 가장 확실하고 분명한 기능을 가져야 할 기능이 지성이다. 사람은 인생을 어떻게 살아야 하는가에 대한 지식이 있어야 한다. '내가 왜 사는가?', '내 인생은 어디로 가는가?', '내 삶의 결과는 무엇인가?' 하는 지식이 확고부동하지 못하면 평생 감정에 이끌려 세상 삶을 살게 될 것이다.

　오늘날의 21세기는 과학적 첨단 기술의 시대다. 정보 통신, 우주 공학, 생명 공학, 친환경 등 많은 분야에 걸친 고도의 기술이 현대인의

　　　　　　　그래서 눈을 감을 수가 없었다

삶과 사회 전역을 지배하며 계속 변화시켜 나가고 있다.

정치·경제·사회 제도나 문화적인 태도와 가치관 등에 기술의 영향력이 깊숙이 미치고 있는 현실이 오늘이다. 오늘날 한국 사회는 인간이 수용할 수 있는 고통의 한계를 실험하는 장이 된 듯하다.

이렇듯이 지금의 대한민국 사회는 삶의 터전은 철거되고 노동자는 국가의 '주적'이 되었으며 민주주의 자유와 권리들은 철저히 조롱받고 있다. 저항은 철저한 응징의 대상이다. 300원의 식대에 항의했던 이들에게는 3억 원의 손해 배상이 청구되고 일하기 위해서 자야 한다는 당연한 주장에는 용역이 모는 대포차가 돌진한다.

민영화된 공권력이 수단과 방법을 가리지 않고 악랄하게 활약하는 동안, 자본가들은 '아웃소싱'의 쾌적함 속에서 웃고 있을 따름이다. 정부는 이런 상황에 대한 모든 소통의 조정을 포기해선 결코 안 된다.

아니, 더 정확하게 말하자면 정부는 발생하는 사건마다 자신이 어느 편에 서 있는지를 투명하게 드러내고 있다. 이런 상황에는 물론 많은 이유가 존재한다. 가장 직접적으로는 현 정권과 그 주변 세력의 구성원들이 갖고 있는 경제적 이해관계와 관련된 문제들이 있다.

가장 높은 곳에서부터 가장 말단에 이르기까지 이어지는 이해관계의 연쇄는 현 집권 세력의 결집을 지탱하는 가장 강력한 동인임은 물론이거니와 오늘날 한국 사회에서 벌어지고 있는 난장판에 중대한 원인을 제공했다고 할 수 있다.

그러나 단순히 경제적 이해관계만으로 이 모든 혼란이 빚어졌다고 말하기에는 어딘가 석연찮은 구석이 있다. 정권의 마지막 날 모든 구성원이 함께 '휴거'라도 할 작정이 아니라면 반드시 누군가에게는 돌아갈 얼마간의 책임들에서 온전히 자유롭지는 않을 것이기 때문이다.

그렇다면 대체 이들의 추진력은 어디에서 기인하고 있는 것일까? 생각해 보면 현 정부 들어 아무도 예상 못 한 성장률 쇼크와 57년 만의 최악의 수출 부진으로 외환 위기 최저 성장을 기록했다. 고삐 풀린 집값이 '7주 연속 상승'하여 누구도 통제 못 하는 부동산이 되었다. 그러나 현 정부에서는 오직 행정 수도 이전을 둘러싼 논란이 커지고 있는 가운데 부동산 전문가들은 수도권 집값이 큰 영향을 받지 않을 것으로 전망했다.

이런 과정에서 김태년 더불어민주당 원내대표는 지난 20일 국회와 청와대, 정부청사를 모두 세종시로 이전할 것을 주장하면서 "그렇게 했을 때 서울 수도권 과밀과 부동산 문제를 완화할 수 있다"고 말했다. 정부의 잇따른 부동산 대책 발표에도 불구하고 서울 집값이 상승세를 이어가고 있는 상황에서 나온 발언이었다.

공공 기관을 꼭 충청도 남쪽, 세종시 쪽으로만 이전하도록 고집할 게 아니라 수도권 인근 경기북도 쪽도 고려해야 한다. 21세기 통일의 준비된 도시, 동두천시-연천군에 주거 환경이 좋은 컴팩트 도시를 조성하는 게 서울 집값 안정에도 더 효과적이라는 말을 강조하고 싶다.

21세기 통일에 준비된 북쪽의 동두천시-연천군의 각종 토목 도로건설사업 현장을 뒷전에 두고, 문재인 정부와 21대 국회, 민주당 여당 국회의원들이 한반도의 땅을 고르게 발전시키지 못했다. 오직 표에 집착하여 2022년 3월 9일 예정 대선 선거에서 이기겠다는 생각뿐이다. 이러한 착각의 정치 행태와 북쪽의 21세기 낙후, 특히 동두천시-연천군 지역 낙후 발전에 북쪽의 국민들은 강력한 항변, 반발들을 한다.

그래서 눈을 감을 수가 없었다

동두천시-연천군민들이 현 정부 행태에 앞으로는 더 이상 참을 일 없이 3번 국도를 막고 현 정부와 강경 투쟁하겠다는 데서 앞으로 정부의 대책 마련의 귀추가 주목된다.

과거 정부, 현 정부와 국회의원, 이들은 선거표를 의식한 나머지, 온갖 이유를 들어가며 남쪽에만 도시 건설 행정을 파헤쳐놓고 거기에 누군가가 콘크리트를 들이부은 다음, 그것을 자신들의 공적 '사유 소유물'로 선언하는 방식의 현 정치행태를 보여 주고 있다.

그들의 계산에는 경기 북쪽 의정부-양주-동두천-연천군민들의 가슴속에 차곡차곡 적립 중인 고통과 분노는 안중에도 없었다. 하지만 눈에 보이지 않는다고 존재하지 않는 것은 아니다. 그리고 그것이 어떤 형태가 될지는 알 수 없지만 '결제일'은 반드시 돌아온다. 소망은 현실을 극복하게 하며 올바른 지성과 배려 생활이 세상 삶의 빛이 된다.

# 우리나라 경제를 걱정하다

사익만을 추구하는 것이 의식적으로 사회를 위해 노력하는 것보다
사회에 더 효과적으로 도움이 되는 경우가 많다.
국가와 민족을 위한 사업이라고 뽐내는 사람 치고,
실제로 사회에 기여한 자를 한 번도 본 적이 없다.

애덤 스미스((Smith, A., 1723~1790)는 1723년 스코틀랜드의 작은 항구 도시에서 태어나 어머니 슬하에서 자랐다. 아버지는 그가 태어나기 몇 달 전에 세상을 떠났다. 뛰어난 두뇌의 소유자였던 스미스는 14세에 글래스고 대학에 들어갔고, 뒤에 옥스퍼드대학교에 장학생으로 들어갔다. 그는 신학을 공부한 뒤에 성직자가 될 생각을 하고 있었지만, 중도에 포기하고 고향으로 돌아왔다.

그는 『국부론』에서 국가가 여러 경제 활동에 간섭하지 않는 자유 경쟁 상태에서도 '보이지 않는 손(invisible hand)'에 의해 사회 질서가 유지·발전한다고 주장하였다. 이기적 본능이 인간 행동의 원동력으로 작용함으로써 개인의 이기적 행위가 결국에는 공공복지에 이바지하게 된다고 생각한 것이었다.

# 우리 국민들의 일상이
# 빨라진 만큼
# 인식도 선진국 수준으로 바뀌어야

요즘 우리 일상생활의 속도가 아주 많이 빨라졌다. 속도가 경쟁력이요, 능력인 세상에서 살아가고 있다. 특히 디지털 시대가 도래하면서 속도는 아예 생존방식이 되고 말았다. 그런데 속도가 빨라졌으면 일상생활에 여유가 있어야 하는데 그렇지 않은 것이 참으로 이상한 일이다.

그래서 곰곰이 생각해 보았다. 빨라진 만큼 여유가 생겼을 텐데, 왜 우리는 이렇게 점점 더 분주한가를. 그것은 세상이 너무나도 복잡해졌기 때문이다. 과거에는 단순했다. 라면 종류도 다양하지 않았고, 화장품 종류도 단순했다. 그래서 결정하는 데 주저할 필요가 없었다.

그런데 요즈음엔 모든 게 아주 복잡해졌으니 우리 생활은 점점 더 바빠진 세상이 돼가고 있다. 이런 상황에서 분주함의 반대는 여유가 아니다. 분주함의 반대는 올바른 선택이다. 그리고 거기에 집중하는 것이다. 바른 선택과 올바른 집중이 이 시대를 살아가는 큰 지혜다.

그런데 최근의 한국은행의 국민 계정 발표는 우리 국민들을 우울하게 만들고 있다. 1인당 국민 소득은 2만 7,000달러로 11년째 2만 달

　　　　　　　　　　그래서 눈을 감을 수가 없었다

러 수준이며 경제 성장률은 2011년 2.3%로 크게 낮아진 뒤 2%대 수준에 머물러 일본의 잃어버린 20년 전철을 답습하는 것이 아닌가 하는 불안감이 증폭되고 있다.

경제 상황이 이렇다 보니 일부 언론에서는 대선 후보들에게 경제 성장률 목표를 요구하며 성장을 기치로 내건 후보가 없다고 질책한다. 성장과 분배가 상치되지 않는다는 학계의 지배적인 견해에도 불구하고 경제 성장을 중시해야 한다는 목소리가 더 거세질 전망이며, 대선 후보들의 분배 공약에 대해 벌써 '성장 피로증'에 빠져 결실을 기대하는 조급성을 보이고 있다는 지적이다.

지난 시절 높은 성장률이 경제 정책의 최우선 과제로 꼽히다가 최근 몇 년 동안에는 성장-분배 논쟁에서 보편-선별 복지 논쟁으로 전환되어왔다. 이런 가운데 세월호 사건과 최근의 촛불 집회는 국가란 무엇이며, 국가가 국민에게 해 줘야 하는 기본이 무엇인가를 질문하고 있다. 낙수 효과를 강조한 성장 우선주의와 성장에 매진한 결과 팍팍하며 불안한 현실밖에 남지 않았다는 성장 후유증의 논쟁이 이제는 다양한 삶의 방식을 위한 사회 시스템 구축을 강조하는 새로운 패러다임으로 접어드는 듯하다.

퇴직 후에도 파트타임 근로를 통해 노동의 대가를 즐길 수 있는 노후, 출산 휴가를 당당하게 사용할 수 있는 근무 분위기, 육아와 근로 모두 병행 가능한 유연한 근로 제도 활성화, 일류 대학 진학이 곧 출세라는 등식이 더 이상 성립하지 않는 사회, 동일 노동을 제공하고도 취업 형태에 따른 차별이 없는 직장, 창업에 실패하더라도 그 노력을 인정받아 창의성을 자유로이 발휘할 수 있는 사회에 대한 욕구가 바로 그 예라고 할 수 있다.

우리는 반드시 정형화된 길을 걸어야 하는 것은 아니며 때로는 실패할 수도 있고, 유연하게 삶을 향유할 수도 있고, 잠시 다른 길을 걸을 수도 있다. 그러나 제2의 기회가 주어지지 않는다면 이 얼마나 숨막히는 사회인가, 대안을 선택한 책임은 본인의 몫이다. 어느 경우라도 그 선택이 존중받는다면 그 사회는 화합하고 배려하고 창의성을 추구하는 사회가 될 것이다. 이러한 것들이 바로 4차 산업 혁명 시대에 있어서 미래 성장의 근원이며 잠재성 성장률을 높이는 방법이다.

최근의 촛불 집회는 비단 우리에게 재난 사고로부터의 안전뿐만 아니라 인간다운 삶을 추구하기 위한 사회 안전망에 대한 국민적 요구를 보여 주고 있다.

이 이슈들은 시간과 비용이 다소 들더라도 사회 건전성을 제고하기 위한 시스템 정비와 사회 인식의 전환에서 출발되어야 할 것이다. 인식의 변화란 난제이나 촛불 집회에서 나타난 민도 수준으로 볼 때 사회 구성원의 동의를 얻는 것이 어려워 보이지도 않는다.

최근 근로 시간 단축에 대해 사회 구성원의 합의를 도출한 일본의 경우를 보라. 만일 이러한 요구가 높은 경제 성장과 어느 정도의 국민 소득이 달성된 이후 가능한 논의라고 치부해 버린다면 그런 시기는 영영 오지 않는다. 우리가 바라는 사회는 요원할 것이다.

현재 대선 후보나 우리 사회가 국민 소득 4만 달러 시대니, 세계 경제 대국 규모 10위권 진입이니 하며 그럴듯해 보이는 지난 대선의 747 같은 허망한 구호를 쫓기보다 이제부터라도 국가다운 국가 건설로부터 미래 경제 성장의 근원을 찾고 인간적인 기본을 위한 시스템

그래서 눈을 감을 수가 없었다

을 정비하는 일이 중요하다.

경제만 선진국을 지향할 것이 아니라 삶의 방식과 사회적 인식도 선진국 수준으로 같이 전환돼야 할 것이다. 우리 일상이 빨라진 만큼 국민의 인식도 선진국 수준으로 바뀌어야 하며 그러기 위해서는 독식하겠다는 생각을 버리고 연대와 협치의 방법을 지금부터라도 준비해야 한다.

# 디지털 경제 이끌어갈 일념으로
# 지혜를 모아 공교육 4.0을
# 만들어 가자

　세상에 홀로 예쁠 수 있는 것은 없다. 모두를 누르고 자기 혼자만 빛나려고 하는 것을 '교만'이라고 한다. 꽃은 예뻐해 주는 사람이 있을 때 빛이 난다. 또 나의 예쁨이 다른 사람에게 웃음과 기쁨의 소망을 줄 때 진정한 '아름다움'이 된다. 그러므로 우리 이웃을 경쟁자가 아닌 협력자로 보면 창조적인 시너지가 창출된다.

　이렇듯 세상사 복잡한 요즘, 유력 대선 후보들은 하나같이 4차 산업 혁명과 교육, 일자리 창출을 공약으로 내걸고 다양한 정책 개발에 공을 들이고 있다. 공약을 하나하나 짚어 보면 각 후보들은 교육의 변혁과 일자리만 만들 수 있다면 달이라도 따오겠다고 나설 정도로 간절해 보인다. 그만큼 교육 문제와 청년 실업은 심각하고 촌각을 다퉈 해결해야 할 중요 과제다.

　앞으로 수백만 개의 새로운 일자리는 화이트칼라도 아니고 블루칼라도 아닌 '뉴칼라(new collar)'에서 나오게 될 것이다. 올 초 세계경제포럼(WEF)에서 IBM의 최고 경영자 지니 로메티가 던진 화두다. 인공 지능, 핀테크 등 여러 분야에서 필요한 인재는 더 이상 전통적

　　　　　　　　　　그래서 눈을 감을 수가 없었다

인 4년제 대학 학위를 필요로 하지 않으며, 디지털 환경에 적합한 뉴 칼라 인재가 필요함을 역설한 것이다. '뉴칼라'는 '학력과 관계없이 4 차 산업 혁명 시대에 적응하는 근로자 계급'을 일컫는 단어로 연결성 과 창의성을 갖춘 실무형 인재라고 할 수 있다.

새로운 직업 경로(pathway)를 뜻하는 P-테크는 고교-기업-대학을 연계하는 공교육 과정으로 2011년 IBM이 주도하여 교육청, 인근 대 학 등과 손잡고 빈곤층 학생들이 주로 다니는 뉴욕브루클린 소재 폴 로빈슨 고등학교에 최초로 설치하였다. 학생들은 학업 성취도에 따라 조기에 전문 학사 학위를 취득할 수 있고 성적 우수자는 입사 서류 전형을 면제받는 특전을 받게 된다. 폴 로빈슨 고교는 빈민가에 위치 한 낡고 오래된 학교다. 그러나 복도에 걸린 다문화 재학생들의 환한 모습과 IBM에 취업한 흑인 학생이 자랑스럽게 버락 오바마와 함께한 사진에서 공교육의 참모습을 볼 수 있다.

미 전역으로 100개까지 확대되고 있는 이 프로그램은 최근 디지털 환경에서 공유와 협력을 통해 시제품을 직접 만들어 보는 메이커 (maker) 교육을 도입하였고, 인공 지능 왓슨의 '치터 어드바이저'를 수업에 활용해 교사들이 최적화된 학습 자료에 접근할 수 있도록 돕 고 있다.

오바마는 재임 중 공식 석상에서 한국 학생들의 우수한 학업 성적 을 예로 들며 한국 교육을 본받아야 한다고 여러 차례 말했다. 그러 나 이는 한국의 높은 교육열을 부러워한 것이지 과열된 사교육과 입 시 제도를 부러워한 것은 아니다. 그간 우리의 교육 정책은 5년 주기 로 사회에 큰 변화와 혼란을 가져왔다. 1990년대의 대학설립준칙주의 및 정원 자율화 방침은 고등 교육의 급격한 양적 확대로 이어져 고교 단계에서의 직업 교육을 심각하게 위축시키는 계기가 되었다. 이후 여러 정부를 거치며 시도한 수많은 정책은 자율성과 공공성, 수월성 과 평등주의를 오가며 시행착오를 겪고 있다.

정책의 성공은 한 가지 요소에서 찾을 수 없다. 역사적 사실에서 보면 어떤 정책이 성공을 거두려면 수많은 실패의 원인을 피할 수 있어야 하고 동시에 기술의 발전이 가져오는 사회 변화의 기류에도 민감하게 대응해야 한다.

작년 12월 교육부에서 초·중·고교 학생들의 희망 직업 선호도 변화를 보면 지난 10년간 교사나 의사 등 특정 직업에 쏠리는 현상이 감소하고, 정보 보안 전문가 등 과학 기술 변화에 따른 이공계 직업 선호가 서서히 증가하는 추세임을 알 수 있다. 또한 특성화고 학생들의 취업률과 진학률이 2016년 47%의 취업률로 급격한 변화를 보여 주고 있다.

느리지만 '학력 중심 사회'에서 '직업 중심 사회'로 서서히 이동하는 움직임이 일어나고 있으며 이제는 명문대를 나와도 취업이 어려운 고용 환경과 맞물려 '대학 간판은 필수'라는 인식에 변화가 생기기 시작했다.

"지금으로부터 30년 후 대규모 대학 캠퍼스는 유물이 될 것이다. 평범한 대학들은 생존하지 못할 것이다. 이는 처음으로 책이 인쇄되었을 때만큼이나 큰 변화다." 1997년 피터 드러커는 현실 공간과 가상 공간을 결합한 교육 기관들이 새롭게 생겨날 것임을 예견한 듯하다.

첨단 디지털 기술과 교육의 결합은 이미 실리콘밸리와 아이비리그를 중심으로 온라인 교육 플랫폼을 만들어 2조 4,000억 달러의 세계 교육 시장을 선점해가고 있다. 이런 변화는 실리콘밸리 기업들의 채용 패턴을 바꾸고 있으며 '뉴칼라 일자리' 수요 증가와 직업 중심 사회로의 인식 변화 등 디지털 경제를 이끌어 갈 공교육 4.0 시대를 앞당기고 있다.

4차 산업 혁명으로 대한민국은 교육의 결정적 분기점을 맞이하고 있다. 이번 대선은 교육에 있어 5년마다 되풀이되는 시행착오의 시험대가 되지 않기를 국민 모두 바라고 있다. 관점을 바꾸어 새로운 백년대계를 준비한다는 일념으로 정치권과 대선 주자들은 공교육 4.0을 위한 능력과 덕성을 발휘해 줘야 한다.

# 새 정부는 가난한 사람·서민·자영업자의
# 손톱 밑 가시,
# 건보료 체계를 바로 세워야 한다

성공하는 사람들이 사용하는 언어의 절반은 칭찬이고, 행복하게 사는 사람들이 사용하는 언어의 절반은 감사라고 한다. 곧 감사는 행복한 생활과 직접 연결되어 있다는 말이다. 그렇다면 감사의 조건은 어떻게 찾을 수 있을까. 감사는 평소와 달리 특별하고 좋은 일에 대해 표현을 하게 한다. 그런데 뭔가 대박이 터지는 경우에만 감사한다면 감사할 언어는 많지 않을 것이다.

오히려 일상에서 이를 거꾸로 생각해 보면 우리 일상 속에는 그만큼 숨겨진 감사의 기적으로 가득하다는 얘기일 수 있다. 일상에서 기적을 발견해 감사할 수 있다면 얼마나 좋을까. 물 한 잔을 마시는 것, 나무 그늘 아래 쉬는 것도 기적과 감사다. 새 정부는 가난한 사람과 서민, 자영업자 손톱 밑 가시인 건강보험료의 모순을 바로 세워, 빈자들의 칭찬과 감사를 받아야 한다.

현재 우리 국민의 의료비 부담을 줄이기 위해 도입된 국민건강보험(건보)의 이원화된 부과 체계로 인해 힘없는 서민들과 영세 자영업자들이 크나큰 고통과 부담을 지고 있다. 건보는 직장가입자와 지역가

그래서 눈을 감을 수가 없었다

입자로 나뉜다. 4대 보험에 가입된 직장에 다니면 직장가입자, 그렇지 않으면 지역가입자로 구분된다. 직장에 다닌다 해도 직장에서 4대 보험료를 내지 않으면 지역가입자로 분류된다. 또한 1인 사업자들은 사업자임에도 불구하고 지역가입자가 된다.

직장가입자는 자녀와 부모, 배우자 등 인원수와 상관없이 모든 직계 가족을 피부양자로 등록하는 것이 가능하며, 가입자 한 사람의 근로 소득을 기준으로 보험료가 적용된다. 하지만 지역가입자는 세대주나 세대원, 즉 부모와 자녀, 배우자까지 별도로 개별 산정되는 체계 때문에 직장가입자와 동일한 소득 조건이라 해도 몇 배나 많은 보험료를 내야 한다. 이로 인해 대체로 수익이 안정적인 직장인은 상대적으로 덜 내고 영세 자영업자나 무직자들은 보험료를 더 많이 내야 하는 소득 역전의 현상이 나타나고 있다.

예를 들어, 직장가입자와 지역가입자의 월 소득이 동일하게 170만 원이라고 가정했을 때, 지역가입자의 보험료는 직장가입자에 비해 몇 배나 많다. 직장가입자는 재산이 10억 원이든 100억 원이든 상관없이 월 소득 170만 원에 보험료율 6.12%를 적용해 10만 4,000원인데 절반은 회사가 부담하므로 5만 원 정도만 내면 된다.

하지만 지역가입자가 월 소득 170만 원에 2억 원짜리 집, 10년이 된 2000cc 자동차가 있다면 계산 방식에 따라 조금 차이는 있지만 월 20만 원 가량의 보험료를 내야 하는 구조이다. 뿐만 아니라 보유한 집의 시세가 2억 원이지만 1억 5,000만 원의 대출을 끼고 있다고 해도 그러한 지역가입자의 부채는 보험부과체계에 전혀 감안되지 않는 게 큰 문제이자 모순점이다.

더구나 생존율 16%에 불과한 영세 자영업자들은 지속적인 내수 경기 침체로 고용원을 둘 수 없어 2인 이상의 사업자였다가 1인 개인사업자로 전락하는 경우가 수없이 발생하고 있다. 하지만 건보는 사업자의 소득에 따라 적용했던 보험 체계를 1인 개인사업자로 간주해 지역가입자로 변경시켜 모든 세대원의 소득을 측정해 건강보험료를 적용한다. 이에 따라 가뜩이나 가계 부채로 힘든 영세 자영업자에게 몇 배나 많은 보험료를 부과하는 큰 모순이 발생되고 있다.

　통계에 따르면 생계를 책임져야 할 50대 영세 자영업자들의 50%는 월 소득 100만 원 이하로 생계가 어려워 가정생활이 붕괴되고 있다. 이러한 상황에도 직장가입자에 비해 지역가입자가 몇 배나 많은 보험료를 물어야 하는 제도가 달라지지 않고 있다는 모순점을 바로 문재인 대통령, 새 정주가 바로잡아 줘야 된다.

　2015년 12월 통계 자료를 보면 고용원이 없는 개인사업자는 504만 명이며, 이중 86%에 해당하는 1인 개인사업자 433만 명은 4대 보험 가입도 하지 못하는 것으로 나타났다. 또 고용원이 없는 자영업자(개인사업자·프리랜서 등 1인 자영업자)가 지난해 4분기에 9만 6,000명 늘었다.

　우리는 4차 산업 혁명을 논하는 정보화 시대에 여전히 아날로그 시대에서나 있음직한 시행착오를 범하지는 말아야 한다. 대통령을 못 믿어서라기보다는 쉽게 드러나지 않는 이런 관행들이 적폐에 해당될 만큼 뿌리가 깊어서이다. 선진국일수록 투명성과 예측 가능성이 높다. 국가 경쟁력 평가에서 우리나라의 관련 지표는 최하위권을 맴돌고 있다.

탄핵과 광화문의 촛불로 새로 들어선 문재인 정부는 변화를 이끌어가며, 정말 달라진 대한민국을 만들었으면 좋겠다. 이를 위해 가난한 사람들과 서민, 영세 자영업자들의 고통을 보살펴 이들을 힘들게 만드는 손톱 밑의 가시, 건보료 부과 체계를 새 정부가 바로잡아 줘야 될 것이다.

# 한미 FTA는 당당하게,
# 꼼꼼하게 분석하여
# 테이블에 앉으면 된다

무한 경쟁 사회를 살아가는 현대인들은 과도한 스트레스에 항상 시달린다. 그러나 스트레스에 시달린다 해도 어떤 자리에서든 상황을 정확하게 분석해 테이블에 앉아 효과를 내면 된다. 우리가 한미 FTA를 정정당당하게 분석한다면 미국과 한 테이블에 앉아 슬기롭게 풀어나가는 데 꿀릴 것이 없다는 말이다.

지난 1980년대 한국 경제사(史)에서는 중요한 변곡점으로 기록될 몇 가지 일들이 나타났다. 1980년대 초반에 달성한 소비자 물가상승률 연 2%대와 함께 1983년 1인당 국민 총소득(GNI) 2,000달러를 넘어선 게 대표적이다.

지금이야 3만 달러를 내다보고 있지만 그해 달성한 국민 소득 2,154달러의 의미는 대단했다. 1953년 한국의 1인당 소득이 67달러였으나 30년 만에 32배로 성장한 셈이다. 우리가 얼마나 가난했는지, 얼마나 빠른 속도로 성장했는지가 이 숫자에서 잘 드러난다. 성장 드라이브, 한강의 기적이라는 수식어가 비로소 누구도 부인할 수 없는 숫자로 확인되는 순간이었다.

그래서 눈을 감을 수가 없었다

끼니 걱정을 떨치자마자 한국은 그동안 경험하지 못했던 새로운 난관에 직면하게 됐다. 바로 미국의 통상 압력이었다. 1985년 로널드 레이건 미 대통령은 한국을 불공정 무역의 대표 국가로 지목하며 포문을 열었다. 한국에 영원히 원조를 베풀 것 같았던 미국의 공세는 매서웠다. 1년여 간의 협상 끝에 보험, 음반, 영화, 담배 시장이 개방됐다. 1987년에는 "한국은 매년 30억 달러 정도 경상 수지 적자를 내는 게 맞으니 원-달러 환율을 내리라"는 요구까지 나왔다. 건국 이래 첫 경상 수지 흑자(28억 달러)를 낸 게 1986년이니 '벼룩의 간을 내 먹는다'라는 말이 틀린 게 아니었다.

그때나 지금이나 글로벌 통상의 주도권은 강대국들이 쥐고 있다. 도널드 트럼프 대통령의 화법이 거칠고 직설적이라서 도드라질 뿐 '미국의 경제적 이익을 높이기 위한 세계 시장 개방'이라는 미국의 통상 정책은 그대로다. 안미경중(安美經中·안보는 미국, 경제는 중국)이라는 말이 무색하게 중국의 사드(THAAD·고고도미사일방어체계) 경제 보복은 강하고 질기다. 일본은 유럽연합(EU)과 경제동반자협정(EPA)을 체결하면서 "한-EU 자유무역협정(FTA)보다 높은 수준의 시장 개방"을 목표로 내세웠다. 통상 전쟁은 피아(彼我) 구별이 명확한 안보 동맹과 다르다. 적과 동지가 수시로 바뀔 수 있다.

미국이 요구하는 한미 FTA 재협상을 두고 갑론을박이 거세지만, 해답은 의외로 쉽게 찾을 수 있다. 수입 자유화, 한미 FTA 첫 협상 때의 경험을 되살려 보자. 수입 규제 빗장이 둑 무너지듯 한꺼번에 열리면서 수입 차, 수입 가전, 외국산 쇠고기, 바나나 등이 차례로 밀려왔다. '이러다간 한국 산업이 통째로 망한다'라는 말까지 나왔지만 결과적으로 기우에 불과했다. 외국산 재고 제품의 '떨이 시장'이었던 한국이 세계 최고의 '테스트베드(시험장)'가 됐다. 소니 GE의 경쟁력은 삼성, LG에 밀린 지 오래다. 한미 FTA 협상 당시 진보 진영에서 "맹장수술비가 900만 원으로 오른다"라며 괴담을 퍼뜨렸지만 결과적으로 5년간 한국의 대미 무역 흑자는 두 배로 늘어났다.

자국 물건을 더 팔겠다며 한미 FTA를 고치자는 미국의 압력이 유쾌할 수는 없다. 그렇다고 마냥 겁에 질려 벌벌 떨 일도 아니다. 'FTA가 체결되면 빗물 받아 먹고 살아야 한다'라는 식의 과거 잘못된 주장에 혹했더라면 '한국만 이득을 챙겨 가는 불평등 협정'이라고 미국이 불평을 늘어 놓는 한미 FTA는 애당초 존재하지도 않았을 것이다. 열린 시장에서 격화된 경쟁의 혜택은 소비자가 누릴 것이다. 경쟁에서 강해진 대한민국의 기업들은 세계로 뻗어 나갈 것이다. 오늘날 대한민국의 경제사가 이를 강하게 증명해 주고 있듯이 한미 FTA는 당당하고 꼼꼼하게 분석하여 미국과 테이블에 앉아서 풀면 된다.

그래서 눈을 감을 수가 없었다

# 기업 때리기와 옥죄기 과해지면
# 생존 위한
# 자국 탈출 상황 올 수도 있다

우리 삶에서 인간적인 면을 강조할 때 조심해야 할 점은 분명히 있다. 관계만으로 치료 효과를 올리려고 관계에 잘못 몰입하다가는 함정에 빠지는 것이다. 우리가 음식을 할 때 불 조절이 중요한 것처럼 분석 상황에서도 안전거리와 경계를 지켜야 한다.

우리는 살아가면서 '밑져야 본전'이라는 생각으로 상대방에게 생각 없이 말을 내뱉게도 된다. 약물은 몸 밖으로 배출되면 부작용이 줄어들지만 잘못된 말이 밖으로 나가면 때로는 가슴에 박힌 칼이 되어 오랫동안 고통을 준다.

전문가의 말과 비전문가의 말은 언뜻 보면 '아'와 '어'의 차이처럼 사소하게 보이지만 아주 큰 차이를 갖고 있다.

요즘 새 정부의 기업 때리기와 옥죄기가 과해지면 기업 생존을 위한 자국 탈출 상황이 또 올 수도 있다는 말들이 나온다. 그 이유는 1987년으로 올라간다. 노태우 대통령의 6·29 민주화 선언 이후 각계에서 다양한 욕구가 폭발하던 때다. 노동계도 예외는 아니어서 그해 10월부터 본격적으로 노사분규가 일어났다. 가히 경제민주화가 시작된 것이다.

이후 사업장은 매일 분규로 얼룩지고 임금은 해마다 두 자릿수로 인상을 거듭했다. 그 결과 기업 경쟁력이 급격하게 떨어졌고 중소기업이 주도하던 경공업부터 타격을 받기 시작했다. 1987년 4.2%에 달하던 매출액 대비 이익률은 1993년에는 0.47%로 급락했다. 같은 기간 3.2%에서 2.2%로 떨어진 중화학공업에 비해 하락 폭이 훨씬 컸다.

노사분규와 임금 상승을 견디다 못한 기업들은 생산 시설을 해외로 이전하기 시작했다. 실제 이전한 기업들은 살았지만 남아있던 기업들은 거의 다 망했다. 불과 5년 만에 제조업의 주축인 경공업이 무너진 것이다. 역설적으로 경제민주화는 중소기업에 먼저 타격을 주었다.

이후에도 노사분규와 임금 인상은 지속됐다. 근로자의 욕구 자체를 위해 정부가 국민 연금, 전 국민의료보험, 최저 임금제 등 굵직한 복지 시책을 대거 도입했지만 소용이 없었다. 대기업들은 인건비 부담을 줄이기 위해 새로운 사업에 뛰어들기 시작했다. 그러나 10년 만에 4배로 뛴 임금을 감당할 수 있는 경제는 없다. 결국 외환 위기를 맞으면서 모두가 무너졌다. 임금이 오르면 내수가 활성화돼 성장을 이끌 것이라는 '소득 주도 성장'은 작동하지 않았다.

경제민주화 30년, 외환 위기 20년이 지난 오늘의 우리는 제2의 경제민주화를 맞고 있다. 과거와는 성격이 전혀 다르다. 과거에는 고도 성장 과정에서 희생당한 근로자에게 보상하는 차원이었지만 지금은 양극화에 기초한 반기업 정서가 동력이 되어 기업들에 전방위적인 압박을 가하고 있다.

그래서 눈을 감을 수가 없었다

먼저 공정거래위원회가 조직을 확대하고 불공정거래 조사 강화에 나섰다. 박근혜 정부 시절 기업들을 넌더리 나게 한 특별 세무 조사도 강화되는 조짐이다. 여기에다가 공정위 전속 고발권 폐지, 지배 구조 개선, 집단소송법 도입, 사회적 책임 공시 등 각종 규제가 기다리고 있어 기업들 걱정은 태산과 같다는 데서 한숨이 커진다.

최저 임금 인상과 통상 임금 범위 확대도 타격을 주었다. 관련 업계는 "이러면 한국을 떠날 수밖에 없다"고 하소연했지만 소용이 없었다. 앞으로 정규직 전환, 근로 시간 단축, 임원 보수 공개까지 실현되면 인건비 상승은 불 보듯 뻔하다. 임금 상승을 통한 '소득 주도 성장' 실험이 다시 시작되고 있는데 이번에도 실패하면 그 부작용은 1990년대와는 비교가 안 될 것이다.

무엇보다 사기를 떨어뜨리는 것은 기업인을 죄인시하는 사회 분위기이다. 죄지으면 벌 받는 것이 당연하지만 요즘에는 정치적으로 희생당하는 경우가 늘고 있다. 4대강 사업에 협조한 기업인들이 박근혜 정부 시절 대거 구속됐고, 방산기업들은 정권이 바뀔 때마다 곤욕을 치른다. 삼성의 이재용 부회장과 임원들은 대통령 말에 순응한 죄로 구속이 됐다. 이런 식이라면 어느 기업인이 자유로울 수가 있을까? 오늘날에 와서는 국회까지 기업인들을 불러 야단을 치고 있다. 기업인들에게는 참으로 슬픈 일이다.

오늘에 기업인들은 보호막도 없고 고통을 대변해 줄 사람도 없다. 전경련은 무너졌고 경총은 정부로부터 야단맞은 이후 말도 못하고 속으로만 고통을 앓고 있는 실정이다. 다른 단체들도 적극적으로 나설 분위기가 아니다. 기댈 수 있는 최후의 보루는 사법부이지만 여기도 예전 같지 않다. 과거 사법부는 인기나 여론에 휩쓸리지 않고 태산과 같은 무게로 사회를 지켰지만 지금 그렇다고 믿는 사람은 없는 것 같다. 오히려 여론을 뒤쫓는 성향은 더 짙어질 것으로 보인다.

기업인들이 뭇매를 맞는 데는 자업자득인 측면도 있다. 그러나 북핵, 무역 규제, 인구 절벽, 금리 인상 등 기업 환경이 녹록지 않은 상황에서 지나치게 몰아치면 경제를 그르칠 수 있다. 만약 선진국에서 이렇게 하면 기업들은 떠난다. 프랑스가 좌파 올랑드 대통령 시절에 법인세 인상, 부유세 신설 등 증세 정책을 추진하자 대기업과 고소득자들은 프랑스를 떠나겠다고 응수했다. 이후 경기 침체와 대량 실업을 못 이긴 올랑드는 증세 정책을 포기하고 오히려 근로자 해고 요건을 완화하는 우파 정책을 시행했다. 일본에선 반기업 정서가 아니라 인구 절벽 때문에 많은 기업이 해외로 나갔다. 본사마저 옮긴 기업도 있다고 했다.

이와 같은 나라들에 비하면 우리 기업인들은 애국자들이다. 그러나 지금처럼 반기업 정서가 거세지고 기업인을 희생시키는 잘못된 풍토가 계속된다면 생존을 위해 기업이 자국을 탈출하는 상황까지도 올 수 있다.

그래서 눈을 감을 수가 없었다

# 팍팍해져가는 서민들의
# 무거운 어깨,
# 여당 정치 민심이 떠난다

사람은 누구나 행복해지기를 원한다. 그러나 행복은 저절로 주어지는 것이 아니다. 남의 아픔을 보고 그 아픔을 나누려 하는 사람은 창조적인 삶을 살게 된다. 그러므로 훌륭한 사람은 실수를 하지 않는 사람이 아니라 실수를 인정하고 돌이킬 줄 아는 사람인 것이다.

그만큼 인간은 실수투성이란 의미다. 실수를 아예 하지 않는 것보다 한번 범한 실수를 다시 반복하지 않는 게 더 어렵다는 의미이기도 하다. 실수는 누구나 할 수 있다. 하지만 실수를 인정하는 일은 아무나 할 수 없다. 겸손한 자, 용감한 자만이 할 수 있다. 사랑과 용서를 경험해 본 사람만이 할 수 있다.

실수를 솔직히 인정할 때 실수는 반복되지 않는다. 그런 실수는 인생의 양약이다. 지금 이명박 대통령, 한나라당 정권은 왜 민심을 많이 잃었을까. 국민들의 목소리 중 하나를 꼽으라면, 경제적으로 노무현 정부보다 더 윤택하게 해 줄 줄 알았는데 그게 아니라 실망했다는 의견이다.

과거 실수를 거울 삼아 서민들의 힘들고 무거운 어깨를 알고, 떠나

가는 민심 이반을 챙기고 막아야 내년 총선·대선에서 승리한다. 요즘 이명박 대통령 직무 수행 지지도가 30% 초반대로 떨어졌다. 이는 보수적 성향이 강한 장년층과 노년층이 등을 돌리고 있기 때문이다.

지난 25일 아산정책연구원이 최근 리서치앤리서치에 의뢰해 전국 성인 1,000명을 대상으로 휴대 전화 임의적 전화 걸기(RDD) 방식으로 실시한 월례 여론 조사 결과에 따르면 이 대통령의 직무 수행 지지도는 31.8%로 4월 조사 때(36.0%)보다 4.2% 포인트 떨어졌다. 올해 1월 조사(44.4%)와 비교하면 12.6% 포인트나 하락했다. 이는 현재의 경제 상황에 대한 인식도가 높은 것이다.

'개인의 경제 상황이 어떠냐'는 질문에 '나쁘다'는 응답 비율은 20대 이하 47.9%, 30대 47.8%, 40대 59.1%, 50대 56.1%, 60대 이상 55.7% 로 장년층과 노년층에서 부정적인 인식이 더 강해졌다. 한나라당이 '진짜 실용'을 못 했기에 떠난다.

지금 한나라당의 이념적 정체성이 점차 모호해지고 있다. 보수 정당임에도 불구하고 정책 노선에서는 과연 진보 성향의 정당들과 구별이 안 된다. 서민 복지 정책에 있어서 더 진보적이다. 새로 구성된 한나라당 지도부는 엄청난 재원이 들어가 반값 대학 등록금 제도를 내놓으며 청와대는 물론 관련 정부 부처와도 협의를 안 했다고 한다.

이를 놓고 당내에서조차 '황우여 정책 1호 포퓰리즘'이라는 비아냥이 나오고 있다. 이런 한나라당을 과연 책임 있는 집권 여당이라고 해야 할지 모르겠다. 최근 여권이 내놓은 일련의 서민 복지 정책들은 대부분 '좌편향'적 성격을 띠고 있다. 반값 대학 등록금 제도는 물론이고 초과 이익 공유제, 만5세 유치원 무상 교육 정책 등이 대표적이다.

그래서 눈을 감을 수가 없었다

여권은 막대한 소요 재원을 부담해야 하는 국민과 후손들은 아랑곳하지 않고 '야당식 포퓰리즘' 따라 하기로 일관하고 있다. 돈 나올 곳은 막막한데 장밋빛 공약들만 공중에 뿌려대며 유권자 표를 얻고 보자는 '선동 정치'를 하고 있다.

민주당이 내놓은 학교 전면 무상 급식 정책을 놓고 오세훈 서울시장이 시민들에게 반대 서명을 받아 이를 무효화하기 위한 주민 투표를 발의하려 고군분투하는데 한나라당 지도부는 이념적으로 한 발짝 더 진보 쪽으로 가려 하고 있다.

한나라당의 이념적 혼선과 더불어 '기업 프렌들리' 정책 노선으로 출범 당시 보수적 색깔을 분명히 했던 이명박 정부도 언제부터인가 인기에 함몰돼 정책적 좌편향을 시도하는 측면이 있다. 현 정부의 산업 및 복지 정책이 노무현 정권 때보다 더 심한 좌파라고 국민들은 단정적으로 말하고 있다.

지금 국민들은 여권이 야당처럼 되어 버렸으며 좌파들은 "여권의 정책 혼선을 즐기고 있다"고 비판했다. 걷잡을 수 없이 전세금이 뛰어 18평에서 13평으로, 더 변두리로 쫓겨나야 하는 신혼부부에게 '세계 13위 경제 대국, G20 정상 회의 의장국'이라는 자랑은 화만 돋울 뿐이다.

장차관, 국회의원, 판검사 재산이 거의 다 늘었다는 신문 기사를 읽으면서 '경제 성장이 좋기는 좋구나' 하고 반기는 서민은 없을 것이다. 국민 앞에 그럴듯한 말만으로는 등 따습고 배부르게 할 수 없다. 오히려 '말빚'만 늘어나기 쉽다. 친 서민, 공정 사회 같은 것이 현실에서 실감되지 않으니 그런 말을 할수록 더 미워지는 것이다.

이 정권은 일부의 기대와는 달리 '현장'에 강하지 못하다. 한나라당이 내년 4월 총선에서 승리하고 12월 대통령 선거를 통해 다시 집권하려 한다면 보수 정당의 색깔을 분명히 하고 자신의 정체성을 재확립해야 한다. 또한 한나라당 정권은 패배주의를 털고 다시 일어나 구호가 아닌 진짜 실용주의로 '맞춤형 마이크로 정책'을 더 발굴하고 실행해야 한다. 이는 지친 서민의 민생을 위해서다.

그래서 눈을 감을 수가 없었다

# 잘못 끼운 첫 단추부터 푸는 용기가 있을 때
## 새 정부의 일자리 창출 소원,
## 원대로 풀린다

우리는 아침에 출근하기 전 옷을 입는다. 옷을 입을 때 첫 단추를 잘못 끼우면 다시 풀고 정교하게 끼워 제대로 입어야 그날의 일을 옳고 바르게 할 수 있다. 즉 첫 단추를 잘못 끼우면 아무리 열심히 다음 단추를 맞춰나가도 결국엔 어그러진다는 것이다. 15일 정부가 발표한 청년 일자리 대책이 딱 이 모양새다. 문재인 정부는 일자리 정책에서 잘못 끼운 첫 단추부터 푸는 용기가 있을 때 청년 일자리 창출이 소원대로 풀린다.

중소기업에 취업하는 청년들에게 연 1,035만 원까지 직접 지원하는 내용이 대책의 핵심이다. 소득세를 전부 면제해 주고, 목돈 마련을 도와주며, 주거비를 싼 이자로 빌려준다. 심지어 교통비까지 지원해 준다. 고용을 늘리는 중소·중견기업에 주는 청년추가고용 장려금도 대폭 늘렸다.

문재인 대통령이 장관들을 질책하며 '특단의 청년 실업 대책' 마련을 지시한 끝에 나온 결과물이지만 실망스럽다. 대기업과 중소기업의 직원 간 소득 격차를 줄여 젊은 구직자들의 중소기업 기피 현상을 줄이겠다는 취지겠지만 과연 정책 목표를 달성할 수 있을지 상당히 의문이다.

새 정부의 고민을 모르는 바 아니다. 구직 시장에 뛰어드는 에코 세대 (1991~1996년생)가 지난해부터 2021년까지 39만 명이나 늘어났다. 가뜩이나 얼어붙은 취업 시장은 더 힘들어질 수밖에 없다. 한시적으로 청년 일자리를 늘리기 위해 뭐라도 하지 않을 수 없다고 판단했을 것이다.

하지만 재정으로 일자리를 늘리는 정책은 바람직스럽지도, 지속 가능하지도 않다. 지난 10년간 일자리 대책이 21차례나 쏟아졌지만 뾰족한 효과를 거두지 못했다. 나랏돈을 퍼부어 한시적으로 고용 상황을 개선할 수는 있지만 근본적인 해결책이 될 수 없기 때문이다.

좋은 일자리 정책은 단순히 일자리 개수를 늘리는 것이 아니라 기업의 일자리 창출 능력을 키우는 것이다. 중소기업 취업자에게 지원금을 더 준다고 중소·중견기업에 장려금을 주면 고용이 일시적으로 늘어날 수 있다. 구직자는 중소기업을 외면하고 중소기업은 구인난을 겪는 고용 시장의 미스 매치를 어느 정도 줄여 줄 수 있어서다.

그러나 정부의 한시적 지원책만 믿고 입사를 선택하는 구직자와 채용을 결정하는 기업이 얼마나 될지는 알 수 없다. 오히려 중소기업 입사를 희망했던 구직자와 정부 지원이 없었어도 고용을 늘렸을 기업에 재정이 지원될 가능성이 크다.

정부의 시장 개입이 경제적 비효율만 초래하고 나랏돈만 헛되이 날려 버리는, 경제학에서 말하는 사중손실(死重損失, deadweight loss)이 생길 우려가 크다는 얘기다.

그래서 눈을 감을 수가 없었다

이에 더 큰 문제는 세금으로 만든 일자리는 지속 가능하지 않다는 점이다. 정부는 지난해 11조 2,000억 원의 추경에 이어 또 4조 원 규모의 청년 일자리 추경을 편성하겠다고 한다. 올해 일자리 예산을 아직 다 쓰지도 않았는데 돈을 또 퍼붓겠다는 것이다.

정부는 앞으로 4년 간 노동 시장에 신규 진입하는 에코붐 세대 39만 명을 방치하면 실업자가 14만 명 늘고, 청년 실업률이 12%까지 뛰는 등 재앙 수준이 될 것이라며 추경 요건에 해당한다고 주장한다.

하지만 납득하기 어렵다. 오히려 지방 선거를 위해 선심성 정책들을 내놓은 것은 아닌지 의심스러울 정도다. 대표적인 게 청년 구직 수당이다. 서울시와 성남시 등 일부 지자체가 시행하는 것을 따라 하기로 했다. 졸업·중퇴 후 2년 이내의 구직 활동을 하는 청년들에게 올해 30만 원씩 6개월간 지원한다.

누차 강조하지만 돈 풀어서 일자리를 늘리는 것은 미봉책이다. 정공법을 놔두고 에둘러 가려는 정부의 속내가 이해되지 않는다. 한국경제인연합회가 대기업 7곳의 2010~2016년 고용 현황을 비교했더니 국내에서(8,5%) 고용을 늘리는 동안 해외 직원은 15만 명(70,5%) 넘게 늘렸다. 양질의 일자리를 많이 만들어내는 것은 기업이다. 과감한 규제 완화와 노동 개혁으로 기업들이 고용을 늘리도록 해야 한다. 60세 정년 연장에 이어 비정규직의 정규직화, 최저 임금의 급격한 인상 등 신규 고용을 위축시키는 정책들을 쏟아내면서 일자리가 늘어나기를 바라는 것은 모순이다.

경직된 노동 시장을 유연화해서 기업들의 숨통을 터 줘야 청년 일자리 문제가 해결된다.

자동화와 4차 산업 혁명으로 이미 전통 산업의 일자리가 사라지고 있다. 사회안전망을 확충하면서 인간만이 할 수 있는 고급 일자리를 창출해 '일자리 종말'에도 대비를 해야 된다.

　결국 일자리 창출 능력을 키우려면 친시장 정책으로 기업의 투자 의욕을 살리고 청년의 근로 의욕을 높이는 게 정공법이다. 기업하기 좋은 환경을 만들어 소리 없이 해외로 나가는 기업의 좋은 일자리를 국내로 돌아오게 해야 한다.

　그러려면 노동 시장 개척과 규제 완화가 필수적이다. 이것이야말로 일자리 대책의 첫 단추가 돼야 한다. 잘못 끼운 첫 단추를 고집하는 것은 오기(傲氣)일 뿐이다. 지금 필요한 것은 최저 임금 인상 등 줄줄이 잘못 끼운 단추를 풀고 첫 단추부터 다시 고민하는 정책이다. 돈으로 일자리를 사겠다는 대책은 실패했으며, 기업의 투자 의욕을 고취해 일자리를 늘리는 게 정석이다. 잘못 끼운 첫 단추부터 푸는 정부의 큰 용기가 일자리 창출로 이어질 것이다.

# 청년 실업 대책 중 가장 효과적인 양질의 일자리 창출은 기업들에 달려 있다

　노동은 곧 우리의 인생이다. 따라서 누군가 자신이 무엇을 할 수 있는지 내게 보여 준다면 나는 그가 어떤 사람인지 말해 줄 수 있다. 일에 대한 사랑은 천해지고 약해지는 것을 막는 최선의 방책이며, 나아가 그것은 지나친 자아 사랑에서 발생할 수 있는 사소한 근심 걱정과 괴로움에 대한 예방책이다.

　이에 문재인 정부는 청년 실업 대책에 가장 효과적인 일자리 창출은 기업들에 있다는 것을 바로 알아야 한다. 정부는 "중소기업 취업을 유도하자면 어쩔 수 없다"고 하고 있다. 정권이 바뀔 때마다 정치인들은 비합리적이고 무리한 정책을 밀어붙이려고 한다.

　그때마다 경제 관료가 잘못된 부분을 조정해 집행 가능하고 지속 가능한 정책으로 다듬어왔다. 그런데 근래에는 이런 관료들의 역할이 거의 보이지 않는다.

　이번 정책을 보면 정신줄을 놓은 것 아니냐는 의구심이 들 정도다. 그렇지 않고서는 신입 사원이 과장보다 월급을 더 받도록 국민 세금을 퍼붓는 것을 정책이라고 내놓을 수는 없을 것이다.

지난 10년간 정부가 청년 실업 대책에 번번이 실패한 것을 거울삼아, '한국 기업이 한국에 투자를 하도록 규제 개혁 완화'를 진행하는 것이 가장 효과적인 일자리 창출 대책이다. 또한 일자리 창출은 기업에 달려 있다는 것을 인정하고, 정부 정책에서 효과적인 방책을 강구해 줘야 한다.

청년 실업에 대한 문재인 정부의 위기의식은 옳다. "방치하면 재앙 수준이 될 것"이란 진단은 틀리지 않았다. 실업의 장기화는 국가의 손실이다. 일자리를 갖지 못한 상태에서는 결혼과 출산이 꺼려진다. 실업은 노후 대비, 의료비, 국가 재정 등 거의 모든 부분에 영향을 미친다. 청년 일자리는 그래서 국가의 경쟁력과 직결된다.

청년 실업은 한국만의 문제가 아니다. 세계 각국이 몸살을 앓고 있다. 그러나 해소가 불가능한 것은 아니다. 2016년 경제협력개발기구(OECD) 회원국들의 청년실업률 평균치는 13.0%, 2017년 기준 한국은 10.8%로 8번째로 낮다. 그런데 한국보다 청년실업률이 낮은 7개 국가에서 공통된 현상이 발견된다. 글로벌 금융 위기의 후유증이 한창이었던 2009년 이래 청년실업률이 꾸준히 하락해 온 것이다. 금융 위기의 주범인 미국만 해도 2009년 17.6%에서 2017년 9.2%까지 떨어졌다. 일본은 같은 기간 9.2%에서 4.7%로 하락했다. 이 기간 한국은 9.8%에서 10.3%로 뛰었다. 지난 10년간 한국은 청년 실업 증가를 막는 데 실패해 온 것이다.

정부가 향후 3~4년간 중소기업에 취직하는 청소년에게 실질 소득을 연 1,000만 원 이상 올려 주겠다는 '특단의 대책'을 내놓은 것은 이런 문제 인식에서 비롯됐다고 본다. 일각에선 중소기업에 먼저 취업

그래서 눈을 감을 수가 없었다

했다는 이유로 선배가 신입 후배보다 600만 원 이상 정부 지원을 덜 받게 되는 점을 문제점으로 지적한다. 이런 식의 임금 격차는 정부에 대한 불만과 선후배 간의 불협화음을 만들어낼 수 있다. 하지만 위화감은 오히려 작은 문제다.

치명적 문제는 몇 년 후에 찾아온다. 정부 지원이 끊기고 나면 청년들은 어떻게 할까. 갑자기 연 소득이 1,000만 원 이상 줄어든 상황을 그들은 어떻게 견뎌 나갈까. 이들이 떠나면 기업체의 고민도 커진다. 기껏 몇 년간 키워 놓은 신입이 빠져나간 공백을 메우긴 쉽지가 않다. 그때 정부는 대규모 재정 지원을 계속할지 말지를 놓고 심각한 딜레마에 빠질 것이다.

절박한 위기감에도 불구하고 한국의 실업 대책이 번번이 과녁을 빗나가는 것은 일자리를 누가 만들고, 어떻게 생겨나는지에 대한 인식이 잘못됐기 때문이다.

일자리는 기업이 만든다. 정부의 공공 부문이 만드는 데는 분명히 한계가 있다. 국내 주요 대기업 7곳은 2010~2016년 국내 고용을 2만 명 늘렸지만, 해외에선 15만 명을 더 채용했다. 지난해 우리 기업들의 해외 투자는 2013년보다 53% 증가했다. 기업들이 이렇게 해외로 빠져나가는데 국내 일자리가 착실하게 생겨날 리 만무하다.

청년 실업난 해결에 성과를 거두고 있는 나라들엔 몇 가지 공통 요인들이 발견된다. 규제 완화와 감세를 통해 기업하기 좋은 환경을 만들려는 정책이 정권을 초월해 일관돼 왔다는 점이다. 일자리를 만드는 공장을 유치하기 위한 '당근'도 많다.

양질의 일자리를 지키기 위한 노사 협력도 빼놓을 수 없다. 노조는 파업을 자제하고 회사는 고용 창출에 적극적인 일본과 독일의 자동차 산업이 대표적이다. 미국에도 노조가 복지 혜택까지 축소해 공장 이전을 막고 일자리를 사수해 내는 사례가 드물지 않다.

지난 2014년 늦여름은 미국 경제가 길고 긴 침체에서 벗어나면서 달러를 무한 공급하던 양적 완화 정책의 종료를 앞둔 시점이었다. 그때 미국 보스턴에서 하버드대의 석학 데일 조르겐슨 교수는 양극화와 인구 변화 등 '한국병'에 대한 처방으로 "한국 기업들이 해외가 아니라 한국에 투자할 수 있게 장려해야 한다"고 말했다. 1980년대 일본 기업들이 활동 무대를 해외로 옮기고 해외 투자를 늘리면서 상당한 후유증을 겪었다는 얘기도 들려줬다. 더불어 "한국에서 가장 효과적으로 투자하고, 효율적으로 양질의 일자리를 만들 수 있는 건 바로 한국의 기업들이다"라는 말을 남겼다.

그래서 눈을 감을 수가 없었다

# 국민 생활에 주름이 깊어지면 현 정부의 높은 지지율은 순식간에 절망과 원망으로 바뀐다

성공하려는 정치인과 정치 집단이 갖춰야 할 덕목(德目)은 '역지사지(易地思之)'와 '열린 자세'라고 한다. 정권을 잡은 경우라면 이 덕목은 더욱더 중요해진다. 집권 2년차에 접어든 문재인 정부가 '확증 편향'에 빠져 이 중요한 기본을 잊고 있는 것은 아닌지 진지하게 살펴보길 바란다.

국제 금융 시장의 위기는 때때로 합리적인 인과 관계를 무시하고 전염된다. 뻔히 알면서도 눈 뜨고 당하는 경우가 있다. 거시 경제 기조를 탄탄하게 운용해야 고유가·고금리·강달러의 '3고(高) 시대'가 닥쳐와도 이에 흔들리지 않는 기초 체력을 키울 수 있다.

또한 J노믹스가 추구하는 사람 중심 경제로의 전환을 할 수 있는 재정적 기반도 마련된다. 중장기적으로 북·미 핵 협상이 잘 타결되어 남북 경협도 속도를 내는 상황에서도 나라 곳간 걱정을 덜 수 있다.

정부가 최저 임금 인상으로 인한 자영업자와 중소기업의 부담을 재정으로 메운 것처럼 근로 시간 단축의 충격을 고용보험기금으로 완화하겠다고 밝혔다. 무리한 정책 실험을 현실에 맞게 보완하는 대신 재정으로 일자리를 유지하려는 잘못을 반복하고 있다.

고용을 줄이는 정책을 마구 써 놓고 나랏돈으로 고용을 유지하려 안간힘을 쓰고 있으니, 브레이크와 액셀러레이터를 동시에 밟고 있다는 비판이 나올 수밖에 없다. 가속과 감속을 같이 하면 엔진이 버텨내기 힘들다. J노믹스의 성공을 위해서라도 정책 재정비가 시급하다.

문재인 정부는 새해 벽두부터 시작된 한반도 긴장 완화 움직임으로 인해 참으로 숨 가쁘다. 매일 쏟아져 나오는 관련 뉴스를 쫓아가는 것도 현기증이 날 정도다. 남북 정상 회담에 이어 다음 달엔 북·미 정상 회담이 열리고 한반도의 완전한 비핵화가 논의되고 있다.

이러다가 통일까지 논의된다고 해도 별로 놀랍지 않을 것도 같다. 남북 고위급 회담 연기 같은 우여곡절도 있겠지만 지금 분위기가 앞으로 상당 기간 계속될 것이다.

취임 1년을 맞은 문 대통령이 80%를 넘나드는 지지를 받는 것도 이런 외교·안보의 성과 덕분일 것이다. 하지만 경제 분야로 눈을 돌려보면 얘기가 달라진다.

한국의 성장을 이끌어온 제조업은 위기 상황이다. 제조업 가동률은 2009년 금융 위기 이후 가장 낮은 수준으로 추락했다. 4월 수출은 18개월 만에 감소했다. 경제협력개발기구(OECD)의 경기 선행 지수(6개월 뒤 경기 상황을 예측하는 지표)는 9개월 연속 하락하고 있다.

일자리 사정은 지난 수준이다. 소득 주도의 핵심인 최저 임금 인상의 충격파는 가시지 않고 있고 혁신 성장은 뭘 하겠다는 건지 아직도 모호하다.

그래서 눈을 감을 수가 없었다

청와대는 문재인 정부 1년의 성과로 3%대 경제성장률 복귀를 내세운다. 하지만 지난해 3.1% 성장이 우리가 잘해서가 아니라 미국, 일본 등 글로벌 경기 호조와 반도체 수출 덕분이었다는 건 삼척동자도 안다. 더구나 지난해 우리나라 성장률은 세계 경제성장률을 한참 밑돈다.

앞으로가 더 문제다. 자동차, 조선 등 핵심 제조업의 활력은 갈수록 떨어져가고, 미국의 본격적인 금리 인상은 1,450조 원의 빚을 지고 있는 가계 살림을 더욱 어렵게 만들 것이다. 가파르게 오르는 유가와 생활 물가는 서민들에겐 고통이 될 것이다. 이미 민간 경제학자들 사이에서는 우리나라 경제가 침체에 빠져들기 시작했다는 경고가 잇따르고 있다.

문재인 대통령 경제 멘토로 불리는 김광두 국민경제자문회의 부의장은 14일 소셜네트워크서비스(SNS)에 올린 글에서 "여러 지표로 보아 경기가 침체 국면의 초임 단계에 있다"는 견해를 밝혔다.

김 부의장의 진단에 공감하는 민간 경제학자들이 적지 않았다. 통상 통계청이 생산 투자 소비 등 경기 지표들을 종합해 발표하는 경기 선행 지수 순환변동치가 작년 8월부터 올 3월까지 최근 8개월간 하락 추세를 보이고 있다. 작년 12월(0.0), 올 1월(0.1 상승)을 빼면 침체나 다름없다. 한 민간 경제연구원은 "나중에 경기 흐름을 봐야 경기 흐름을 정확히 판단할 수 있지만 현재 통계로만 봐서는 경기 침체를 걱정할 만하다"고 말했다.

침체까지는 몰라도 둔화되고 있는 건 분명하다. 하지만 정부는 거꾸로 경기가 현재 회복되고 있다고 주장한다. 김동연 부총리도 김 부의장의 진단에 대해 "지금의 경제 상황을 최근 통계를 갖고 판단하기엔 성급한 면이 있다"고 반박했다.

출범 1년 경제 성과에 대한 문재인 정부의 '자화자찬'을 문제 삼고 싶지는 않다. 어느 정부인들 안 그랬는가. 하지만 경제 상황을 어떻게 인식하고 있느냐는 다른 문제다. 판단이 틀리면 적절한 대응책이 나올 수 없다. "정부가 너무 낙관적이면 정책으로 해야 할 부분을 놓칠 우려가 있다"는 김 부의장의 말을 흘려들어서는 안 된다.

요즘 기업인들을 만나 보면 오는 7월부터 시행될 주 52시간 근로에 대한 우려가 크다. 실제로 중소기업이나 스타트업(신생 벤처기업)은 인력을 추가 채용할 수 없는 상황에서 근로시간까지 단축할 경우 사업을 접어야 할 수도 있다고 호소한다.

중소벤처기업부 산하 중소기업연구원은 보고서에서 근로 시간 단축에 대한 보완책으로 탄력적 근로시간제 단위 기간을 현행 3개월에서 1년으로 확대해야 한다고 밝혔다. 미국이나 독일, 프랑스, 일본 등 선진국들은 단위 기간을 6개월~1년으로 설정하고 있다.

문 대통령에겐 4년이라는 시간이 아직 남아 있다. 지금부터라도 경제 전문가들과 기업인, 구직자들의 목소리에 귀를 기울이고 현장과 적극 소통해 실효성 있는 정책을 추진한다면 경제 성장의 새로운 모멘텀을 확보하고 일자리도 늘릴 수 있을 것이다. 그리하여 2022년 임기 말에는 국민들이 정말로 삶이 나아졌다고 체감할 수 있기를 바란다.

지금은 한반도 긴장 완화에 대한 희망으로 들떠 있어도 누군가는 경제를 챙겨야 한다. 국민들의 생활에 주름이 깊어지면 문재인 정부

그래서 눈을 감을 수가 없었다

의 고공 지지율 하락은 당연하고, 희망과 기대는 순식간에 절망과 원
망으로 바뀐다는 것을 명심해야 된다.

# 온 나라가 최저 임금에
# 허우적대고 있는 요즘,
# 현 정부는 좋은 리더의 자질을 발휘해야 한다

사는 동안 훌륭하고 좋은 리더를 만나는 것만큼 큰 축복은 없다. 리더의 능력과 인품이 내가 속한 공동체의 평안과 행복을 결정하기 때문이다. 우리는 가정과 직장, 공동체에서 어떤 리더가 되고 있는지가 중요하다.

좋은 리더란 가르치고 지시하기보다는 먼저 따르고 섬길 줄 아는 사람이다. 오늘도 내일도 당신이 참된 리더가 되길 원한다면 먼저 세우는 자로, 따르는 자로 살아가야 한다. 그것이 바로 이 시대가 필요로 하는 진정한 리더십이다.

온 나라가 최저 임금에 허우적대고 있는 지금, 현 정부에는 훌륭한 리더십의 자질이 필요하다. 일자리가 줄고 식당 매출이 감소하자 수조 원의 세금을 들여 지원책을 발표하거나 최저 임금 후유증을 해결하려다 정부 개입의 악순환에 빠져 현 정권의 남은 임기를 허송세월할까 싶어 우려스럽다.

프랑스 혁명 정부 때 '서민 물가 좀 잡아 달라'는 지지자들의 요구가 들끓었다. 혁명 정부는 1793년 각종 농산물·공산품에 대해 '최고 가

격제'를 도입했다. 밀가루·버터·베이컨·우유·신발·비누 등 생활필수품
이 대상이었다. 상인들은 가게마다 눈에 잘 띄도록 정부에서 정해 준
가격을 제시하고 이를 어기면 엄벌을 받았다.

결과는 대재앙이었다. 우유·버터 같은 생필품이 시중에서 사라졌
다. 최고 가격제 도입 전보다 서민들은 생필품을 더 구하기 어렵게 됐
다. 우유를 생산하는 축산 농가들은 젖소 사육을 포기했다. 팔아 봤
자 적자였기 때문이다.

파리 주변 곳곳에는 정부 가격보다 높은 가격에 생필품을 사고파
는 암시장이 생겼다. 정부에서는 지방으로 군대를 보내 생필품을 빼
돌려 창고에 쌓아 둔 유통업자, 생산자를 적발해 단두대로 보냈다.

혁명 정부는 축산 농가에서 "사룟값이 비싸 도저히 수지타산이 맞
지 않는다"고 하자 사료 가격을 묶어 버렸다. 그러자 이번엔 사료 업
자들이 "밑지고는 팔수 없다"며 사료 공급을 포기했다. 마찬가지로
사료업자들의 사정을 들어주려면 사료 생산과 관련된 무엇인가의 가
격을 묶어야 했다. 경제학자 누트비히 폰 미제스는 이를 두고 "정부가
한번 물건이나 임금을 통제하게 되면 이를 유지하기 위해 거대한 규
제 체제를 만들어야 한다"고 말했다.

고용 노동부가 얼마 전 고시한 내년도 최저 임금도 비슷한 길을 가
고 있는 모양새다. 2년 만에 20% 오른 최저 임금은 "근로자가 최소한
이 정도는 받아야 한다"는 선(善)한 취지에서 나왔다.

하지만 소득 증가로 소비가 늘어날 것이란 기대와는 반대로 상황이
돌아가고 있다. 최저 임금 인상의 영향을 많이 받는 도소매·숙박·음
식점업 일자리는 7개월 연속 줄었다. 올 상반기 식당과 술집 매출액

은 6년 만에 가장 큰 폭으로 감소했다.

영세 자영업자, 중소 제조업자들이 최저 임금에 대처하는 방식은 지원 아르바이트를 줄이거나 무인 자동화를 하거나 해외로 이전하는 것이다. 이도 저도 아니면 폐업이다. 제품 가격 인상과 이로 인한 물가 상승도 생길 수 있다. 모든 경우의 수가 서민들의 일자리를 줄이고 삶을 고달프게 한다.

현재 기획 재정부를 비롯한 많은 정부 부처가 최저 임금 후유증을 덮으려는 대책 마련에 골몰하고 있다. 정부는 이달 중 "소상공인·자영업자 지원 대책"을 발표할 기획일 것이다. 이 중엔 수조(兆) 원의 세금을 들여 최저 임금이 늘어난 만큼 영세 기업 직원 임금을 보조하겠다는 내용이 들어 있을 것이라고 한다. 카드 수수료 추가 인하 얘기도 나온다. 졸지에 최저 임금 역풍을 맞은 카드사들은 "카드사도 사정이 어렵다"고 하소연한다. 임대차 보호법 개정안은 국회에서 통과를 기다리고 있다.

이뿐만이 아니다. 중소벤처기업부 산하의 공영 홈쇼핑은 최근 해외로의 공장 이전을 막기 위해 100% 국내 생산 제품만 취급하겠다고 선언했다. 삼성이 밝힌 3년간 180조 원 투자 건 발표에서도 최저 임금 인상으로 인한 협력사 인건비 상승분 6,000억 원을 납품 단가에 반영한다는 계획이 들어갔다. 이달 29일 광화문 광장에서 열리는 '전국 소상공인 총궐기 결의 대회'가 성공을 거두면 정부는 추가 대책안을 내놓을지도 모른다.

일자리를 만들어내는 혁신 성장을 위해 모든 부처와 민간 기업이 뛰어들어도 시원찮은 판에 온 나라가 최저 임금이라는 덫에 발목 잡

그래서 눈을 감을 수가 없었다

혀 앞으로 남은 현 정부 임기 내내 허우적거리고 있을 건가? 최저 임금이 정부 개입에 또 다른 개입을 불러오고 있다.

이런 악순환을 끊기 위해 국회에서 먼저 지역별·업종별 차등 적용 같은 해결 방안을 적극 모색해야 한다. 최저 임금 후유증을 처리하느라 현 정권의 남은 임기를 다 허송세월하지 않을까도 싶다.

# 현 정부의 경제 정책 실패,
# 대통령이 문제점 알고
# 직접 정책 방향 틀어야

"미래를 예측하기 위해 가장 먼저 들여다봐야 할 것은 과거다"라고 역사학자 시어도어 젤딘은 말했다. 진짜 빛을 보고 느끼기 위해선 어둠 속으로 들어가야 하는 것처럼 그는 과거의 역사를 호출해 우리가 어떻게 미래로 나아가야 하는지를 보여 준다.

그의 책 『인생의 발견』에는 삶을 가치 있게 만드는 28가지의 질문이 들어 있다. 우리는 언제 생각하게 되는가? 그것은 당연히 질문을 받았을 때이다. 에디슨의 실험실 앞에 이런 경고문이 있었다. '인간은 생각하는 수고를 피하기 위해 모든 편법을 동원한다.' 이처럼 인간은 "왜?"라는 질문을 멈출 때 비로소 성장이 멈춘다.

책에는 '옥스퍼드 뮤즈' 재단에서 보급한 대화 프로그램을 이용한 실험이 등장한다. 이 실험에서는 배경이 다른 낯선 사람이나 안면만 있는 사람을 무작위로 마주 앉게 했다. 그리고 레스토랑 메뉴처럼 20여 가지 주제로 분류된 대화의 메뉴를 제시한다. 그중에는 '당신의 동정심은 어디까지인가?', '지난 몇 년 동안 삶의 우선순위가 어떻게 달라졌는가?' 같은 질문이 있다. 주최 측에선 참가자들에게 경험을 나누고 대화하며 그 경험이 다른 사람에게 얼마나 가치가 있을지 생각해 보라고 주문한다.

우리는 두 종류의 유리를 통해 세상을 본다. 하나는 거울이고, 또 하나는 창문이다. 거울이 자아를 직접 바라보는 것이라면, 창문은 타인을 통해 나를 보는 통로이다. 보통 자신을 알기 위해선 나에 대한 '생각'을 많이 해야 한다고 믿는다. 하지만 친구나 낯선 타인과 대화하며 자신에 대해 설명하다가 스스로에 대해 명확히 깨닫는 경우가 더 많다.

젤딘의 말처럼 다른 사람의 생각을 접하기 전에는 그 나름의 가치를 모른다. 이 세상에 자서전을 객관적으로 쓸 수 있는 사람은 없다. 대화를 나누면서 자신이 누구인지 설명하는 것을 시도하고 그러다가 자화상을 스케치하는 사람이 더 많기 때문이다. 요즘은 어느 때보다 '나'를 강조하는 사회지만 '나'를 알기 위해 '너'라는 거울이 참으로 필요한 것이다.

'너'라는 거울이 필요한 현실에서 국가의 미래를 위해 정말 필요한 정책이라면 불편한 진실에 눈을 감기보다는 국민에게 솔직하게 고백하고 동의를 구하는 것이 정부가 해야 할 일이다. 그러므로 현 정부의 최저 임금 관련 일자리 경제 정책 실패는 대통령이 직접 문제점을 알고 정책 방향을 틀어 줘야 한다.

대한민국의 경제는 기업이 살아야 경제가 살고 청년들에게 양질의 일자리가 주어진다. 기업을 응원하고 싶고, 정치인과 관료에게 기업의 소리를 소중히 여기라고 말하고 싶다. 과거의 잘못된 관행과 문화에서 벗어나 대한민국이라는 공동체를 배려하는 기업으로 진화해 간다면 국민도 기업을 위한 정부의 정책과 수고에 아낌 없이 응원을 보낼 것이다.

지금보다 더 내려갈 바닥이 있을까 싶다. 요즘 통계청에 따르면 7월 신규 취업자 수가 5,000명 증가에 그친 것으로 나타났다. 덩달아 실업자는 7개월 연속 100만 명을 웃돌았다. 이는 한국 경제가 정상적으로 돌아갈 때를 기준으로 삼는 신규 취업자 30만 명이라는 수치에 비교하면 60분의 1 수준이다. 미국발 글로벌 금융 위기로 휘청거렸던 2010년 1월 이후 8년 6개월 만에 최악의 고용 참사다. 글로벌 경기 호조로 주요국이 모두 일손 부족에 시달리는 와중에 한국만 '나 홀로 날벼락'을 맞고 있는 것이다.

이는 문재인 대통령의 1호 사업인 일자리 정책의 완전 파산을 의미한다. 지난해 5월 문 대통령은 집무실에 일자리 상황판부터 내걸었고 일자리위원회도 만들었다. 그동안 일자리 정책에 동원된 예산만 54조 원에 이른다. 본예산 내 일자리 관련 예산은 지난해 17조 원에서 올해 역대 최대 규모인 19조 원으로 불어났다. 게다가 두 차례의 일자리 추경으로 15조 원, 최저 임금 지원을 위한 일자리 안정 자금에 3조 원이 동원됐다. 천문학적 규모의 예산이 융단 폭격 식으로 투입된 것이다.

그러나 돌아온 건 일자리 파산이다. 특히 최저 임금 인상의 영향을 가장 많이 받는 도매·소매업, 숙박·음식점업, 사업시설·지원·임대서비스업 등 취약 업종에서만 18만 1,000명이 일자리를 잃었다. 가장 안타까운 대목은 산업의 중추인 제조업 취업자가 12만 7,000명 감소했고, 노동 시장의 허리인 30~40대 취업자가 23만 9,000명 줄어들었다

그래서 눈을 감을 수가 없었다

는 점이다. 수많은 가장이 일자리를 잃으면서 외환 위기에 버금이 가는 가정 파괴가 일어나지 않을까 걱정이 된다.

최저 임금 인상 1년 만에 일자리가 이렇게 쑥대밭이 됐지만 하반기 이후가 더 문제다. 갈수록 상황이 나빠질 게 분명하기 때문이다. 올해 최저 임금 16.4% 인상 충격을 간신히 버텨낸 영세 기업과 자영업자들에게 내년에 또 10.9% 인상 쓰나미가 덮친다. 여기에 지난달부터 주 52시간 노동이 획일적으로 시행되고 있다. 경제 현장 곳곳이 안타까운 비명으로 가득 찰 수밖에 없다.

이런 고용 참사에 제동을 걸지 않으면 우리 공동체 전체가 위험해질 수 있다. 생산 가능 인구가 일자리를 잃고 실업 급여에 의지하다 대거 기초 생활 보장 수급자로 내려앉아 버리면 복지 비용 부담이 기하급수적으로 치솟게 된다. 국가 비상사태나 다름없다. 이런 재앙이 어른거리는 데도 정부에는 위기감이 안 보인다. 경제 담당부처와 통계청은 최저 임금을 성역화한 청와대 눈치를 보면서 "폭염에 따른 위축", "도소매 업종의 과당 경쟁" 때문이라며 유체 이탈 식 변명만 쏟아내고 있다.

현 정부는 현실을 직시해야 한다. 문 대통령이 직접 경제 정책 방향을 과감하게 틀어야 한다. 최저 임금 동결이나 재심의 등 대통령 긴급 명령권 발동까지 고민할 필요가 있다. 이에 앞서 소득 주도 성장과 최저 임금, 탈원전 등 잘못된 정책을 밀어붙인 경제 라인은 완전히 걷어내야 할 것이다.

청와대는 사막의 침묵에도 귀 기울인다고 했다. 그런데 왜 눈앞에서 침몰 중인 한국호의 안타까운 비명 소리에는 귀를 막고 있는가?

최저 임금 관련 일자리 경제 정책 실패의 문제점은 대통령이 직접 정책 방향을 바로 틀어 줘야, 고용 참사 비명 소리를 막을 수 있다.

그래서 눈을 감을 수가 없었다

## 삶의 길을 걷다 길을 잃었을 때는
## 허둥대지 말고 처음 위치에서부터
## 길을 찾는 게 순서다

"일 잘하는 사람들이 성공하지 못하는 습관은 과연 무엇일까. 남을 향한 쓸데없는 비평, 파괴적인 말, 부정적 표현, 잘난 척하기, 격한 감정, 반대 의견, 정보 독점, 인색한 칭찬, 남의 공 가로채기 … 사과하지 않기, 경청하지 않기, 고마워하지 않기……."

뇌과학자 정재승과 커뮤니케이션 전문가 김호가 공저한 『쿨하게 사과하라』 중 나오는 구절이다. 일은 잘하는데 인정받지 못하고 성공도 못 하고 사람들에게 호감을 얻지도 못하는 사람이 있다. 그 이유를 살펴보면 크게 두 가지 때문이다. 첫째는 알게 모르게 몸에 밴 교만한 모습이고, 또 하나는 무례한 말투다.

사람은 산에 걸려 넘어지지는 않는다. 발밑 작은 돌부리 때문에 넘어진다. 마찬가지로 사람에 대한 호감과 비호감은 작은 것에서 비롯된다. 천하 만물은 크고 중요한 것으로만 이뤄진 게 아니다. 세상을 두루 참답게 이루는 건, 사소함이다.

'견소왈명(見小曰明)'. 작은 것에서도 의미를 찾을 수 있는 명철한 지혜를 뜻한다. 작은 것을 볼 줄 아는 능력, 작은 것을 소중히 여기는 능력, 작은 말의 관리, 작은 감정의 관리, 작은 것 관리가 인생 관리다. 일은 잘하는데 작은 관리를 못 해 무너지는 사람이 많다. "사람 마음의 교만은 멸망의 선봉이다. 겸손은 존귀의 길잡이니라"라고도 한다.

그러므로 우리가 길을 걷다가 길을 잃었을 때는 원래 있던 자리로 차분히 돌아가 보는 게 좋다. 허둥대고 이리저리 길을 찾다 보면 오히려 가야 할 길에서 더 멀어질 수 있다. 요즘 심각하게 꼬여 있는 문재인 정부의 일자리 경제 정책에서도 허둥대지 말고 처음 위치에서부터 다시 수정해 옳고 바른 길을 찾아가는 것이 순서다.

현 정부의 정책 실패를 꼭 재정 확대로만 가릴 수는 없다. 이에 정부와 여당은 지난 23일 '2019 예산안 당정협의회'를 열고 내년에 나랏돈을 최대한 많이 풀기로 했다. 특히 일자리 예산은 역대 최대 수준으로 편성하기로 했다. 내년 일자리 예산 증가율은 올해 증가율인 12.6%를 넘을 전망이다.

현재 한국 경제는 벼랑 끝 위기로 몰리고 있다. 경제 성장 동력이 약해지면서 올해 성장 목표치 2.9%도 달성하기도 힘든 형편이다. 여기에 '일자리 정부'를 자처한 현 정부에서 일자리 참사가 벌어지고 있다. 월 30만 명 수준이던 신규 취업자 수가 올해 들어 10만 명 수준에 그치더니 지난달에는 5,000명으로 추락했다.

정부는 급격한 최저 임금 인상 등을 앞세운 소득주도 성장의 부작용을 메우기 위해 나랏돈을 왕창 푸는 미봉책을 동원하고 있다. 한마디로 재정 중독이요, 재정 낭비다. 이런 식으로 나가면 멀쩡한 재정마저 망가지는 것은 시간문제다. 한국의 국내총생산(GDP) 대비 국가 부채 비율은 40% 밑으로 경제협력개발기구(OECD) 회원국 평균

그래서 눈을 감을 수가 없었다

치인 73%보다는 양호하다. 그렇다고 곳간 형편이 낫다는 게 나랏돈을 마구 풀어도 된다는 뜻은 아니다. 한국은 세계에서 가장 빠른 속도로 저출산·고령화가 진행되는 국가다. 향후 복지 지출 규모가 눈덩이처럼 불어날 운명이다. 여기에다 통일 비용도 준비해 둬야 한다. 나랏돈을 쓸 때 신중해야 할 이유다.

더 이상 검증되지 않고 부작용만 속출하는 소득주도 성장 실험을 하느라 생긴 구멍에 국민의 세금을 쏟아붓는 일이 반복돼선 안 된다. 이미 지난해와 올해 본예산과 추가 경정 예산 등을 합해 54조 원을 일자리용으로 쓰고 있지만 고용 참사는 이어지고 있다. 일자를 만드는 핵심 주체는 기업이다. 민간에 활력을 불어넣어 투자와 생산이 늘고 소득이 올라가도록 정책 방향을 틀어야 한다. 이제 국회 역할이 중요하다. 정부가 재정 건전성을 외면한다면 국회가 최후의 보루가 돼야 한다.

정부가 만들었다는 일자리 태반은 저임금 단기 일자리에 불과했다. 지난해 청년 실업을 해결한다고 편성한 11조 원 추경으로 만든 일자리들을 따져 보니 절반이 60~65세 노년층 일자리들이었다. 정부 지원이 끊어지면 당장 사라질 일자리들이다. 수십 년 전 취로 사업의 재판이다.

정부 취업 지원으로 늘어난 일자리들은 1년도 넘기지 못하는 경우가 많다. 고용노동부가 작성한 "2018년 재정지원 일자리사업 평가"를 보면 정부 알선 취업자 10명 가운데 6명이 1년 이내에 그만둔다. 국민 세금을 월급이라는 이름으로 나눠 준 것이다. 그렇게 실업자 수를 임시로 줄이는 눈가림을 했다.

지금 정부가 하고 있는 것은 일자리 만들기가 아니라 모래 위에 세금을 붓는 것이나 마찬가지다. 고용 상황이 악화되자 당·정·청은 내년 예산안의 일자리 사업을 또 22조 원 이상으로 늘리기로 했다. 연례행사가 된 추경까지 더해지면 내년에는 30조 원 가까운 돈이 들어갈 수도 있다. 이 정부 안에 일자리 만든다고 모래에 물 붓듯이 쓰는 세금은 100조 원을 넘길 수 있다. 놀라운 일이다.

지금 세계 많은 나라들은 일자리를 만들기 위해 세금을 50조 원이나 쓰지 않고도 고용 호황을 누리고 있다. 노동 개혁, 규제 개혁으로 기업이 뛸 수 있게 만들어 준 결과다. 그렇게 만들어진 일자리는 한 해 만에 증발되는 것이 아니라 내년에도 후년에도 이어지면서 고용 지표를 근본적으로 개선시키게 된다. 한국 정부는 입에 쓴 약 대신 세금 설탕물만 먹이고 있다. 세금은 세금대로 낭비되고 병은 더 도지고 있다.

정부가 작년과 올해 일자리를 만든다고 쏟아부은 국민 세금이 50조 원이 넘는다. 여당 대표가 유력하는 사람은 10년 전 정부가 4대강 물 관리 사업에 쓴 22조 원 때문에 지금 고용이 안 된다는데, 이 정부 들어 일자리 만들기에 투입된 예산이 그 두 배가 넘는다.

그런데 7월에 늘어난 일자리는 5,000개다. 일자리 만든다고 세금을 쓰지도 않던 과거엔 보통 30만 개 안팎 늘어났다. 지금 실업자가 7개월째 100만 명을 넘고, 올해 폐업 자영업자 수는 100만 명으로 사상 최대가 될 것이다. 현 정부는 일자리 정책에서 길을 걷다가 곧 길을 잃었을 때는 이리저리 허둥대지 말고 처음 길 위에서부터 정확히 옳고 바르게 수정해 가는 게 순서라고 본다.

그래서 눈을 감을 수가 없었다

# 오기와 독선은 고용 참사를 불러올 뿐,
## 실패한 소득주도 경제성장으로
## 상황은 더 나빠진다

"조금만 기다려 달라." 장하성 청와대 정책실장이 지난 8월 22일 국회 예산결산특별위원회에서 한 발언이다. 청와대가 주도해 온 소득주도 성장에 대한 소상공인들의 비난과 비판에 대한 변명이다. 연말까지 기다리면 효과가 있을 것이라고도 했다. 참 답답하다. 무엇보다 스멀스멀 올라오는 기시감(旣視感)을 지울 수 없다. 문재인 정부도 기다리라는 타령인가 묻고 싶다.

4년 전 세월호가 침몰할 때 안내 방송도 '기다리라'는 말이었다. 구조될 줄 알았던 수백 명의 승객들은 그 말만 믿고 대기했다. 하지만 세월호는 침몰과 함께 참담했다. 장 실장의 기다리라는 발언과 침몰하던 세월호의 안내 방송을 대비하는 것은 부적절할지 모른다. 아니, 그 정도로 지금 민심은 현 정부의 경제 정책을 못 미더워한다. 불안감은 차츰 분노로 바뀌고 있다.

한국 경제 전반의 큰 틀에서 볼 때 소득주도 성장 정책은 설득력이 있다. 가계의 소득을 높여 누구나 인간다운 생활을 할 수 있도록 하겠다는 취지에 공감한다. 현 세대만이 아니라 미래 세대를 위해서도 그렇게 해야 한다. 다만 장 실장이 예시로 든 몇 가지 긍정적 경제 지표에 대한 해석에는 허점이 드러난다. 그는 '전체적으로 볼 때 고용의 양과 질이 개선됐다'며 그 근거로 고용률과 상용근로자가 증가하고 고용원 있는 자영업자가 늘어난 점을 들었다.

그러나 고용률은 이 정부 출범 때 수준이다. 또한 허리 층인 30대와 40대에서는 고용이 감소한 반면 50대와 60대에서는 늘었다. 건강성이 떨어지고 지속 가능하지도 않다.

또 장 실장은 고용원이 있는 자영업자가 늘었다고 했지만 이 과정에서 일자리를 잃은 경우도 적지 않다. 자영업자들은 아르바이트를 고용원으로 채용한 경우도 있지만 아예 내보낸 경우도 허다했다. 또한 올 상반기 수출은 사상 최고를 기록했다고 했지만 반도체를 빼고 주요 산업의 수출 경쟁력이 한계에 달했다고 하는 것은 주지의 사실이다.

가장 뼈아픈 부분은 정부가 정책 목표로 삼은 중·하위층의 소득이 줄었다는 점이다. 상·하위 계층 간 소득 격차가 10년 만에 최악을 기록한 것은 작은 문제가 아니다. 당장의 나쁜 지표를 현실로 받아들일 필요가 있다.

경제 정책은 완벽할 수 없다. 정부가 선의로 정책을 만들었다고 해도 오히려 국민에게 고통을 주는 경우가 발생할 수 있다. 정부가 하위 계층의 소득을 올려 주기 위해 소득주도 성장 정책을 추진해야 하는 것은 두말할 필요가 없다.

그러나 예상치 못한 돌발 변수가 나오기 마련이다. 정부는 문제가 있다면 이를 덮으려고 하지 말고 잘못된 점을 꺼내 논의하고, 정책도

그래서 눈을 감을 수가 없었다

더 가다듬어야 한다. 필요하다면 국민에게 협조를 구해야 한다. 그래야 소득주도 성장 정책도 성공할 수 있다는 것을 알아야 한다.

현 정부는 오기와 독선으로 실패한 소득주도 성장을 되살리지 못한다. 현 정부의 고용 참사·양극화 쇼크로 허구가 드러나, 시간이 흐를수록 경제가 더 나빠질 뿐이다. 한마디로 얼치기 정책 방향 틀고 얼치기 참모 정리해야 한다. 장 실장이 기자 간담회를 열고 "최근 고용·소득 지표 악화는 소득주도 성장을 오히려 속도감 있게 추진하라고 역설하는 것"이라고 주장했다. 그는 "소득주도 성장이 아니라면 과거 정책으로 회귀하자는 말이냐"고 반문했다.

한마디로 기가 막힐 따름이다. 소득주도 성장은 이미 거대한 허구였음이 고용 참사와 양극화 쇼크의 구체적인 통계로 확인되고 있다. 그런데도 장 실장은 여전히 그 신기루를 삶의 길이요, 생명의 길이라 믿고 있는 게 아닌지 걱정스럽다. 악화된 고용·양극화 지표가 무엇을 의미하는지 모르는 상태로 앞으로 무작정 기다리면 호전된다고 우기는 것은 오기이자 독선일 뿐이다.

무엇을 믿고 미래를 낙관하는지부터가 의문이다. 청와대의 장담과 각종 지표들은 갈수록 한국 경제가 더 어려워질 것이라 예고하고 있다. 6월 설비 투자는 18년 만에 4개월 연속 감소세였다. 7월 기업경기실사지수(BSI)는 17개월 만에 최저치였고 소비자심리지수는 15개월 만에 바닥이었다. 경제협력개발기구(OECD)의 한국 경기 선행 지수도 4개월 연속 100 미만으로 나타났다. 한마디로 고용 절벽·소비 절벽·투자 절벽이 눈앞에 다가온 것이다.

이미 국제통화기금(IMF)과 경제협력개발기구(OECD)가 "한국의

우리나라 경제를 걱정하다

최저 임금 인상 속도가 너무 빠르다"고 경고했다. 국내외 경제학계도 입을 모아 "검증되지 않은 소득주도 성장은 이제 시작일 뿐"이라고 선언했다. 소름 돋는 말이다. 섬뜩한 생체 실험으로 한국 경제가 발작을 일으키고 있는데 앞으로 계속 무모한 수술을 하겠다는 것이다.

이미 54조 원을 일자리 예산으로 낭비한 데 이어 끝장 도박을 해보겠다는 것이나 다름 없다. 경제는 당위론만으로 되는 게 아니다. 엄청난 부작용들이 이미 확인된 만큼 연말까지는 갈 것도 없이 하루라도 빨리 정책 방향을 과감하게 틀어야 한다.

우선 내년 최저 임금부터 재심의하거나 동결해야 할 것이다. 또 시민단체운동권 출신의 무능한 아마추어 참모들은 신속하게 정리할 필요가 있다. 잘못된 정책에서 손을 떼는 데도 용기가 필요하다. 문 대통령은 더 이상 머뭇거릴 때가 아니다.

미·중 통상 마찰과 중국의 반도체 굴기, 미국의 금리 인상 등 먹구름이 잔뜩 몰려오고 있다. 약자를 위한다는 소득주도 성장이 사회 최약자들의 밥숟가락과 생명을 위협하는 기막힌 현실이다. 결코 오기와 독선으로는 실패한 소득주도 성장을 되살릴 수 없다는 것을 현정부는 명심해야 될 것이다.

그래서 눈을 감을 수가 없었다

# 경제 정책 첫 단추를 잘못 끼웠다면
# 다시 풀어 끼워야
# 오뚝이처럼 바로 설 수가 있다

우리 삶에서 넘어지지 않는 사람은 없다. 다시 일어서지 않는 사람 또한 없다. 사람은 누구나 넘어지고 쓰러진다. 사람은 넘어지지 않는 존재가 아니라 넘어졌다가도 일어나는 존재다.

영국의 소설가 올리버 골든 스미스는 이렇게 말했다. "인생의 가장 큰 영광은 결코 넘어지지 않는 데 있는 것이 아니라 넘어질 때마다 다시 일어서는 데 있다." 오뚝이를 닮은 숫자 8을 옆으로 눕혀 보면 기호 '∞'가 된다. 이렇듯 넘어지면서 만물의 무한대를 담고 더욱 깊고 푸르러지는 존재들이다.

사람은 넘어져도 다시 일어나 유리처럼 깨지지 않고 공처럼 튀어오른다. 돌을 맞으면 그 돌들로 성을 쌓고, 고난은 걸림돌이 아니라 디딤돌이 될 수 있다. 이것이 바로 오뚝이 인생, 쓰러졌다 다시 일어서는 것이 인생 누구나 살아가는 길인 것이다.

금융 위기 10년 만의 경제 난국에 대해 문재인 정부는 위기의식을 갖고 있는가? 8월 취업 현황은 3,000명 증가로, 8년 사이 최저다. 청년 실업률의 지속적 악화에 대한 경제 정책의 첫 단추를 잘못 끼웠다면 다시 풀어 처음부터 옳고 바르게 끼워야 된다. 경제 발전의 동력과 성장의 활로를 되찾는 오뚝이처럼 넘어졌다가도 바로바로 서야 한다.

우리가 정확하게 10년 전인 2008년 9월 15일 세계 4위 세계은행이었던 리먼 브라더스가 뉴욕 연방 법원에 파산 보호 신청을 했다. 세계 경제를 뒤흔든 글로벌 금융 위기의 시작이었다. 직격탄을 맞은 미국과 유럽 등 세계 경제는 극단적인 저금리와 양적 완화 조치를 통해 위기 탈출을 꾀했다. 한국 역시 타격을 피할 수 없었지만, 적극적인 재정·금융 정책과 수출 확대로 비교적 조기에 위기를 수습했다.

10년이 지난 뒤 세계 경제와 한국 경제는 사정이 뒤바뀌었다. 추락했던 미국·유럽 경제는 금리 인상을 잇달아 발표하는 등 자신감을 회복하는 모습이다. 반면 우리 경제는 고용과 투자 지표가 추락하고 성장률 전망까지 낮추는 등 위기 신호가 울리고 있다. 미·중 무역 전쟁의 포연이 짙어지고 보호 무역주의가 고개를 드는 등 외부 환경도 불투명해지고 있다. 무엇보다 심각한 것은 제조업 등 성장 기반이 위축되면서 기업·가계 같은 경제 주체의 자신감이 땅에 떨어지고 있다는 사실이다.

상황이 이런데도 정부의 위기의식은 찾아보기 힘들다. 기획재정부는 14일 발표한 '최근 경제동향'(그린북)에서 최근 우리 경제가 수출·소비 중심의 회복세를 이어가고 있다고 평가했다. 내리막으로 가고 있는 각종 경제 지표가 보이지 않는 듯하다. 글로벌 금융 위기 이후 최악으로 치닫는 고용 사용도 아랑곳없다. 국책연구기관인 한국개발연구원(KDI)이 경기가 정점을 지나 하락할 위험이 크다고 진단한 것과도 딴판이다.

그래서 눈을 감을 수가 없었다

소득주도 성장 정책의 부작용이 고용 참사와 자영업자 위기로 확인되고 있지만, 정부의 정책 기조 전환은 기미조차 없다. 대다수 경제 전문가들은 물론이고 대통령의 경제 멘토들까지도 정책의 무모함을 경고하는데도 정부는 귀를 틀어막고 있다.

청와대의 소득주도 성장 아집에 경제 관료들은 입을 다물고 있다. 방향을 잘못 잡은 정책에 대한 진지한 반성과 재검토가 나올 리 없다. 김동연 경제부총리가 조심스레 최저 임금속도조절론을 내세우지만, 청와대의 서슬에 묻히는 형국이다. 문제는 경제 현장의 답답함이다.

인터넷 은행 금산 분리, 빅데이터 활용, 의료 산업 등에서 대통령이 규제 완화를 외쳤지만 메아리가 없다. 일부 시민 단체와 현 정권 지지층의 반발에 막혔기 때문이다. 이래서야 정부가 경제 운영의 또 다른 축으로 내건 혁신 성장이 제대로 성과를 낼 수 있겠나 싶다.

정부는 엊그제 다주택자 금융 규제를 주 내용으로 하는 부동산 대책을 내놓기도 했다. 주택 가격 급등에 따른 대책은 분명히 필요하지만, 시장 특성을 무시한 정책은 필연적으로 부작용이 따른다.

저절로 균형을 찾게 될 시장에 대해 과도한 시그널을 보냈다는 지적도 없지 않다. 반면, 막상 분명한 시그널이 필요한 정책 기조 전환에는 소극이 적다.

문재인 정부 들어 여덟 번째 부동산 대책 또한 나왔다. 세금 폭탄과 다주택자에 대한 금융 규제가 골자다. 그중에서도 핵심은 세금이다. 정부 발표에 따르면 현재 최대 2%인 종합부동산세율은 3.2%까지 오른다. 재산세와 종부세를 합한 보유세 부담 상한도 다주택자는 최고

300%까지 늘렸다. 한 해 사이에 세금이 3배로 뛸 수 있다는 의미다.

모든 정책이 조금만 삐끗해도 애꿎은 피해자만 쏟아낼 수가 있다. 또다시 실패하면 "부동산 대책이 아니라 세금을 더 거둬 다른 데 쓰려는 재정 확보 대책이었을 뿐"이라는 비난을 면하기가 어렵다.

그러므로 지금의 경제 난국을 극복하기 위해서는 친노동·반기업적 정책 기조를 극적으로 바꾸겠다는 시그널이 절실하다. 경기가 주저앉고 실업자가 쏟아지는 판에 언제까지 '기다려 달라'는 말만 반복할 것인가, 시간은 없다.

이에 현 문재인 정부가 경제 정책에 대한 첫 단추를 잘못 맞춰 끼웠다면 다시 풀어 처음부터 옳고 바르게 끼워야 삶의 원칙대로 대한민국 경제가 활로를 찾고 오뚝이처럼 우뚝 선다.

그래서 눈을 감을 수가 없었다

# 금수저보다 은수저, 흙수저가
# 더 나은 삶을 위한
# 주택 공급 정책이 필요하다

삶에서 더 온전하고 풍성한 행복을 얻고자 한다면 가난한 사람과 당신의 소유를 나누어야 한다. 십계명이 열거한 죄를 짓지 않음으로써 행복의 기준을 잡을 수 있다. 그러나 우리가 더 풍성한 행복을 위한다면 적극적으로 이웃을 위한 선행을 베풀어야 할 일이다.

금수저보다 은수저, 흙수저, 빈자들을 위한 주택 공급 정책이 필요한 때이다. 그러므로 국토교통부는 국민이 고루 잘사는 정책을 추구하며 주택 공급에 혼신을 다해 줄 때 국민들의 신뢰와 믿음을 얻을 수 있다.

국토교통부는 어느 지역의 주택 공급이 부족한지 주민 소득 대비 임대료 수준을 보면 대강 알 수 있다. 미래에 대한 기대를 반영하는 집값과 달리 임대료는 실거주 수급 상황을 실시간으로 보여 주기 때문이다.

예컨대 전월세 시세로 선출한 임대료가 가구 소득의 30%를 넘으면 주택이 부족하다고 볼 수 있다. 서울의 경우, 대다수 임차인 가구가 이 기준을 충족하니 원활한 주택 공급의 필요성을 무시할 수 없다.

서울의 주택 공급이 늘면 지방의 인구를 빨아들여 공급 부족이 되풀이될 수도 있겠으나 이 문제는 이 문제대로 균형 발전 정책으로 풀 일이다.

주택 부족을 완화하는 방법은 두 가지다. 하나는 새집을 짓는 것이고 또 하나는 기존 주택을 더 효율적으로 쓰는 것이다. 필요에 따라이 둘을 적절히 조합해야 하겠으나 한국은 극단적으로 새 집 '개발' 쪽을 선호해왔는데, 이를 뒷받침한 대표적인 제도가 선분양과 낮은 보유세다. 부동산 개발업자이면서 미국 텍사스주립대에서 부동산학을 가르치는 토니 치오케티 교수는 아시아 개도국에 대해 주민 소득에 비해 집값이 턱없이 비싼 점이 놀라우면서도 개발업자로선 환상적 기회를 많이 보게 된다고 한다. 그에 따르면 이 지역에선 특히 선분양이 가능해 사실상 자기 자본 없이 소비자의 돈과 위험 부담으로개발 사업을 진행할 수 있어 '자기 자본 수익률', 즉 수익을 자기 자본으로 나눈 값이 무한 대가가 된다고 한다. 단, 이를 실현하려면 법·규제를 만들고 집행하는 사람들을 자주 만나야 한다고 한다.

낮은 보유세도 개발 편향적이다. '급진적 시장'의 저자인 에릭 포즈너와 글렌 웨일은 자기 집에 대한 투자를 극대화하는 '투자 효율'을높이는 데는 낮은 보유세가 좋지만, 집을 가장 필요로 하는 사람이집을 소유하게 하는 '배분 효율'을 위해선 보유 세율이 충분히 높아야한다고 한다. 비싼 집에서 보유세만큼의 효용을 얻지 못하는 사람은집을 팔고 다른 곳으로 나가게 돼 효율적 돌려쓰기가 이뤄지는 것이다. 포즈너와 웨일은 두 가지 효율을 합한 총 효율을 극대화하는 데는 주택 시가 대비 1% 정도의 '매우 작은' 보유세도 상당한 효과가 있

그래서 눈을 감을 수가 없었다

다고 역설한다.

한국의 주택 공급 체계는 모든 면에서 개발과 투자 효율을 추구해왔고 그 결과 좀 부실할지는 모르지만 빨리 많이 짓는 데는 성공했다. 그러나 이 방식도 이젠 한계에 봉착했다. 새 택지를 찾기도 어렵고 투자 효율, 즉 집의 가치를 높이는 노력도 집 가꾸기 경쟁 같은 긍정적 방향보다는 임대 주택·기숙사 반대 운동 같은 부정적 방향으로 흐르고 있다. 수도권 주민들의 출퇴근 시간이 늘어나는 걸 보면 주택의 배분 효율은 이미 낮다.

최근 논의되는 수도권 주택 공급 확대 방안은 과거 개발 시대의 공급 패러다임을 벗어나 지속 가능한 선진적 제도를 만드는 계기로 활용했으면 한다. 우선 선분양보다는 후분양을 도입해 소비자가 과도하게 위험을 떠안는 관행을 없애고 주택의 품질을 높였으면 한다. 선진국에는 1970년대에 지은 아파트라도 깨끗하고 튼튼한 경우가 많은데, 우리는 새 아파트도 각종 하자에 층간 소음이 심한 사례가 많다. 또 새 대책으로 분양하는 주택에 대해선 분양가와 취득세를 크게 낮추는 대신 보유세를 (분담금 등의 명목으로) 시가의 1% 수준으로 영구적으로 높이는 방식을 시범적으로 도입했으면 한다.

수도권 어느 신혼희망주택의 분양가는 4억 6,000만 원인데, 주변 시세보다는 싸지만 가구 중간 소득 5,000만 원에 비하면 9배가 넘는 높은 수준이다. 부모의 도움이 없다면 20년 동안 소득의 반 이상을 쏟아부어야 하니 평범한 젊은이들에겐 그림의 떡이다. '금수저'를 위한 로또를 또 하나 추가하는 것보다는 우리 사회가 지향해야 할 지속 가능한 주택 공급 체계와 부동산 세제를 작은 공간에서나마 미리

구현해 집값 장벽을 낮추고 이를 확산시키는 것이 의미가 있다.

아울러 중산층도 살고 싶은 좋은 임대 주택을 충분히 섞어 공급함으로써 임대 주택에 대한 부정적 인식도 없었으면 한다. 노후 주택 재건축, 재개발 프로젝트를 추진할 때도 이런 원칙들이 적용되게 적극 유도한다면 개발과 배분 효율을 조화시키는 데 도움이 될 것이다. 이에 따라 정부와 국토교통부는 금수저보다 은수저, 흙수저가 더 나은 삶을 살 수 있는 주택 공급 정책을 우선해야 한다.

그래서 눈을 감을 수가 없었다

# 뼈를 깎는 개혁이 이루어져야
# 국민 모두 잘살 수 있는
# 경제에 새 피가 돈다

크고 작은 파도가 치듯 곡절이 많다는 뜻의 '파란만장'이란 말이 있다. 파도가 만 길 높이 인다는 말로, 살아가는 과정이 참으로 고달프다는 뜻이 되겠다. 그 가운데 깨닫고 지혜를 얻어 만장의 파란도 헤쳐가는 게 삶이라고 본다.

또한 시간에 쫓겨 반복적인 삶을 살다 보면 누구나 공허한 순간들을 마주하게 된다. 어쩌면 틀에 박힌 하루하루 속에서 영혼을 잃어버린 것일지도 모르겠다. 지쳐 버린 나에게, 그리고 답답하고 힘겨웠을 영혼에게 한마디 위로의 말을 건네고 싶기도 하다.

노동 개혁, 규제 완화, 구조 조정 등 뼈를 깎는 개혁이 이루어져야 대한민국 경제에 새 바람과 새 피가 돈다. 문 대통령의 국회 시정 연설 '함께 잘살자' 가치를 실현하려면 노동 개혁 등 힘든 결단이 나왔어야 했다.

한국 전쟁 당시 더글러스 맥아더 장군은 "이 나라가 복구되려면 최소 100년은 걸릴 것"이라고 말했다. 한국 국민은 그의 예상을 뒤집었다. '성장'을 이루었다. 지금은 경제가 활력을 잃어 주춤거리지만, 여전히 우리에게 중요한 건 성장이다.

경제는 두발자전거처럼 움직인다. 성장이라는 두 페달을 계속 힘차게 밟아야 앞으로 나아갈 수 있다. 페달에서 발을 떼는 순간 경제는 쓰러진다.

문재인 대통령이 2019년도 예산안 국회 시정 연설에서 '성장'과 '함께'라는 말을 각각 25차례 강조했다. 성장의 목표는 '우리는 함께 잘 살아야 합니다'라는 말에 담겨져 있다. '국민 단 한 명도 차별받지 않는 나라가 돼야 합니다'라는 말의 울림은 컸다. 더불어 잘살자는 건 인류의 공통된 가치다.

다음 질문이 나올 차례다. 어떻게 그렇게 할 것인가? 문 대통령은 성장 전략으로 '소득 주도 성장, 혁신 성장, 공공 경제'라는 정책 기조를 고수하겠다고 밝혔다. 대통령의 인식은 "국민의 노력으로 우리는 '잘살자'는 꿈은 어느 정도 이뤄졌습니다. 그러나 '함께'라는 꿈은 아직 멀기만 합니다"였다.

요즘 '성장'이란 단어는 소화 불량 상태다. 소득 주도 성장, 혁신 성장은 물론이고 녹색 성장, 창조 성장(경제) 등 꾸밈말의 성찬이 이어졌기 때문이다. 앞으론 아름다운 성장, 강한 성장 등 온갖 성장이 나올지 모른다. 어떤 포장을 하든 중요한 건 성장 자체다. 성장이 안 되는데 단어를 꾸미는 형용사가 무슨 소용이 있나.

이미 한국 경제는 조로화 경향이 뚜렷하다. 노동이나 자본의 투입으로 성장을 이끌 단계는 지났다. 핵심은 경제 전반의 생산성을 이끌어 올릴 수 있느냐이다. 생산성은 창의적 아이디어, 공정한 경쟁, 위험 도전을 수용하는 제도, 과감한 혁신이 어우러져야 치솟을 수 있다.

그래서 눈을 감을 수가 없었다

현실은 어둡다. 거대 귀족 노조는 기득권을 놓지 않는다. 이들의 철밥통은 더 단단해진다. 청년의 일자리는 사라지고 자영업자의 비명은 처절하다.

대기업의 중소기업 납품 단가 후려치기나 아이디어 탈취도 여전하다. 각종 규제는 지뢰처럼 도처에 널려 있다. 이렇게 도전의 길이 봉쇄당한 조건에서 생산성을 끌어올릴 엔진을 달굴 수 있을까.

최저 임금 급격 인상이나 일자리 나누기, 정규직 전환 등 소득 주도 성장을 위한 정책은 정부 주도에 그친다. 임시방편으로 흐를 공산이 크다는 얘기다. 민간 기업은 움직이지 않는다. 강제할 방법도 없다. 정부 주도의 압박이 지속 가능할지 묻고 싶다.

소득 주도라는 한 방으로 실타래처럼 얽힌 경제의 난제를 풀지 못한다. 말로는 혁신 성장도 외치지만 소득 주도 성장을 감싸는 그럴듯한 포장지 수준에 그친다.

자본주의 경제의 이동성을 역설한 경제학자 조지프 슘페더는 "내가 믿지 않는 두 부류의 사람이 있다. 싼 비용으로 건물을 짓겠다는 건설업자와 한 방에 해법을 제시하는 경제학자"라고 말했다.

기본으로 돌아가는 게 정답이다. 열매를 모두에게 골고루 돌아가게 하기 위해서도 먼저 열매를 맺어야 한다. 일단 성장이라는 저수지를 채우는 게 우선이다. 저수지가 차야 불평등의 격차를 줄이기 위해 물을 내려 보낼 수 있다. 그 물이 흘러 통합으로 가는 뱃길도 열릴 수 있다. 첫걸음은 그야말로 '과거의 적폐'를 깨는 데서 시작해야 한다.

문 대통령의 국회 시정 연설의 마지막 대목은 '우리는 함께 고루 잘살아야 합니다. 우리는 함께 잘살 수 있습니다'였다.

그러므로 문 대통령은 올해보다 9.7% 늘린 470조 5,000억 원 규모의 2019년도 예산안을 국회에 설명하면서 재정의 적극적인 필요성의 역할을 강조했다.

공공 부문에서 일자리를 늘리고 보편적 무상 복지를 확대하는 정책 기조가 더욱 강해질 것임을 예고한 것이다. '함께 잘사는 포용 국가'로 가려면 함께 잘살 수 있는 물질적 토대를 만드는 데 힘을 쏟아야 한다.

문 대통령의 국회 연설처럼 국민 모두가 고루 잘살아갈 수 있기 위해서는 노동 개혁, 규제 완화, 구조 조정 등의 뼈를 깎는 개혁이 이루어짐으로써 한국 경제에 새 바람, 새 피가 돌아야 가능하다.

그래서 눈을 감을 수가 없었다

# 문재인 정부,
# 잘못된 경제 정책을 바꿔야지
# 사람만 바꿔 봤자 소용이 없다

우리 인간은 자기 자신에게만 몰두하면 불행해진다. 행복한 사람은 더 많이 생각하고, 타인과 세상에 에너지를 쏟는다. 사람과 세상에 대한 관심이 줄어들면 생기를 잃고 만다. 살맛은 세상을 향해 나를 던져 넣을 때 생기는 법이다.

'나는 누구인가'에 대한 고민도 필요하겠지만, 나를 둘러싼 지금 이 순간의 현실에 최선을 다하는 것이 더 중요하지 않을까? 인간은 자신을 벗어난 무언가에 헌신할 때 비로소 진정한 자신을 깨닫게 되는 존재니까 말이다.

청탁금지법(일명 김영란법) 시행부터 최저 임금 인상, 근로 시간 단축까지 3중고를 겪고 있는 자영업자들에게 고용 상황이 악화되고 있다.

지난 14일 통계청이 발표한 '10월 고용 동향'에 따르면 숙박·음식점업 취업자 수는 1년 전보다 9만 7,000명 감소했다. 이는 2013년 방식으로 통계를 집계한 이래 가장 큰 폭으로 줄어든 것이다. 도매 및 소매업(-10만 명), 미화원 경비원이 포함된 사업시설관리·사업지원 및 임

우리나라 경제를 걱정하다

대서비스업(-8만 9,000명) 등도 직격탄을 맞았다.

통계청은 "경기가 나빠지면서 숙박·음식점업 등의 취업자 수가 감소했고, 이는 자영업자 감소세와도 맞닿아 있다"고도 분석했다.

청와대가 고용의 질이 개선된 증거로 언급해 온 고용원 있는 자영업자도 경기 부진을 피해 가지 못했다. 고용원 있는 자영업자는 1년 전보다 4,000명 줄어 지난해 8월 이후 14개월 만에 감소로 돌아섰다.

지난달 실업률은 3.5%로 집계돼 10월 기준으로 13년 만에 가장 높았다. 특히 실업자 수는 97만 3,000명으로 외환 위기 당시인 1999년 이래 10월 기준으로 가장 많았다.

경제의 허리를 담당하는 40대 일자리는 1년 전보다 15만 2,000명 감소해 9월에 이어 지난달에도 크게 줄었다.

반면에 큰 규모의 재정이 투입되는 공공 일자리는 '나 홀로' 상승세를 보이며 고용 지표를 떠받쳤다. 보건업 및 사회복지서비스업은 지난해 10월과 비교해 15만 9,000명, 공공 행정은 3만 1,000명 증가했다.

'일자리 정부'를 발표한 문재인 정부의 고용 상황이 달마다 최악 기록을 경신하고 있다. 10월 고용 동향이 또 최악의 기록을 경신했고, 취약 계층이 몰려 있는 업종이 직격탄을 맞았다. 소득 주도 성장의 모순을 돌아봐야 할 시점이다. 약자를 위한다는 정책이 서민 고용 참사를 부르는 역설이다.

수치가 이런데도 정부는 정책 오류를 인정하지 않고 있다. 문재인 대통령이 국회 시정 연설에서 소득 주도 성장 기조 유지를 천명한 가운데 2기 경제팀인 홍남기 부총리 겸 기획재정부장관 후보자와 김수현 청와대 정책실장도 같은 뜻을 비쳤다. 암울한 고용 수치를 매달

그래서 눈을 감을 수가 없었다

확인하면서도 잘못된 정책을 고집하는 것은 무모한 오기(傲氣)라고 볼 수밖에 없다.

소득 주도 성장의 부작용에 대한 지적은 국내 전문가만 하는 것이 아니다. 국제신용평가사 무디스는 한국의 성장 전망을 낮추면서 '국내의 정책적 불확실성'을 부정적 요인의 하나로 꼽았다. 최저 임금 인상, 주 52시간 근로제, 법인세 인상 같은 정책이 외부 악재의 부정적 효과를 키우고 고용에도 악영향을 미친다는 충고다.

홍남기 후보자는 "경제 활력 제고를 통해 일자리 창출 여력 확충이 시급하다"며 이를 내년도 경제 정책 방향에 담도록 하겠다고 했다. 그러나 정책 기조에 대한 근본적 재검토가 없고서는 '밑 빠진 독에 물 붓기'식 재정 투입에 그칠 가능성이 크다. 세금으로 '강의실 불 끄기' 같은 잡일 수준의 일자리를 만들 게 아니라 민간 기업에 활력을 불어넣어 질 좋은 일자리를 만드는 방안을 고민해야 한다.

문 대통령은 취임 직후 집무실에 '일자리 상황판'을 설치하며 "직접 챙기겠다"고 약속했다. 그러나 객관적 수치는 거꾸로 가고 있다. 소득 주도 성장이라는 검증되지 않는 이론을 고집하다 경제가 어려워지자 경제 1기 팀의 '투톱'을 경질했다.

하지만 사람만 바꿔 봤자 별 소용이 없다. 문재인 정부의 잘못된 경제 정책이 바뀌어야 취약 계층에 몰려 있는 업종들이 직격탄을 면할 수 있다.

# 근본적인 일자리 처방 대신
# 세금 퍼붓기 대책을 내놓는
# 패턴이 반복된다


우리의 성장 산업 사회의 반도체가 초호황이었던 지난해 삼성전자는 16조 8,000억 원, SK하이닉스는 5조 8,000억 원을 세금으로 냈다. 정부가 거둔 세금의 6%를 넘는다. 지금 정부는 근본적인 일자리 처방 대신 세금 퍼붓기 대책을 내놓는 패턴만 반복하고 있다.

지난해 수출에서 반도체가 차지한 비중은 20.9%였다. 대중(對中) 수출에서는 3분의 1을 담당했다. 한국의 주력 업종인 자동차·조선 등이 휘청거리는 가운데 유일하게 튼튼한 '원톱'이다.

그러나 정작 업계는 걱정이 많다. 우선 올해 반도체 매출과 영업 이익이 작년의 반토막 수준이라는 전망이 나온다. 초호황기는 끝났다. 중국의 추격도 거세다. 2025년까지 약 214조 원을 퍼부어 반도체 자금을 70% 이상으로 끌어올리겠다고 한다. 중국 반도체 업체는 틈만 나면 한국 반도체 인력을 스카우트해 가고 있다. 한국과 기술 격차가 몇 년 나지 않는다는 말까지 나온다.

퍼펙트 스톰이 외부에서 몰려드는데, 정작 우리 반도체 업계는 내부 규제에 발목이 잡혀 있다. 반도체 경주에서 앞서는 길은 한발 앞

그래서 눈을 감을 수가 없었다

선 기술 개발과 과감한 투자다.

하지만 정부가 작년 7월부터 주 52시간제를 강행하며 연구·개발업 특례를 없앴다. 낮밤 구분이 없던 연구원들도 이제 하루 8시간만 일할 뿐이다.

연구·개발은 몰아쳐야만 하는 시점이 있다. 특히 막판에는 제품 설계가 맞는지 틀리는지, 오류가 있는지 없는지 점검하느라 밤을 새우는 경우가 잦다. 마감 시간 지키기가 얼마나 피를 말리는 일인지 한 번이라도 해 본 사람은 안다. 최대 4주간 최대 208시간 동안 연속으로 일하고 그 뒤 4주를 쉬는 '선택적인 근로제'는 있지만, 사전 신고를 해야 한다. 급할 땐 무용지물이다.

유연한 주 52시간제에 대해 경사노위가 논의한다지만, 노동계와 사용자 측은 평행선만 긋고 있다. 한 중견 반도체 장비업체 대표는 "요즘 직원은 주 52시간에 맞춰 일하고, 나만 토요일 일요일 다 나와서 홀로 연구한다"며 "혁신은 꿈도 못 꾼다"고 말했다.

이는 한국 반도체가 지금까지 걸어왔던 성공의 결과도 다르다. 한국의 반도체 신화는 1983년 삼성반도체 진출 선언 이후 36년간 쉬지 않고 끊임없이 도전하고 실패하며 쌓아온 압축도의 축척 시간에 기초하고 있다.

삼성이 반도체 제1라인을 완공할 때까지 걸린 시간은 6개월 18일이다. 미국, 일본에서 걸린 기간의 3분의 1이었다. 삼성그룹 이병철 창업주는 자서전에서 "그동안 설을 포함한 모든 공휴일에도 출근했다. 다른 나라에서는 유례가 없는 일이다. 이것만으로도 자신을 얻었다"고 썼다.

반도체 성능과 공장은 진화했지만 이 성공 공식은 변하지 않았다. 2000년대 반도체 부흥기 때 삼성전자를 맡았던 황창규 KT 회장은 "우리는 일치단결해 모든 것을 쏟아붓는 근면함과 집중력으로 일본 반도체를 따라잡았다"고 했다.

우리 반도체는 해외 기업과 가장 최전선에서 맞붙고 있는 선수다. 중국은 말할 것도 없고, 미국도 연구·개발 직군은 초과 근무에 제한이 없다. 일본은 주 15시간, 연간 360시간은 더 근무해도 된다. 한 전자업체 CEO는 "주 52시간제 탓에 거북이 같은 연구만 하다간 맹수처럼 달려드는 중국에 불과 몇 년 뒤 역전된다"고 했다.

이런 가운데 고용의 질이 상대적으로 나은 제조업 부문 취업자가 1년 전보다 무려 17만 명 감소했고, 건설업종 일자리도 2만 개 사라졌다. 최저 임금 인상의 영향을 크게 받는 도소매업과 음식·숙박업 취업자도 11만 명이나 줄었다. 반면 정부가 직접 인력을 채용하거나 예산을 투입하는 공공 행정·국방, 보건·사회복지서비스, 농림어업 일자리는 27만 개 늘어난다. 경기 침체와 최저 임금 인상 충격으로 줄어든 민간 일자리의 공백을 정부가 세금을 퍼부어 메운 셈이다. 일자리 창출의 주력이어야 할 민간 고용은 위축되고, 세금으로 만든 관제(官製) 일자리만 늘어났다. 세금으로 급조한 일자리는 세금만 끊어지면 바로 없어진다. 일자리라고 할 수 없다. 일자리 수치도 참담하지만 고용의 질도 나쁘다.

지금 전 세계에서 한국은 민간 대신 관(官)이 고용을 주도하는 거의 유일한 나라다. 모든 선진국이 기업 활력을 북돋우고 시장을 활성화해 민간의 일자리 창출 능력을 키우는 데 총력전을 펴고 있다. 미

그래서 눈을 감을 수가 없었다

국 트럼프 행정부는 대규모 감세와 규제 철폐에 나섰고, 일본 아베 정부는 친 기업 정책에 올인 하고 있다.

노조가 세기로 유명한 프랑스조차 마크롱 정부가 들어서면서 고강도 노동 개혁을 통해 기업 부담을 줄여 주고 있다. 선진국 정부의 이런 노력은 유례없는 일자리 풍년으로 보상받고 있다. 10여년 전 10%까지 뛰었던 미국의 실업률은 3%대로 떨어졌고, 일본도 26년 만에 최저 수준인 2.4%까지 내려갔다.

반면 과거 고용 우등생으로 평가받던 한국은 일자리 참사를 거듭하면서 미국·일본에도 실업률을 역전당했다. 우리보다 훨씬 잘사는 선진국들보다 일자리를 못 만들어내고 있는 상황이다.

그렇다면 정부는 이렇게 된 원인이 뭔지 분석하고 대책을 내놔야 한다. 하지만 고집과 아집뿐이다. 마차가 말을 끈다는 소득 주도 정책, 세금 퍼붓는 일자리 정책을 고수하겠다고 한다. 참담한 1월 고용 실적이 나오고 한진중공업이 '자본 잠식'을 발표한 날에도 경제 부총리는 "공기업들이 올해 2,000명을 더 뽑도록 하겠다"는 황당한 땜질 처방을 내놨다.

이 정부 출범 후 늘 이런 식이었다. 형편없는 고용 성적표가 나올 때마다 "상황을 엄중하게 본다"면서도 근본적인 처방 대신 세금 퍼붓기 대책을 내놓는 패턴을 반복하고 있다. 대학 강의실 전등을 끄는 '에너지 절약 도우미'며 담배 꽁초 줍는 일이 고작인 '전통 시장 지킴이' 같은 일자리는 결코 해결책이 될 수 없다.

일자리 예산 54조 원을 쏟아붓고도 최악의 고용 참사가 이어지고 있다면 반성하고 노선을 수정하는 것이 상식일 것이다. 근본적인 일자리 처방 대신 세금 퍼붓기 대책을 내놓는 패턴을 계속 반복해선 안 된다.

그래서 눈을 감을 수가 없었다

# 국민 소득 3만 달러 시대의
# 재정 우선 순위 혁신적으로 개선해
# 함께 잘사는 시대를 열어야

관리자가 매일 할당해야 할 가장 중요한 자원을 하나만 꼽으라면 그것은 바로 '시간'이다. 이론적으로 돈과 인력, 자본은 언제든지 구할 수 있지만 시간은 절대적으로 제한된 자원이다. 처리 능력을 벗어난 일은 처음부터 거절하는 것이 중요하다. 그렇지 않으면 언젠가 '아니요'라고 말했어야 했다고 후회하는 때가 온다.

그러므로 "관리자의 성과는 그가 관리하고 영향력을 발휘하는 조직의 성과"이다. 관리자는 자신이 택했던 방법을 최대한 구체적으로 성공의 길을 열어나가 줘야 된다. 살다 보면 돈은 빌려도 시간은 빌릴 수가 없다. 지금 대한민국은 국민 소득 3만 달러의 시대를 접했다.

오늘의 대한민국은 주요 선진국 기준 '30-50클럽'에 가입했지만 소득 양극화 심화, 사회 안전망 부실로 대다수 국민들은 3만 달러 시대라는 것을 체감하지 못한다. 그러므로 경제-분배 구조, 사회 시스템, 재정 우선순위 등을 혁신적으로 개선해 지속 가능하고 함께 잘사는 시대를 열어나가야 한다.

한국은행이 지난주 잠정 집계한 지난해 우리나라 1인당 국민 소득은 3만 1,349달러다. 작년 연평균 원·달러 환율이 1100.3원이었으니 우리 돈으로는 약 3,450만 원이다. 우린 2006년에 2만 795달러로 2만 달러를 넘어선 지 12년 만에 3만 달러 시대를 열었다.

1인당 국민 소득이 3만 달러 이상인 나라는 30개국 남짓이다. 인구가 5,000만 명 이상인 나라 중에서 경제 규모가 상위권인 나라는 미국, 일본, 독일, 영국, 프랑스, 이탈리아, 한국뿐이다.

경제적 측면만 놓고 보면 우리도 당당한 선진국 대열에 합류한 것이다. 6·25전쟁으로 인한 폐허와 분단 상황을 딛고 이뤄낸 성과라 더 값지다. 자부심과 자긍심을 가져도 전혀 이상할 것이 없다.

그런데 웬걸, 축배의 소리는 전혀 들리지 않는다. '살기 힘들다', '앞날이 더 걱정이다'는 불만과 걱정이 가득하다. 대다수 국민들은 국민소득 3만 달러 시대를 즐기지 못하고들 있다. 다른 나라들은 우리의 성취를 부러워하는데, 뭐가 잘못된 걸까. 우리가 너무 비관적인 걸까.

외형적 목표 이면을 들여다보면 이유가 보인다. 1960대 이후 고도성장을 구가했지만 그 과정에서 놓친 것들이 적지 않다. 국가 전체적으로는 부유해졌지만 그 열매가 국민들에게 골고루 돌아가지 않았다. 굶주림이란 절대 빈곤은 사라졌지만 소득과 재산 불평등이 심해지면서 오히려 상대적 빈곤층은 늘어났다.

지난해 4분기 소득 하위 20% 가구의 월평균 소득은 123만 8,000원으로 전년 4분기(150만 5,000원)보다 26만 7,000원(17.7%) 줄었다. 4분기 연속 줄어 6년 전인 2012년(127만 1,000원) 수준으로 뒷걸음질했다.

소득이 4분기 연속 감소한 것은 하위 40% 가구도 마찬가지다. 반

그래서 눈을 감을 수가 없었다

면 상위 20% 가구의 월평균 소득은 932만 4,000원으로 전년 4분기 (845만 원)보다 87만 5,000원(10.4%) 증가했다. 이로 인해 지난해 4분기 균등화 처분가능소득(연금 소득 등 공적이전지출을 뺀 소득)은 상위 20%가 하위 20%의 5.47배였다.

2003년 통계 집계 이후 격차가 가장 컸다. 상위 10%의 소득이 전체 소득에서 차지하는 비중이 1979년 28.1%였으나 2016년 43.2%로 늘어났다는 조사 결과가 있다. 저소득층은 더 가난해지고 고소득층은 더 잘사는 소득 양극화가 고착화되고 심화되는 걸 보여 주는 지표들이다.

게다가 집값은 천정부지로 치솟아 무주택자의 내 집 마련에 대한 꿈은 갈수록 가물가물하다. 집이 있어도 빚으로 산 경우가 많아 원금과 이자를 갚고 나면 실속이 없다. 자녀 양육비와 교육비도 서민들로서는 감당하기 벅차다.

소득은 찔끔 늘고 세금, 공과금, 각종 사회보험료, 대출 이자 등으로 빠져나가는 돈은 불어나니 마음대로 쓸 수 있는 가처분 소득은 쪼그라들기 마련이다. 이는 사회를 지탱해 온 중산층의 붕괴로 이어졌다. 1989 갤럽조사에서 자신을 중산층이라고 답한 비율이 75%였지만 최근 다른 조사에서는 48.7%로 떨어졌다.

사회안전망은 선진국들에 비하면 초라하다. 출생-영·유아-초등-청소년-청년-중장년-노년으로 이어지는 인생 주기마다 많은 돈이 필요한데 우리는 가족끼리 알아서 각자도생해야 하는 사회다. 정부의 지원이 늘어나는 추세지만 필요에 비하면 턱없이 부족하다.

현대경제연구원이 '30-50클럽'(1인당 국민소득 3만 달러, 인구

5,000만 명 이상 국가) 7개국의 3만 달러 도달 시 분배·사회복지 지표를 비교한 자료를 보면 한국은 중위소득의 50% 미만인 인구의 비율을 나타내는 지표인 상대적 빈곤 율이 17.4%였다.

7개국 평균(11.8%)보다 월등히 높았다. 실업 급여 순소득 대체율(실직 후 5년 평균)은 10.1%(2014년)로 평균(25.2%)에 한참 못 미쳤다. 국내 총생산 (GDP)대비 사회 복지 지출 비중은 평균(20.7%)의 절반 수준인 11.1%에 불과했다.

실상이 이러니 국민 소득 3만 달러 시대는 빛 좋은 개살구다. 이래서는 지속적으로 성장하기 어렵다. 불만이 터져 나오고 갈등이 폭발해 막대한 사회적 비용을 치러야 한다. 설령 언젠가 국민 소득 4만 달러 시대를 연다 해도 대다수 국민들에게 그저 남의 집 잔치일 뿐이다.

지속 가능한 성장. 함께 잘사는 시대가 가능하려면 지금의 경제·분배 구조, 사회 시스템, 재정 투입 우선순위를 혁신적으로 개선해야 한다.

소득 양극화를 완화하고 사회 안전망을 확충하고 좋은 일자리를 늘리는 게 큰 방향이다. 많은 비용이 들고, 사회적 대타협이 필요하고, 단기간에 성과를 내기도 쉽지 않다. 그러나 국민 소득 3만 달러, 4만 달러 시대를 더 많은 사람들이 함께 즐기려면 반드시 재정 우선순위를 혁신적으로 개선해 함께 잘사는 시대를 열어나가야 할 길이다.

그래서 눈을 감을 수가 없었다

# 한국 경제에 경고장을 날린
# IMF의 제안을 적극 수용해야
# 경제 활성화 기대

2월 고용 동향은 취업자 증가폭이 26만 명을 기록해 양적인 면에서 개선됐지만, 내용을 들여다보면 기뻐하기는 어렵다. 정부가 노인 공공 일자리를 임시로 만들고 은퇴자의 귀농에 농림어업 취업자가 늘어난 덕이었다.

60세 이상 취업자는 급격하게 증가한 반면 30대, 40대는 큰 폭의 감소세가 이어졌다. 좋은 일자리로 꼽히는 제조업은 11개월 연속 취업자가 줄었다. 특히 반도체, 통신 장비, 전자 기기 등 주력 업종에서 하락폭이 컸다.

건설업 도·소매업. 금융·보험업도 감소했다. 정부가 재정을 투입해 고용 시장을 지탱하고 있는 형국이다. 재정 효과를 빼면 취업자 증가폭이 10만 명대라는 분석도 나왔다.

주요 사업에서 일자리 감소폭이 조금씩 줄어든다는 점은 긍정적이지만 민간 일자리 창출로 이어지는 재정의 마중물 효과는 나타나지 않고 있다. 봄이 왔는데 고용 시장은 여전히 싸늘하다.

일자리는 기업이 움직여야 만들어진다. 한국 경제 연구원이 500대기업의 상반기 신규 채용을 조사한 결과 46%가 채용 계획을 세우지 못하고 있었다. 5곳 중 1곳은 직원을 새로 뽑지 않거나 지난해보다 채용 인원을 줄일 거라고 했다.

경기가 갈수록 나빠지면서 기업은 잔뜩 움츠러들었다. 노동 비용 부담과 경기 악화의 공포에 짓눌려 있다. 기업이 다시 투자와 고용에 나서도록 만들려면 확실한 신호를 보내 줘야 한다. 작년부터 얘기해 온 최저 임금 결정 구조와 탄력 근로 개편이 아직도 마무리되지 않았다.

이런 마당에 어떻게 부담을 예측하고 고용을 늘릴 수 있겠나. 김관영 바른미래당 원내대표는 국회 교섭 단체 연설에서 "정치권이 결단해 내년 최저 임금을 동결하자"고까지 제안했다.

이 같은 구상을 실행에 옮길 정도의 파격적인 신호 없이는 일자리가 늘어나기 어려울 것이다. 경기 악화를 정부가 적극적으로 방어하겠다는 강한 의지도 보여줄 필요가 있다.

국제통화기금은 한국 경제가 역풍에 부닥쳤다고 경고하며 완화적 통화 정책과 확장적 재정 정책을 권고했다. 선제적인 추경 편성과 금리 인하 등 경기를 부양할 수 있는 정책을 모두 동원해야 할 때다.

이런 노력은 정부가 기업에 보내는 강력한 신호가 된다. 거듭 말하지만 기업이 다시 움직일 수 있도록 만들어야 민간 일자리 창출을 기대할 수 있다.

국제통화기금(IMF)은 회원국을 1회 방문하여 해당국 경제 전반에 대해 합의한다. 올해는 지난달 27일부터 타르한 페이지오글루 단장이 이끄는 연례협의단이 한국은행, 경제부처, 한국개발원(KDI) 등 연구

그래서 눈을 감을 수가 없었다

기관, 민간 기업 등을 방문해 경제 동향과 전망, 경제 정책 전반에 대해 의견을 교환했다.

합의단이 12일 발표한 '연례 협의 결과'와 기자 회견 내용은 예년과 그 결이 크게 다르다. 보도문은 '한국의 경제 성장은 중·단기적 역풍을 맞고 있다'로 시작한다. '성장에 역풍(headwinds to growth)'이라는 구절은 IMF 보고서에서 드물지 않지만, 한국 경제와 관련해 이 표현이 쓰인 것은 근래 없던 일이다.

현 경제 상황에 대한 더 눈길을 끄는 건 정책 권고다. 협의단은 "한국 경제의 성장률이 둔화하고 있어 거시 경제 정책은 성장을 지원하는 방향으로 이행돼야 한다"고 한 뒤 "한국은행은 명확히 완화적인 통화 정책 기조를 가져야 한다"고 지적했다.

IMF가 한은에 통화 정책을 권고하면서 '명확히(clearly)', '해야 한다(should)' 등의 단어를 쓴 것은 매우 이례적이다. 통상 '통화 정책을 완화적으로 가져야 할 필요가 있다'는 식의 표현을 쓴다.

페이지오글루 단장은 기자 회견에서 "기준 금리를 낮춘다고 해서 심각한 자본 유출이 일어나지 않을 것으로 생각한다"고 했다. 가계 부채 우려에 대해서도 "한국 정부의 거시 건전성 조치가 효과적으로 작동하고 있다고 본다"고 말했다.

자본 유출 우려나 가계 부채 증가 가능성은 지난해 11월 한은이 기준 금리를 인상할 수밖에 없다고 한 이유들이다. 협의단은 이를 근거가 낮다며 정면으로 부인한 것이다.

사실상 기준 금리를 내려 돈을 풀라는 소리다. 한은이 더욱 곤욕스러운 입장에 몰리게 됐다. 재정을 통한 경기 부양도 주문했는데, 그

톤이 세다. 페이지오글루 단장은 "올해 성장률 목표를 이루기 위해서는 추경이 최소한 국내총생산(GDP)의 0.5%를 넘는 수준이 돼야 한다"고 했다.

지난해 명목 GDP 기준으로 9조 원가량이다. 이처럼 추경 규모까지 구체적으로 제시하는 것도 드문 일이다. 최저 임금 인상 속도가 너무 빠르다고 했고 근로 시간 단축도 매우 경직적으로 시행되고 있다고 지적했다.

IMF가 통상 회원국 정책 당국의 '체면'을 봐서 톤을 낮추는 점을 감안할 때 이번 협의 결과는 한국 경제에 대한 경고로 봐야 한다. 그러므로 경제 활성화와 일자리 창출을 위해서는 한국 경제에 경고장을 날린 IMF의 제안을 적극 수용해야 한다.

그래서 눈을 감을 수가 없었다

# 씁쓸한 개도국 지위 포기 선언이
# 유감스러운 사람들이
# 과연 농민들뿐일까

　지난 과거 우리 50대 이상 장년·노년층 중에는 "호롱불 밝혀가며 글을 배웠다", "옥수수, 감자로 끼니를 때웠다", "봇짐을 메고 학교를 다녔다"는 이들이 적지 않다. 그도 그럴 것이 1인당 국민 소득(GNI)이 1,000달러를 넘은 게 1977년, 1만 달러를 돌파한 것이 1995년이다.

　역대 대통령 신년사는 늘 선진국 진입에 대한 희망과 당부로 가득 찬 '주술'로 채워졌다. "온 국민이 한 덩어리가 되어……."(박정희), "조금만 더 노력하면……."(전두환), "기어코 달성해야……."(김영삼), "반드시 실현해야……."(이명박) 등 선진국을 꼭 올라서야 할 절체절명의 국정 목표였던 것이다.

　정부가 지난 25일 세계무역기구(WTO) 협상에서 개발도상국 특혜를 앞으로 주장하지 않기로 했다고 한다. 1995년 WTO 가입 이후 24년 만에 개도국 지위를 포기한 것이다. 이는 한국이 세계 무역 질서에서 명실상부, 선진국 반열에 올랐음을 선포한 것과 다름없다.

　개도국 지위 포기 결정에 미국의 압력이 작용했다고는 하나, 세계에서 7번째로 인구 5,000만 명 이상에 국민 소득 3만 달러가 넘는 국가가 된 우리로선 불가피한 결정으로 이해될 수 있다.

그러나 개도국 지위를 포기하면 잃는 게 너무 많다. WTO 협정 내 개도국 우대 조항은 150여 개에 이른다. 농업 협정이 현실화되면 농산물 관세와 보조금 감축 압력에 직면할 것이다. 513%인 수입쌀 관세는 최대 154%까지 낮춰야 하고, 보조금도 5년간 최대 45%까지 줄여야 한다. 자유무역협정(FTA) 협상 때 개도국 지위를 앞세워 얻어낸 보호 정책들을 걷어내야 할지도 모른다. 그 피해는 고스란히 농업 부담으로 이어진다. 그러나 농민들은 거세게 반발하는 것이다.

문재인 대통령도 올해 신년사에서 '선진국'을 언급했다. "선진국을 따라가는 경제가 아니라 새로운 가치를 창출하고 선도하는 경제, 불평등과 양극화를 키우는 경제가 아니라 성장의 혜택을 온 국민이 함께 누리는 경제라야 발전도 가능하고, 오늘이 행복해질 수 있다"고 했다.

그러나 경제협력개발기구(OECD) 회원국 중 최고 수준인 자살률, 소득 격차. 빈곤율 등이 개선되기는커녕 되레 후퇴하고 있는 현실을 돌아보면 머쓱해진다. 개도국 지위 포기 선언이 유감스러운 사람이 과연 농민들뿐일까도 싶다. 오늘의 최우선 과제는 경제 살리기다. 고용 지표는 다소 좋아졌지만 비정상적인 고용 개선에 그쳐, 기업 규제를 과감하게 걷어내고 경제 정책을 대폭 손질해야 할 때다.

문재인 대통령은 다음 달 10일이면 임기 반환점이 된다. 2년 반을 지나 이제 다시 2년 반이 남았다. 남은 기간 대통령의 최우선 과제는 누가 뭐래도 경제 살리기다. 경제 문제는 먹고사는 일과 직결돼 있다. 장사가 안 돼 자영업자가 문을 닫고, 일자리가 갑자기 없어져 실

그래서 눈을 감을 수가 없었다

업자가 되고, 꼬박꼬박 잘 나오던 보너스가 어느 날부터 끊기는 그런 일들이다.

안타깝지만 경제 상황은 여전히 좋지 않다. 정부는 이런저런 숫자를 근거로 경제가 나아졌다고 안도의 한숨을 내쉰다. 20여년 전 외환위기 때보다 더 어렵다는 심각한 하소연도 들린다.

당연히 문재인 정부의 2년 반 경제 성적표도 기대에 못 미친다. 9월 고용 지표가 다소 좋아지기는 했다. 하지만 우리 경제의 허리인 30~40대와 사업의 축인 제조업 일자리는 여전히 줄었다. 대신 국민 세금을 풀어서 만든 60대 이상의 '알바 일자리'만 크게 늘었다. 비정상적인 고용 개선이다. 임기 시작부터 '일자리 정부'를 표방한 게 무색해졌다.

경제팀은 번번이 말만 앞세워 국민의 신뢰도를 잃었다. 연초에는 연말쯤이면 경기가 좋아질 거라고 했다. 연말이면 다시 내년에는 나아질 거라고 약속했다. 하지만 전망은 빗나갔다. 답답한 노릇이다. 24일 한국은행 발표를 보면 올해 2% 성장은 무너질 가능성이 높아졌다. 내년은 올해보다 더 어렵다고 한다. "우리 경제가 올바른 방향으로 가고 있다"는 미몽에서부터 벗어나야 한다.

다행히 최근 들어 문 대통령이 직접 나서 경제를 챙기고 있다. 경제지표 곳곳에서 이상 징후가 감지돼서다. 10개월 만에 경제관계 장관 회의를 대통령이 직접 주재했다. 민생 현장을 찾아가고 삼성, 현대차 총수도 잇따라 만났다. 북한, 정치 이슈에서 벗어나 경제 문제로 방향을 튼 것으로 보인다.

대통령뿐만 아니라 청와대 정책 실장과 경제 수석도 발을 벗고 뛰어나서야 한다. 다양한 재계 인사를 만나는 것은 기본이다. 민생 현장을 찾아가 서민들의 목소리를 섬세히 들어야 한다. 특히 반대 진영의 요구를 잘 경청해야 한다. 그래야 경제를 살릴 수 있는 실효성 있는 처방이 나온다.

그러므로 불필요한 기업 규제부터 과감하게 걷어내야 한다. 무엇보다 실패가 확인된 경제 정책을 붙잡고 있는 건 무책임한 일이다. 과감한 정책 수정이 필요하다. 이미 2년 반을 허비했다. 지금 정쟁을 접고 경제 살리기 위해 올인 해도 늦은 감이 있다. 그래도 지금이라도 잘못된 건 고치고 가야 한다. 경제를 포기한 정권에 희망은 없다.

세계 경제가 나아지기만을 기다릴 수도 없다. 내년 세계 경제 성장률이 올해보다 더 떨어질 것이라는 비관론이 고개를 들고 있다. 2017년 9월 정점을 찍은 뒤, 내리막을 걷기 시작한 우리 경제는 역대 최장 기간의 경기 하강을 우려해야 하는 실정이다.

인적 쇄신이든 정책 쇄신이든 필요한 모든 조치를 강구해야 한다. 경제 반등의 해법을 민간 경제 활성화에서 찾아야 한다. 산업 구조를 바꾸고 신성장 동력을 찾아내야 한다. 무엇보다 불필요한 규제를 과감히 걷어내야 한다. 노동 개혁 문제도 더 이상 금기로 놔둬서는 안 된다.

그래서 눈을 감을 수가 없었다

# 문재인 정부는 더 공정한 사회를 위해
# 새로운 출발점을 맞이하는
# 경제 정책으로 가야 한다

올해 우리 경제가 당초 예상보다 크게 부진하면서 2%대 성장률 달성이 쉽지 않아 보인다. 1960년대 이후 한국 경제 성장률이 2% 아래로 내려간 적은 오일쇼크와 아시아 외환 위기로 마이너스 성장률을 기록한 1980년과 1998년, 그리고 글로벌 금융 위기 여파로 0%대 성장률을 나타낸 2009년 세 번뿐이었다.

예상대로라면 올해는 과거 위기 때와 비견될 큰 사건 없이 성장률이 낮았던 해로 기록될 것이다. 물론 올해 경제가 이처럼 초라한 성적을 낸 원인을 들라면 과거와 같은 위기까지는 아니더라도 크게 확대된 대외 불확실성을 우선적으로 꼽을 수 있다.

수출의존형인 한국 경제의 특성상 미·중 무역 분쟁 등에 따른 글로벌 교역의 위축 영향을 다른 나라보다 더 크게 받았기 때문이다. 여기에 경제의 기초 체력 약화, 경제 주체들의 심리 위축 등 국내 요인도 가세했다.

그렇다면 내년 경제는 어떨까? 결론부터 말한다면 내년에도 우리 경제의 빠른 회복세를 기대하기는 어려울 것으로 보인다. 무엇보다

올 한 해 세계 경제를 위축시켰던 불확실성이 완화될 기미를 보이지 않고 있다. 미국과 중국의 갈등은 이미 교역 문제에서 나아가 체제 문제로까지 번지고 있어 향후 세계 질서의 주도권을 놓고 더욱 확대될 가능성이 있다.

두 경제 대국의 갈등이 지속되면 원자재와 부품 공급, 생산과 판매망 등이 국경을 넘어 복잡하게 얽혀 있는 글로벌 밸류 체인에도 변화가 나타날 것이다. 글로벌 밸류 체인에 밀접히 연계돼 있는 우리 경제는 단기적으로 충격을 받을 수밖에 없다.

교역 갈등의 당사자인 중국과 미국이 우리 경제의 최대 수출국인데다 국가 안보 이슈와도 직결돼 있다는 점은 우리 경제의 불확실성을 증폭시키는 요인이다. 브렉시트, 중동의 지정학적 위험 등을 둘러싼 불확실성은 여전히 진행 중이다. 성장 잠재력 약화, 사회적 갈등 확대 등 우리 내부 요인도 우려된다.

일본의 '잃어버린 20년'의 경험에서 보듯 한번 저성장 궤도에 들어서면 헤쳐 나오기 쉽지 않다. 더구나 우리 경제의 체력은 일본처럼 오랫동안 버텨낼 수 있을 만큼 튼튼하지도 못하다. 통화 정책과 재정 정책을 활용해 경기 부진에 적극 대응해 나가야 한다.

재정은 일시적으로 성장률을 올리는 데 급급하기보다는 경제 체질을 강화하고 성장 잠재력을 높일 수 있는 부분에 더 투입돼야 한다. 미래에 대한 소명 의식을 가진 정부라면 정치적·사회적 타협이 필요한 과제에 대해서는 합의점 도출을 위해 궂은일을 하는 데 두려움이 없어야 한다. 그래야만 올해가 사상 최초로 1%대 성장을 기록한 해가 될지언정 1%대 성장 시대를 연 해로 기억되는 것을 피할 수 있을 것

그래서 눈을 감을 수가 없었다

이다.

국정 농단이라는 어두운 역사를 청산하고 공정과 반부패 개혁을 내세운 현 정부가 출범한 지도 2년 반이 흘렀다. 그러므로 더 공정한 사회를 향한 새로운 경제의 도전을 맞이하는 반환점의 정치로 가야 된다는 걸 명심해야 된다.

반환점은 단순히 목표의 절반이 아니라 마지막 목표를 향한 새로운 출발점이 되어야 함이 마땅하다. 이는 지난날들의 성과를 돌이켜 보고 반성하는 데 그치는 것이 아니라, 목표를 향한 방향은 정확하게 설정되었는지, 어떻게 하면 지난 절반의 시간보다 잘 해낼 수 있을지를 고민해야 할 시점이라는 의미일 것이다.

정부는 출범 초기부터 기회의 평등, 과정의 공정, 결과의 정의로움 등 공정과 반부패의 가치를 강조했으며, 최근 개최된 공정 사회를 향한 반부패정책협의회에서는 '반부패 개혁과 공정 사회로 가야 됨'을 직시해야 한다.

오늘에 이르러 정치 개혁으로 갈 길은 멀다. 사회 전반의 공정성 개선을 통한 특권과 반칙 없는 공정 사회 실현에 대한 국민의 열망과 눈높이는 높아지고 있다.

최근 여론 조사에 따르면 응답자 10명 중 8명이 노력으로 극복할 수 없는 특권과 반칙이 여전히 존재한다고 대답했고, 과반의 사람이 대기업·중소기업 관계, 법 집행, 취업 등 여러 분야에서 공정하지 않다는 인식을 가지고 있음을 알 수 있다.

정부는 '더 투명한 사회, 더 공정한 사회' 실현에 대한 국민의 열망과 눈높이에 부응하기 위해 기존 반부패정책협의회를 '공정 사회 반부패정책협의회'로 확대 개편해 부패 방지 대책과 함께 민생 경제 분야의 공정성 향상 대책까지 심도 있게 마련해 줘야 한다.

정부가 처음부터 강하게 강조했던 반부패·공정 정책의 방향성과 기조를 끝까지 유지하며, 그 안에서 변화하는 국민의 기대와 요구를 반영하는 경제 정책을 펼칠 때 비로소 공정의 가치가 우리 사회 전반에 뿌리를 내릴 수 있다.

문재인 정부는 반환점이 아닌 새로운 출발점을 맞아 다시 한번 더 공정한 사회로 향하는 경제 정책으로 가야 한다.

그래서 눈을 감을 수가 없었다

# 임금체계 개편의 노동 개혁을
# 지금이라도 서둘러 시작해
# 성과를 내야 한다

2019년의 한 해가 또 저물어 가고 있는 12월 2일이다. 이런 가운데 올 3분기에는 소득 불평등 지표가 개선됐다지만 문재인 정부 이전과 비교하면 오히려 악화되었다. 정책의 또 다른 축인 '노동 존중'이 '노조 존중'으로 편향되면서 일자리 정부의 성과 부진을 초래했고, 비정규직 95%는 중소기업 소속이다. 노조가 아닌 전체 근로자를 위한 임금 체계 개편 등 노동 개혁을 이제라도 서둘러 성과를 내야 한다.

통계청이 3개월마다 발표하는 가계 동향 조사 결과는 문재인 정부의 소득 주도 성장(소주성) 정책의 효과를 판단하는 준거가 되어왔다. 지난해에는 1분기 조사 결과를 가지고 실직자와 자영업자를 뺀 근로자 가구만을 대상으로 한 자체분석에 근거하여 "최저 임금의 긍정적 효과가 90%"라고 청와대가 주장하여 논란을 자초하더니 통계청장이 경질까지 되었다.

올해 3분기 가계 동향 조사 결과가 발표되자 정부가 "소득 주도 성장의 긍정적인 효과가 분명히 나타나고 있는 것"이라고 주장하면서 역시 많은 논란이 되고 있다.

가장 소득이 낮은 1분기 가구 월평균 소득이 작년 동기 대비 4.3% 늘어나고 소득 불평등 지표인 '5분위 배율'이 약간 줄어들어 소득 불평등이 조금 개선된 것은 사실이나, 면밀히 살펴보면 소주성의 효과가 나타나고 있다고 보기는 어렵다.

문재인 정부가 출범한 2017년 3분기와 비교하면 1분기 소득은 3% 줄었고, 5분위 배율도 올해가 높아 정부 출범 이후 전체 기간으로 보면 소득의 불평등도 높아졌기 때문이다. 1분위의 경우 전체 소득이 증가하였으나 줄어든 근로 소득을 공적연금 등 이전 소득이 보존하여 주었기 때문이다.

특히 1분위 근로 소득의 일정 부분은 노인 일자리 사업 등 사실상 이전 소득이라고 볼 수 있는 근로 소득으로 만들어진 것이니 1분위 소득이 늘어나서 소주성의 효과가 나타나고 있다고 내세울 수는 없어 보인다.

일자리 정부를 지향하였으니 일자리로 만들어진 소득 격차 축소를 업적으로 내세우는 것이 맞다. 최저 임금의 급격한 인상, 주52시간제 도입으로 촉발된 자영업자의 몰락은 3분기 가계 동향 조사에서도 확인된다. 전체 가구의 가계 소득은 작년 4분기 이후 계속 줄어들고 있는데, 올해 3분기는 2003년 통계 작성 이후 가장 큰 폭인 4.9% 줄어들었다.

자영업자의 고용 구조 변경에서도 자영업자의 비명은 들린다. 올 8월 고용원 있는 자영업자가 전년과 비교하여 11만 6,000명 줄었는데, 20년 전 IMF 위기 이후 가장 큰 감소폭이다. 경직된 노동 시장에서 일찍이 퇴출된 40대, 50대들의 입지가 그만큼 좁아지고 있는 것이다.

그래서 눈을 감을 수가 없었다

일자리 정부의 일자리 성적은 '고용 참사'에 가깝다. 지난달 취업자 수가 지난해 10월보다 40만 명 이상 늘어났으며 고용률은 상승하고 실업률은 하락하여 고용 지표가 개선된 듯하나 실상은 그렇지 않다.

새로 늘어난 일자리의 거의 전부가 60대 이상 일자리인데, 상당수 가 세금으로 만들어진 아르바이트성 노인 일자리다. 주36시간 미만 으로 일하는 취업자는 감소하였다. 특히 주 17시간 미만의 초단기 근 로자가 34만 명 정도 늘었다.

경제의 허리인 30대, 40대 취업자가 각각 5만 명, 14만 6,000명 줄 어들어 30대, 40대 일자리가 지속적으로 줄고 있다. 제조업 취업자도 8만 명 이상 줄어들어 지난해 4월 이후 19개월 연속으로 줄고 있다.

2008년, 2013년, 2017년, 2019년 각 연도 3월을 기준으로 이명박 정부, 박근혜 정부, 문재인 정부의 연평균 일자리 창출은 각각 24만 9,000명, 42만 7,000명, 18만 1,000명이다.

대외 여건이 좋은 상황에서 출발한 정부가 글로벌 금융 위기를 겪 었던 이명박 정부, 메르스, 세월호, 국정농단 등으로 국정 운영이 어 려웠던 박근혜 정부에 비해 일자리 창출 성적이 시원치 않은 것은 소 주성으로 대표되는 정책 실패의 탓으로 볼 수밖에 없다. 인구 고령화 는 예측 가능한 변수인데, 고령화를 고용 참사의 변으로 삼는 것은 구차하다.

양질의 일자리를 많이 만들고, 비정규직 제로 시대를 열고자 하였 던 일자리 정부의 성과 부진은 정부의 다른 정책 축인 노동 존중이 노조 존중으로 편향됨으로써 일찍이 예견된 바이다.

우리나라 노동 시장은 대기업·공공 부문과 중소기업, 정규직과 비정규직으로 단절되어 있다. 대기업·공공 부문의 정규직이 고용이 안정되고 처우도 좋다. 대기업·공공 부문의 비정규직 처우가 중소기업 정규직보다 좋다.

전체 근로자의 10%인(주로 대기업 및 공공부문에 종사하는) 노조원, 노조만을 존중하는 정책으로 연봉 6,000만 원이 넘는 대기업 고졸 신입 직원이 최저 임금의 적용 대상이 되는 불합리한 시장 구조가 더욱 악화되었고, 자영업자 및 중소기업의 숨통을 트여 줄 업종별 최저 임금 차등화도 실현되지 못하였다.

공공 부문 비정규직 제로 정책에도 불구하고 민간으로 확산되지 못하고 우리나라 전체 비정규직 숫자가 오히려 늘어났고 결과적으로 그래도 사정이 나은 공공 부문의 비정규직만 고용이 안정되고 처우가 약간 개선됐을 뿐이다.

우리나라 비정규직의 95%는 중소기업 종사자다. 노조가 아닌 전체 근로자를 존중하는 정책으로 선회하고 임금 체계 개편 등 노동 개혁을 지금이라도 시작해 성과를 내야 한다.

그렇게 해야만 문재인 정부는 좋은 일자리가 많이 만들어지는 노동 시장의 기반을 구축하였다는 평가를 받을 수 있을 것이다.

그래서 눈을 감을 수가 없었다

# 세계 경제의 불안과 불확실성을
# 어떻게 극복해 나갈 건지,
# 정부는 일찍이 서둘러야 한다

매년 이맘때가 되면 한 해 동안 잘한 일과 잘못한 일들을 꼽아본다. 새해엔 누가 알아주지 않아도 내가 알기에 소중한 기쁨들이 내게도, 온 국민 여러분들에게도 가득했으면 좋겠다.

2020년 세계 경제의 불안과 불확실성을 어떻게 극복해 나갈 것인가. 정부는 경제 정책의 방향을 일찍이 정하여 극복 대책 마련을 서둘러야 한다.

경제 회복의 실마리를 찾기 위해서 정부는 정책 결정의 패러다임을 반드시 개혁해야 한다. '어명'처럼 집행돼 부작용을 낳은 만큼 개방 토론과 전문적 분석이 이뤄져야 할 것이다. 새로운 10년이 시작되는 2020년, 국민들은 세계적인 경제 침체 상태를 벗어나기를 문재인 정부에 바란다.

새해 나라 경제를 어떻게 운용할지를 담은 계획표가 '경제 정책 방향'이다. 정부는 지난 19일 내년 경제 정책 방향을 발표하면서 '경기 반등 및 성장 잠재력 제고'를 정책 목표로 내걸었다. L자형 장기 침체 가능성까지 제기되는 심각한 경기 악화의 급한 불을 끄면서, 구조 개혁을 통해 장기 성장 동력의 문제가 아니라 구조적 성장 동력 하강에 까지 이른 현 경제 상황의 심각성을 '공식적으로' 인정하는 듯해 다행스럽다.

하지만 긍정적인 부분은 딱 거기까지다. 경기 부양 부분은 알맹이 없이 장밋빛 일색이고, 구조 개혁은 구호에만 그치고 있다. 경기 활성화를 위한 핵심 프로젝트는 민간·민자·공공 '3대 분야 총 100조 원' 투자다. 정부는 이 중 기업들의 대규모 투자 프로젝트에만 25조 원을 채우겠다고 했다. 기업 투자가 워낙 줄어드니 이렇게라도 해야 했을 것이다.

이해되지 않는 건 아니다. 하지만 정부가 시키고 권유한다고 기업들이 안 하던 투자를 할 것이라고 믿는다면 현실을 모르는 것이다. 지난 2년간 팔을 비틀어서 받았던 투자 계획이 실제로 집행됐다면 경기가 이렇게 가라앉지는 않았을 것이다. 과거와 똑같은 '계획을 위한 계획'의 재현이다.

투자 환경이 좋고 사업 기회가 생기면 정부가 말려도 투자하는 게 기업이다. 그러한 투자 환경을 만들어 주는 데 경제 정책의 초점이 맞춰져야 한다. 이는 경기 부양을 위해서든, 장기 성장 동력의 침체를 막기 위해서든 속도감 있는 구조 개혁이 시급하다는 얘기다.

이런 우리의 구조 개혁은 미국과 중국의 무역 분쟁이 1단계 합의에 이르렀지만, 지식 재산권과 정보 기술(IT), 금융 등 핵심이 빠져 불확실성은 사라지지 않고 있다. 재선에 도전하는 트럼프가 '미국 우선' 정책을 쉽게 양보할 리 없고 중국의 시진핑도 만만하게 굴복할 리 없으니 새해에도 양국 관계는 몇 차례 고비를 맞게 될 것 같다. 게다가

그래서 눈을 감을 수가 없었다

영국은 보수당의 압승으로 새해 벽두부터 브렉시트를 강행할 태세라서 유럽 연합(EU)의 파열음이 세계 경제에 미치는 파장도 만만치 않을 것이다.

최근 국제 정세의 중요한 키워드는 다자간 자유 무역 질서의 퇴조다. 자국의 이익보다 세계 공영(共榮)을 외치는 경제 대국은 더는 찾아보기 어렵다. 당장 미국이 세계무역기구(WTO) 항소 기각의 위원 임명을 거부하고 있어, 이제 무역 분쟁의 조정 기능도 제대로 작동하지 못할 것 같다. 경제 회복이 늦어질수록 강대국의 보호 무역은 더 확산되고 이것이 다시 침체를 심화시키는 악순환이 시작될 것이다. 보호 무역은 1930년대 초 세계 대공황을 불러온 주범의 하나였다.

이 와중에 한국은 이웃과의 관계도 원만하지 않다. 과거 자유 무역을 바탕으로 기적 같은 수출 주도 성장을 이룩했지만, 사드 배치와 지소미아 등 현안으로 역내 최대 무역국인 중국 및 일본과의 교역은 부진하다. 국내에서는 생산성 저하와 고임금, 노동 시장의 경직 등으로 외국인 투자가 나날이 줄고 오히려 해외로의 자본 탈출이 가속화되고 있다.

실제 한국은 원재료에서 부품과 완제품 생산에 이르는 글로벌 공급 체인망에서 벗어난 지 오래다. 미중 갈등으로 다국적 기업들이 중국에서 동남아로, 심지어 미국으로 리쇼어링(해외로 나간 기업의 본국 회귀) 하는 글로벌 공급 체인의 재편 과정에서도 한국을 찾는 기업을 찾아보기 어렵다.

한국 경제는 새해에 불확실한 통상 여건과 글로벌 경제의 불안을 극복하고 경기 회복의 실마리를 찾아야 한다. 하반기에 접어든 문재인 정부의 국정 목표인 사람 중심의 공정한 분배와 혁신 성장도 달성해야 한다. 고용 창출과 집값 안정 등 당장의 현안도 많다. 그러나 혁신 성장은 고사하고 날로 심화되는 경기 침체와 고용 부진은 물론이고 분배 개선도 요원한 상황에서 경제 활성화의 출구를 찾는 과제가 만만치 않을 것 같다.

그럼에도 반드시 개혁해야 할 절실한 현안이 있다. 바로 정책 결정의 기본적인 과정을 정립하는 것이다. 정부 정책은 그동안 국정 철학과는 달리 사람 중심의 민주성이나 개방적 토론과 학문적 전문성이 배제된 채 대부분 권위적으로 결정됐다. 탈(脫) 원전에서부터 최저임금의 대폭 인상, 비정규직 철폐, 분양가 상한제, 입시 제도의 급조 등 어느 것 하나 제대로 전문가 집단의 의견 수렴 과정을 거친 적이 없다.

갑자기 어명(御命)처럼 발표된 정책을 권위적으로 집행하니, 결국 전문가의 예견처럼 정책 목표와는 상반된 부작용을 불러왔다. 수많은 과학적 연구와 실증적 자료로 검증된 학문적 결과가 21세기 한국에서만 빗나갈 리는 없지 않은가.

정부의 이전 소득으로 겨우 2%에 턱걸이하고 있는 소득 주도 성장도 불안하기 그지없다. 정부는 혁신을 진작시킬 제도 개혁에 심혈을 기울이고, 재정 지출은 시혜적인 분배보다 생산 기반의 확충에 집중해야 기업의 투자가 활성화된다. 민간 부문 대신 정부가 주도해 지속적인 성장을 구가한 나라는 역사상 어디서도 찾아볼 수 없다.

민간 부문을 도외시하는 중앙 집권적인 사회주의 실험은 오래전 역사에서 막을 내렸다. 분배와 형평의 가치는 소중하지만, 섣부른 이념

그래서 눈을 감을 수가 없었다

에 심취되어 실패가 자명한 정책을 더 이상 무모하게 실험해서는 안된다. 경제는 자유로운 시장과 민간의 경쟁이 활성화되어야만, 성장과 분배는 물론이고 어떤 환경에서도 생존할 수 있는 경쟁력이 길러진다.

경제 정책은 정부가 집행하지만 그 결과는 시장의 반응에 따라 결정된다. 경제학은 사람들의 합리적 행동을 과학적으로 분석하는 학문이다. 교과서와 상반된 경제 정책은 엄청난 사회적 부작용을 불러온다.

획일적인 최저 임금의 대폭 인상이 취약 계층의 대량 실업을 유발하고 분양가 상한제는 공급 부족을 불러 집값을 폭등시킨다는 경제 논리가 그대로 현실에 나타나고 있지 않은가. 더 늦기 전에 모든 정책이 개방적인 토론과 과학적인 분석을 거쳐 정제될 수 있도록 정책 결정의 패러다임을 획기적으로 개선해야 한다.

# 코로나19로 인해
# 눈물 마를 날 없는 소상인들의
# 피눈물 해소 대책 서둘러라

힘겨웠던 2020년 한 해가 힘들게 저물어간다. 코로나19 감염병이란 자연재해 앞에서 인간의 존엄, 자존, 공존이 한계 상황에 내몰린 통한의 한 해였다. 이에 따라 한 해의 마무리를 더 잘해야 할 시간이 다시 찾아왔다.

그러므로 정부 여당은 코로나19로 인해 눈물 마를 날 없는 중소기업과 소상공인들의 피눈물을 닦아 줄 수 있는 경제 쾌유 정책을 2021년 새해에는 어서 빨리 마련해야 한다.

예년같이 연말에 느낄 수 있는 송구(送舊)의 흥청거림이나 영신(迎新)의 설렘은 크지 않은 것 같다. 코로나 사태의 재부상으로 확진자가 매월 1,000명 이상 넘게 나오는 불안한 상황이고 사회적 거리 두기로 모임 자체가 어려워진 탓도 있겠지만, 굳이 코로나가 아니더라도 올 한 해 사람들은 별로 행복하지 않았다.

올 한 해를 뒤돌아보면 허전하고 쓸쓸한 마음을 금할 수 없다. 우리 사회는 한 해 무엇을 했을까. 1년 내내 세상은 두 쪽으로 쪼개졌고 갈등과 대립은 일상적인 것이 되었다.

그래서 눈을 감을 수가 없었다

대통령과 집권당은 오만과 독선의 정치를 펼쳤고, 야당은 무기력하고 무능했다. 어디서도 희망과 기쁨을 찾을 수 없는 상황이다. 연말이 연말 같지 않은 건 바로 이런 연유 때문일 것이다. 그럼에도 연말이 특별한 이유는 내년에는 좀 달라질 수 있을까 하는 미래에 대한 기대감 때문이다.

　피곤한 국민들은 K방역·부동산 정책 실패, 대북 정책·검찰 개혁 명분을 잃으면서 정부를 불신하고 있다. 취업자는 줄고 청년 실업은 늘었으며 여당은 제 마음대로 각종 법안 처리를 강행한다. 지난 3년 반 동안 우리 국민들은 권력의 집중은 안 된다는 걸 새삼 깨닫게 됐다.

　내년은 정치적으로 금년과는 전혀 다른 환경에 놓일 것 같다. 우선 4월 초에는 서울시장·부산시장 보궐 선거가 예정돼 있다. 정치적으로 매우 중요한 선거니 여야 모두 연초부터 총력전을 펼치게 될 것이다.

　그 선거가 끝나면 곧바로 2022년 3월 9일로 예정돼 있는 대선을 향해 각 정당의 당내 경선, 그리고 본선 경쟁이 이루어지게 될 것이다. 그런 만큼 문재인 대통령에 대한 관심과 기대는 줄어들 것이고, 현 정부가 거대한 프로젝트를 새로이 추진하거나 매우 논쟁적인 사안을 밀어붙이기에도 걸림돌이 될 것이다.

　남들과 다르다고 할지는 모르지만, 문 대통령 역시 역대 대통령들이 경험해 온 임기 후반의 지지율 하락과 레임덕 상황을 피하기 어렵다. 내년의 이러한 정치적 변화 가능성을 생각하면서 그동안의 문재인 정부를 되돌아봤다. 민주화 이후 가장 강력한 권력을 장악한 문재인 정부는 지난 3년 반 동안 그 막강한 힘으로 무엇을 이뤄냈을까 싶다.

코로나19의 장기화로 소상공인 자영업자들이 벼랑 끝으로 내몰리고 있다는 걸 현 정부는 잘 알고 있을 것이다. 1997년 외환 위기 당시 수많은 회사원들이 기업 구조 조정에 따른 해고로 눈물을 흘려야 했다면 이번 코로나 위기의 직격탄은 소매 매출을 위주로 하는 자영업자를 향했다.

정부가 전국 5인 이상 집합 금지 명령 등 강력한 거리 두기 조치를 실행하고 있지만 1,000명대를 넘나드는 코로나 확진세가 잡힐지는 미지수다. 매출이 이전 수준으로 회복되기까지 얼마나 많은 시일이 걸릴지는 더더욱 알 수 없다.

요즘은 국내에서 첫손가락으로 꼽히는 상권인 홍대 골목에서도 하루에 커피 한 잔 팔기도 힘들다고 호소하는 가게들이 많다. 예년 같으면 크리스마스와 연말을 맞아 거리로 쏟아져 나온 인파로 상권 전체가 흥청거렸을 것이다.

우리나라의 전체 취업률 대비 자영업 종사자 비율은 24.6%로 미국에 비해 4배, 일본에 비해 2.5배나 높다. '제 살 깎기'식 과잉 경쟁이 일상화된 상황인데. 문재인 정부가 이른바 소득 주도 성장이란 이름으로 최저 임금을 급격히 인상하고 주 52시간 근무제를 강행하면서 자영업은 이미 벼랑 끝까지 힘든 상황이었다. 여기에 코로나 한파가 또다시 덮친 것이다.

현재 자영업자들을 위한 단기 대책은 이미 많이 나와 있다. 임대료 지원에서부터 소상공인 긴급 대출, 이자 삭감 및 상환 기간 연장 등 다양하다. 당장 위기를 넘길 수 있는 이런 응급 처방도 필요하지만, 자영업의 위기를 근본적으로 해소할 수 있는 대책에 대해서도 마냥

손 놓고 있어서는 안 된다.

　무엇보다 '잠재적 자영업 예비군'을 기업이 흡수 유지하도록 해 만성적인 과잉 경쟁 구조를 완화해야 한다. 기업들도 고용을 확대하기 위한 노력을 해야 하지만, 정부와 여당이 과도한 규제를 풀고 노동 시장의 경직성을 개선해 기업들이 투자와 일자리 창출을 할 수 있는 환경을 만들어주는 것이 더 중요하다. 그렇지 않으면 코로나 위기가 끝나더라도 자영업자들의 피눈물은 마르지 않을 것이라는 걸 민주당과 정부는 알고 서둘러야 한다.

# 정권(政權)은
# 민심(民心)을 잃으면
# 모든 걸 다 잃는다

어느덧 신축년(辛丑年) 새해가 밝아 벌써 4일이다. 이맘때가 되면 기업 조직이든 정치권이든 누구나 새로운 마음가짐으로 새해 새 설계를 하게도 된다. 지난해 나쁜 모습들을 모두 털어내고 새로움과 함께 긍정적인 모습으로 탈바꿈에 대한 설계를 한다.

새해는 '노 딜(no deal)의 정치'도 끝냈으면 좋겠다. 21대 국회 출범 이후 쟁점을 놓고 여야가 뭐 하나 변변하게 합의하고 변한 게 없다. 새해에는 제발 원내 대표들과 원내 지도부가 한발씩 양보해 반드시 민심의 결과물을 내놓는 '절충의 정치'를 보여 주길 국민들은 절박한 심정으로 바란다.

여야 정치가 국정 기조를 바꾸지 않으면 서로가 스윙보터인 중도의 지지를 잃을 것이란 걸 바로 알아야 한다. 정권(政權)은 민심(民心)을 잃으면 모든 걸 다 잃는다. 민심을 이긴 정권은 어느 곳에서도 없다는 말을 여야 정치권에 당부하고 싶다.

이번 새해에는 특히 여야 국회 정치인들에게 해 주고 싶은 말이다. 지난해의 집값 악몽, 기업 고용 참사, 자영업자들의 생업에서 지옥이

그래서 눈을 감을 수가 없었다

끝나는 새로운 시대가 되기를 온 국민들은 열망하고 있다는 걸 여야 정치인들이 각인하도록 전해 주고 싶은 말들이다.

지난해는 코로나 충격 등이 겹쳐 민생 경제가 전반적으로 힘들었지만 특히 부동산 문제는 악몽과도 같았던 한 해였다. 전국 집값이 8.4% 올라 14년 만에 가장 높은 상승률을 기록했고 서울의 아파트 가격은 13.1%나 치솟았다.

문재인 정부 출범 이후 총 24차례, 작년 한 해만도 7차례나 부동산 대책을 쏟아내 전국 시·군·구의 절반을 '규제 지역'으로 묶어 놓고도 집값 상승세를 전국 방방곡곡으로 확대시켰다. 여기에다 반시장적 임대차 3법을 강행하면서 전셋값까지 들쑤셔 놨다.

정부 말을 믿고 기다리던 무주택자는 집값 급등의 최대 피해자가 되어 죄 없는 1주택까지 보유세 폭탄을 얻어맞고 건보료 등을 더 뜯기는 처지가 됐다. 온 국민을 부동산 우울증에 걸리게 했던 2020년 한 해였다.

청년들의 일자리 사정은 IMF 외환 위기 때만큼 악화됐다. 질 좋은 일자리가 사라진 반면 세금 퍼부어 만든 가짜 일자리만 대량으로 생겨났다는 노동자들의 힘겨운 목소리가 들린다. 특히 저소득층이 주로 취업하는 음식·숙박업 일자리가 1년 새 32만 개 사라지고, 임시직 일자리가 16만 개가 주는 등 서민들의 일자리 타격이 컸다.

그 결과 최하위 20%의 근로 소득은 1년 새 10% 감소했고, 일해서 버는 소득보다 정부에서 받는 보조금 수입이 더 많은 국가 의존 계층으로 전락했다. 경제 성장의 주역인 기업은 더 강화된 규제에 신음했다. 전 세계에서 가장 강력하게 경영권을 제약하는 상법 개정안, 준수해야 할 안전 기준만 413개에 달하는 화학물질 규제법을 강행하고 기업 의욕을 꺾었다.

이도 모자라 산업 재해 사망자가 발생하면 고의·과실이 없어도 경영자와 대주주까지 감옥에 들어가야 하는 중대재해기업처벌법까지 추진하고 나섰다. 경제 단체장들이 "다른 나라 기업들과 동등하게만 경쟁하게 해 달라"고 호소할 지경이었다.

특히 2020년은 코로나19로 자영업자와 소상공인들이 경제면에서 지옥문을 드나드는 경험했던 고통의 한 해였다. 2019년 85만 명의 자영업자가 문을 닫아 통계 작성 후 최대를 기록한 데 이어 20년에는 폐업 건수가 100만 건에 도달했을 것으로 추정됐다는 여론의 추세다

또한 중소기업, 소상인들은 현 정부에서 경제 약자들을 보호하겠다며 최저 임금을 무리하게 올린 결과 또 다른 약자인 자영업자들을 벼랑 끝으로 몰아넣었다는 목소리도 들린다.

오늘에 와서 여당 민주당이 정권의 안위와 홍보에만 총력을 쏟고, 국민이 먹고사는 문제를 해결해 줄 능력도 없는 정권의 모습에 국민들은 독선 정치에서 넌더리를 내기 시작했다는 뜻이다. 그래서 불과 8개월 전 전폭적인 지지를 보내줬던 집권 세력에 대한 옳고 바른 시선들이 싸늘해지고도 있는 것들이다.

새해 4일 아침 문재인 대통령 긍정 지지율 34.1%와 부정 지지율 61.7%의 여론 조사는 지난 4년 동안의 정권에 대한 민심의 평가로 받아들여야 하는 준엄한 경고다.

새해는 문재인 정부가 경제 정책을 마음껏 펴는 사실상 마지막 해가 된다. 지난 4년간의 성과와 실패를 교훈 삼아 이념과 독선을 과감

그래서 눈을 감을 수가 없었다

히 버리고 경제의 파이를 키우고 경제 주체들의 활력을 되살리는 경제 운용에 바쁘게 나서야 한다.

시장에 역행하는 정책으로는 집값 안정이 불가능하고 기업 발목 잡는 나라에서는 양질의 일자리도, 생산적인 부도 창출되지 않는다는 경제 상식을 민주당은 어서 빨리 되새겨야 한다.

국민을 부동산 악몽, 일자리 참사, 민생 지옥에서 해방시켜 주는 2021년의 새해가 되길 바란다는 뜻에 따라 곧 정권(政權)은 민심(民心)을 잃으면 모든 걸 다 잃는다는 걸 여야 정치인들은 바로 알아야 한다.

# 희망동산에 사과나무를 심자

희망만이 유일하게 인생을 사랑하는 것이다.

앙리 프레데릭 아미엘(Henri-Frédéric Amiel, 1821~1881)은 스위스계 프랑스 작가이다.
제네바에서 태어나 제네바대학의 미학·철학 교수였으나 생전에 출판된 시집도 거의 인정받지 못하였다. 현대에 와서야 사후에 햇빛을 본 방대한 『일기(日記)』가 읽히고 있다. 날카로운 지성을 가지고 있으면서도 병적이라 할 만큼 겁쟁이였기에 현실을 앞에 두고도 행동은 할 수 없어 자기 마음을 분석하여 자위한 기록이다.

지금은 사회 통합 위해 좌우 가리지 말고
지혜 모아 화합의 횃불로
기업의 발전에 승화시켜야 할 때다

우리는 요즘 크고 작은 서운함과 용서하기 힘든 마음을 가지고 살아간다. 복수 이야기에 우리가 여전히 열광하는 것도, 그것을 통해서나마 대리 만족하고 싶은 욕망 때문일 것이다.

요즘처럼 혼란스러운 정국에서는 피아의 구분이 수시로 뒤바뀌며 숱한 정적(政敵)들을 낳는다. 원수를 은혜로 갚거나 원수 앞에서 공평무사하기 어렵다면, 적어도 대의를 위한 자리에서만큼은 사적인 원한을 덮어 두고 함께할 수 있어야 할 것이다.

문재인 정부 출범 반년이 벌써 흘렀다. 지금은 사회 통합을 위해 분노와 증오 굿판을 포용으로 변화시키고 좌우 가리지 말고 지혜를 모아 화합의 횃불로 승화시켜야 한다.

문재인 정부가 기업을 좋아하지 않는다는 것은 비밀이 아니다. 감정적으로 미워한다기보다 정책이 반(反)기업적이다. 최저 임금, 비정규직, 근로 시간 단축 등 내놓는 정책마다 그랬다. 기업 허리를 휘게 하는 정책이 줄줄이 쏟아졌다. 급기야 대한상의 부회장이 "중소기업 다 죽게 생겼다"고 하소연할 지경이 됐다.

그래서 눈을 감을 수가 없었다

기업인들을 더 당혹스럽게 하는 것은 정부의 이중성(二重性)이다. 수출이 호전되고 주가가 뛰자 정부는 자기 공인 양 낚아채기 시작했다. 청와대 참모들까지 나서 자화자찬의 목소리들을 높이고 있다. 기업을 흔들어 대면서도 생색날 일엔 무임승차를 주저하지 않는다. 국무총리가 경제부처의 홍보 부족을 질타했다는 얘기도 들린다.

지금 정부는 착각을 보통 하고 있는 것이 아니다. 아무리 살펴도 경제 호전에 이 정부가 기여한 일을 찾기가 힘들다. 문재인 정부는 운이 아주 좋다. 세계 경제가 상승세일 때 바통을 이어받았다. 대기업 덕도 톡톡히 보고 있다. 수출 호조는 반도체 같은 몇몇 대기업 업종 덕이다. 주가 상승 역시 반도체가 절대적이다. 삼성전자를 빼면 주가는 1년 전 수준이다. 수출도 주가도 '삼성전자 착시(錯視)'가 크다.

오늘에 우리가 누리는 반도체 패권은 거저 얻어진 게 아니다. 2000년대 혹독한 반도체 전쟁에서 살아남았기에 가능했다. 삼성과 하이닉스가 경쟁자를 하나둘씩 쓰러트리고 최후의 승자가 됐다. 두 기업의 경영진과 근로자, 협력 업체들이 죽기 살기로 버틴 결과였다. 그 성과를 지금의 한국 경제가 맛보고 있다.

우리는 기업을 평가하는 데 인색하다. 지난해 우리 기업들은 5,000억 달러를 수출했다. 10만 기업이 237국에 9,100가지 품목을 팔았다. 어느 품목, 어느 시장 하나 쉬운 것이 없었다. 수출 호황은 그냥 찾아온 것이 아니다. 기업들이 처절하게 이뤄낸 땀과 눈물의 결실이다.

글로벌 시장은 총탄이 날아다니는 기업 전쟁터다. 중국이 사드 보복 대상으로 찍은 것도 우리 기업이었다. 기업 숨통을 죄여 한국 정부 항복을 얻어 내려 했다. 롯데마트와 현대자동차가 몰매를 맞고 여

행업계가 쑥대밭이 됐다. 그 힘든 시기를 기업인들은 묵묵히 버텨냈다. 어떤 기업도 사드 배치에 항의하지 않았다. 아무 도움도 주지 않은 한국 정부를 탓하지도 않았다. 국가 안보야말로 모든 것에 우선한다고 여겼기 때문일 것이다.

중국이 15개월 만에 보복을 풀자 정부는 외교 승리라고 자평했다. 진짜 공로자들은 기업들이다. 어떤 중국 매체는 '적군 1,000명 죽이는 데 아군 800명이 죽었다'고 썼다. 한국 못지않게 중국의 경제 손실이 컸다는 뜻이다. 기업들이 무너졌다면 중국은 더 큰소리쳤을 것이다. 무지막지한 보복을 버텨낸 기업들이 중국의 계산을 빗나가게 했다. 기업들의 전략적 인내에 우리는 눈물겹도록 고마워해야 했다.

엊그제 방한했던 트럼프 대통령이 한국 경제의 기적을 격찬했다. 그 기적을 만든 것 또한 기업이었다. 수많은 '정주영'과 '이병철'이 배를 짓고 TV를 팔아 최빈국의 한계를 돌파했다. 온 국민이 뿜어낸 국가적 에너지가 기업을 통해 세계로 뻗어갔다.

한국 하면 세계인은 삼성 스마트폰과 현대 쏘나타부터 연상한다. JYP나 YG의 한류 스타를 떠올리기도 한다. 문 대통령이 동남아 순방 때 환대받은 것도 한국 기업의 힘이 컸다. 기업은 대한민국이 가진 최고의 국가 자산이다.

제대로 된 모든 나라가 기업을 존중하고 소중히 대한다. 중국 공산당마저 당 지침에 '기업가 정신'을 명시했다. 그 예외가 우리다. 언제부턴가 '친(親)기업'을 말하면 구시대 '적폐' 취급당하는 분위기가 됐다. 공정거래위원장이 "재벌을 혼내 줬다"하고, 국정기획위원장이 대기업을 "기득권"으로 몰아붙인다. 정책은 일방적인 노동 편향으로 치

그래서 눈을 감을 수가 없었다

닫고 있다. 기업 경쟁력을 키울 규제 철폐며 노동 개혁은 뒷전에 밀려나 있다. 그렇게 기업 목줄을 죄면서 경제가 살아나는 기적을 바라고 있다. 그러므로 신정부는 사회 통합 위해 좌우 가리지 말고 여야 정치 국회와 함께 지혜 모아 화합의 횃불로 승화시켜 기업 발전을 지원해 나가야 한다. 지금 이 순간에도 나라 밖에선 우리 기업들이 힘겨운 싸움을 벌이고 있다. 정부의 따뜻한 기업 지원이 이뤄질 때 대한민국의 기업은 최고의 국가 자산이 될 것이다.

# 2018년 힘차고 부지런한 '황금 개띠 해'를 맞아
# 희망의 삶의 질 높이는 건
# 우리 국민 모두의 몫이다

2017년을 보내고 2018년 새해도 하루가 지나 벌써 오늘이 1월 2일이다. 2017년 정유년(丁酉年) '붉은 닭의 해'가 갔다. 지난해의 힘겹고 고단함을 뛰어넘었다. 우리 국민 모두가 헌법의 무게를 온몸으로 크게 느꼈던 한 해였다.

'최순실 국정 농단'으로 대통령 파면이라는 나라 헌법의 조문이 살아 움직이는 현실이 됐다. "이게 나라냐"는 국민의 분노가 촛불로 훨훨 타올랐고 결국 지난 3월 10일 헌법재판소는 재판관 전원 8명 일치 의견으로 박근혜 대통령의 파면을 결정했다. 임기를 351일 남겨둔 현직 대통령을 파면한 것이다. 최순실의 사익과 국정 개입을 은폐하기 위해 대통령 권한이 어떻게 남용됐고 법치주의가 얼마나 훼손됐는지 국민은 기막힌 심정으로 지켜봐야만 했다.

박 전 대통령은 3월 말 뇌물 수수 및 직권 남용 등의 혐의로 구속 수감됐다. 혐의를 부인하며 재판에 임하더니 급기야 요즘에는 재판도 거부하며 구치소에서 칩거 중이다. 한때 일국의 대통령이었던 정치 지도자가 법정에서 진실을 가리지도 않겠다고 하는 '법치 외면'을 지

그래서 눈을 감을 수가 없었다

켜보면서 우리 국민은 할 말을 잃는다.

탄핵은 사상 초유의 '장미 대선'으로 이어졌다. 5월 9일 대선에서 더불어민주당 후보인 문재인 대통령이 19대 대통령에 당선됐다. 문 대통령은 2017년 5월 10일 취임식에서 "국민 모두의 대통령이 되겠다"고 선언했다. 분열과 갈등의 정치를 바꾸는 협치와 소통, 탕평 인사도 약속도 했다.

그런데 적폐 청산이 핵심 국정 과제로 부상하면서 과거 보수 정권을 겨냥한 검찰 수사가 대대적으로 벌어졌다. 국정원과 국세청·법무부·통일부·외교부·교육부 등 각 부처에서도 보수 정권의 정책에 현미경을 들이대고 파고들었다. 잘못된 것이 있다면 마땅히 바로잡고 반면교사(反面教師)로 삼아야겠지만 독선과 정의감이 지나치면 '문화 혁명'식, '내로남불(내가 하면 로맨스, 남이 하면 불륜)'식의 소모적인 진영 논리로 원한만 남길 뿐이다.

새 정부의 적폐 청산을 야당이 정치 보복으로 규정하고 반발하는 마당에 대통령이 공헌한 협치가 제대로 될 턱이 없다. 탕평 인사에 대한 기대는 사라지고 '캠코더(캠프 출신-코드인사-더불어민주당)' 인사라는 신조어만 남았다.

일자리 정부를 표방하는 문재인 정부는 소득 주도 성장이라는 이름으로 포용적 분배 정책을 펴고 있다. 격차를 해소하고 국민의 삶과 질을 높이기 위해서라지만 성패를 예상하기 힘든 실험적인 정책이 쏟아졌다. 최저 임금의 급격한 인상이나 근로 시간 단축, 비정규직의 정규직화, 공무원 증원 등이 대표적이다. 탈 원전 정책도 논란의 중심에 서 있다. 선거로 선택받은 정권이 자기 철학에 맞는 경제 정책을 펴는 것은 이해할 수 있다. 하지만 정책 비용을 고려하지 않고 아름다운 이상만 좇다가는 게도 구럭도 다 잃을 수 있다.

5년, 10년 뒤에도 살아남을 수 있도록 정책을 정교하게 정리해야 한다. 주거·의료·교육 등 핵심 생계비를 줄여 국민의 삶의 질을 높이겠다는 정책도 포퓰리즘으로 흐르지 않도록 경계해야 한다. 국민이 체감하는 정책과 포퓰리즘 사이의 거리는 사실 그리 멀지 않다. 베네수엘라의 사례에서 알 수 있듯이 포퓰리즘 정책이야말로 단기적으로 국민 체감도가 가장 높은 정책이기 때문이다.

문재인 정부는 안전과 생명을 지키는 국정 전략으로 내세웠지만 '세월호의 비극'은 아직도 현재 진행형이다. 29명이 사망한 제천스포츠센터 화재를 비롯해 포항 지진, 낚싯배 전복 사고, 이대목동병원 미숙아 집단 사망, 타워크레인 붕괴 등 대형 사고가 꼬리를 길게 물었다. 세월호의 교훈은커녕 우리 사회에 안전 관련 의식과 시스템은 제자리걸음 중인 것을 적나라하게 보여 줬다.

나라 밖도 숨 가쁘게 돌아갔다. 도널드 트럼프 미국 대통령이 1월 취임하며 미국 우선주의를 선포했고, 10월에는 시진핑 중국 국가주석이 마오쩌둥 반열에 오르는 절대 권력을 틀어쥐고 집권 2기를 시작했다. 이 와중에 북한 김정은은 핵 폭주를 이어갔다. 북한은 미국의 워싱턴을 타격할 수 있는 대륙간탄도미사일(ICBM)을 발사했고 6차 핵실험을 실시했다.

핵 무력 완성을 선언한 북한, 대북 선제 타격 카드를 만지작거리는 미국, 대북 압박에 미온적인 중국 사이에서 우리의 고민은 깊어간다.

2년 전 한일 간 위안부 합의의 문제점이 다시 불거지면서 한일 관계

그래서 눈을 감을 수가 없었다

역시 최악의 고비를 맞았다. 고고도미사일방어(THAAD, 사드) 체계 배치로 비롯된 중국과의 갈등도 일시 봉합됐을 뿐 언제든 다시 불거질 수 있다.

북핵으로 인한 한반도 긴장은 북한이 핵탄두를 탑재한 ICBM을 완성할 것으로 예상되는 금년 봄쯤 최고조에 달할 것으로 보인다. 지금 대한민국호는 태풍이 몰아치는 거친 바다 위에 외로운 조각배처럼 이리저리 휩쓸리고 있다.

2017년은 우리의 역사 속으로 사라졌다. 하지만 과거는 그저 사라지는 게 아니다. 이문재 시안은 '소금창고'라는 시에서 "옛날은 가는 게 아니고 이렇게 자꾸 오는 것이었다"고 썼다. 새해에는 올해 해결하지 못한 숙제들을 다시 부여잡고 온 힘을 다해 풀어야 한다. 나라와 국민 모두의 운명이 걸린 난제들이다.

저무는 '붉은 닭의 해'를 지켜보며 그리스 신화에 나오는 판도라의 상자를 떠올린다. 판도라의 상자가 열렸을 때 죽음과 병, 질투와 증오 같은 온갖 해악이 뛰쳐나왔다. 하지만 맨 마지막에 '희망'이 남아 있었다. 2018년 무술년(戊戌年) '황금 개띠의 해', 희망을 힘차게 부여잡고 힘듦을 헤쳐나가는 것은 우리 국민 모두의 몫이다.

# 우리의 노후를 지켜 줄
# 국민 연금이 흔들리면서
# 국민은 불안해한다

삶에서 침묵은 금이지만 대화는 다이아몬드다. 때로는 침묵하는 것도 현명하지만 그보다 대화를 통해 풀어나가는 것이 더 좋다는 뜻이다. 대화는 기술이 아니라 진실이다. 말이 어눌해도 진실이 담겨 있을 때 사람의 마음을 움직인다.

이것이 삶의 길이고 상식인데 요즘 우리의 노후를 지켜 줄 국민 연금이 소통 부족에 흔들리면서 국민은 불안해하고 있다. 국민 연금은 정권이 아니라 국민의 돈이다.

국민 연금은 국민의 노후를 지켜 주는 최후의 보루이다. 현재 2,200만 가입자가 낸 보험료 등으로 조성한 기금이 635조 원에 달한다. 이런 이유로 국민 연금공단의 최고투자책임자(CIO)인 기금운영본부장은 유능하면서도 도덕적으로 깨끗하고, 외풍에 휘둘리지 않는 인물이어야 된다. 기금운영본부장 선임을 둘러싼 파문이 커지고 있다. 청와대에서 특정 인물을 내정하고 공모 절차를 진행한 정황이 드러났기 때문이다.

국민 연금 CIO 공모 때 최종 후보에 올랐던 곽태선 전 베어링자산

그래서 눈을 감을 수가 없었다

운용 대표는 지난 5일 "공모가 시작되기 전인 1월 말 장하성 청와대 정책실장으로부터 지원하라는 전화를 받았다"고 말했다.

청와대는 처음에는 "장 실장이 곽 전 대표와 통화한 것은 국민 연금이 본부장 후보자로 추천한 이후"라고 설명했다. 그러나 곽 전 대표의 추가 폭로가 나오자 "장 실장이 지원하라고 권유한 건 맞다"며 "유능한 사람이 지원하면 좋겠다는 취지에서 통화했다"고 말을 바꿨다.

하지만 청와대 정책실장이 정식 공모 절차가 시작되기도 전에 특정인에게 지원하라고 권유한 건 부당한 인사 개입이나 다름없다. 청와대 관계자는 인사 검증 과정에서 곽 전 대표가 연금 개혁에 적합하지 않았다고 설명했다. 이 관계자는 "앞으로 스튜어드십 코드를 도입하기 때문에 새 본부장은 굉장히 고민을 많이 해야 한다"고 말했다.

실제로 국민 연금은 이달 말부터 '스튜어드십 코드'를 도입한다. 스튜어드십 코드란 주인의 재산을 관리하는 집사(스튜어드)처럼 기관 부처가 개별 투자자를 대신해 주주권을 적극적으로 행사하도록 유도하는 자율 지침이다. 단순히 기업의 주식을 보유하고 의결권을 행사하는 수준을 넘어 인수 합병 등 주요 경영 활동에 적극적으로 나서 기업의 장기 성장에 기여하고 이어 극대화를 추구하는 게 목적이다.

하지만 국민 연금이 스튜어드십 코드를 도입하면 정부가 국민 연금을 앞세워 기업을 길들이고 지배 구조 개편에 나설 수 있다는 우려도 나온다. 현재 유가증권시장에서 국민 연금이 5% 이상 지분을 가진 기업만 256개에 이른다. 이미 기업들 사이에는 "정부가 국민 연금을 동원해 이른바 '연금사회주의'를 밀어붙이는 게 아니냐"는 괴담이 나돌고 있다.

이런 걸 고려하면 청와대가 스튜어드십 코드 도입을 앞두고 원칙 투자를 하는 후보를 탈락시키고 정권 입맛에 맞는 사람을 CIO에 앉히려 했던 게 아니냐는 의혹이 나온다. 그러나 코드 인사의 참사는 전임 국민 연금 CIO 2명의 사례를 보면 알 수 있다. 당시 경제부총리나 청와대 경제수석의 고등학교 또는 대학교 동문이었던 이들은 모두 불명예 퇴진했다.

우리의 노후를 지켜 줄 국민 연금이 절대로 흔들려서는 안 된다. 국민 연금이 흔들리면 국민은 불안하다. 여기에다 곽 전 대표는 "김성주 국민 연금공단 이사장이 6월 초 CIO 탈락 사실을 전화로 통보하면서 '장하성 실장과 내가 아닌 더 윗선에서 탈락 지시가 있었다'는 이야기를 했다"고 추가 폭로했다.

이제 더 이상 숨기고 감출 단계는 지났다. 장 정책실장과 김 이사장은 이번 사태의 전모를 국민에게 투명하게 밝혀야 한다. 청와대 정책실장보다 높은 누가, 무슨 이유로 탈락을 시켰는지 설명해야 한다.

정부는 이번 기회에 국민 연금의 독립성과 전문성을 보장하고 CIO 선출을 위한 투명한 절차도 확실하게 구축해야 한다. 국민 연금은 정권의 돈이 아니라 국민의 돈이다. 그러므로 우리 국민의 노후를 지켜 줄 국민 연금이 흔들리면 국민은 불안해할 수밖에 없다.

그래서 눈을 감을 수가 없었다

## 저출산 정부 정책은
## 겉돌거나 재탕 수준,
## 지자체도 대책 마련에 함께 나서야 한다

우리는 살면서 부끄러워할 줄 모르고 창피한 줄 모르며 뻔뻔하게 사는 사람을 두고 '철면피'라 한다. 그런데 요즘 우리 주위를 보면 그런 사람들이 의외로 많이 있다. 인간은 동물과 달라서 수치감을 느낀다. 부끄러움을 모르면 인간이 아니다.

그래서 '사람은 부끄러움을 알 때 비로소 사람답다'고 한다. 돈 있고 학식이 많은 사람이 아니라 잘못했을 때 부끄러워하며 죄송하다고 용서를 구하는 사람이 훌륭한 사람이다. 문제는 '무엇을 부끄러워하느냐'이다.

가난은 부끄러워할 일이 아니다. 게으름과 불의한 재물이 부끄러운 것이다. 부끄러움을 자랑하며 사는 어리석은 자들을 우리가 반드시 바르게 이끌고 인도해야 내일의 밝은 세상이 온다. 우리의 인구 정책, 저출산 정부 정책도 겉돌거나 재탕 수준인 데서 벗어나기 위해 노력해야 하고 지자체도 함께 대책을 마련해야 할 시급한 때다.

한국의 장래 인구 추계는 온통 뒤죽박죽이다. 2015년 출산율을 토대로 통계청이 작성한 장래 인구 추계는 2년도 안 돼 빗나갔다. 출생아 수가 곤두박질친 탓이다. 통계청은 작년 41만 3,000명, 올해 41만 1,000명의 아기가 태어나고 2029년부터 30만 명대로, 2048년부터 20만 명대로 떨어질 것으로 예측했다. 하지만 현실은 딴판이다. 작년에 태어난 아기는 예상보다 훨씬 적은 35만 7,000명이었고 올해는 32만 명대로 떨어질 전망이다.

며칠 전 저출산 고령 사회 위원회조차 "올해 출산율이 1명 이하로 떨어지고 20만 명대로 떨어지는 시기도 통계청 예측보다 26년이나 앞당겨진 2022년 이전이 될 수 있다"고 밝혔다. 자칫 이번 정권 또는 늦어도 차기 정권에선 연간 신생아 20만 명 시대를 맞을 가능성이 커졌다는 얘기다. 이 정도 수준이면 '인구 급변사태'가 지금 우리 현실에서 진행되고 있는 것이나 마찬가지다.

정부는 며칠 전 저출산 대책을 가정 중심의 '보수'적이라며 비판하고, '비혼(非婚) 차별 금지' 등 '진보'적인 정책에 초점을 맞췄다. 지금까지 써오던 '일과 가정의 양립'이라는 표현에서 '가정'을 없애고 '일과 생활의 균형'으로 바뀌었다. '결혼 지옥', '출산 지옥', '육아 지옥', '차별 지옥'이라는 4대 지옥에서 탈출해 '일하며 아이 키우기 행복한 나라로'라는 캐치프레이즈도 내걸었다.

그러나 급락하는 출산율을 막기에는 역부족이다. 올해에도 가임(可妊) 여성과 혼인 건수가 모두 줄고 있어 내년에는 올해보다 신생아 수가 더 줄 게 확실하다. 작년 신생아 35만 명도 이제는 더 이상 기록하기 어려운 숫자라고 말하는 전문가가 많다.

'저출산 덫'에 빠지게 된 것은 혼인 건수가 크게 준 데다 결혼해도 아기를 기껏 한 명만 낳기 때문이다. 이렇게 된 주원인은 취업을 못

그래서 눈을 감을 수가 없었다

해 결혼할 준비가 안 된 탓이 참으로 크다. 4년제 대졸자가 한 해 44만 명 쏟아져 나오는데 연봉 3,000만 원 넘는 새 일자리는 20만 개도 안 된다. 취업 연령(25~29세) 인구가 2021년까지 계속 늘어나는 것도 악재다. 안타깝게도 저출산 대책 우선 순위 1번이 되어야 할 취업난 해결책은 눈 씻고 찾아봐도 없다.

둘 이상 낳는 부모에게는 정부가 아동 수당을 획기적으로 더 주는 게 현실적이지만 그런 대책도 눈에 띄지 않는다. 그나마 다행인 것은 전(前) 정권 때까지 저출산 얘기만 나오면 '헬조선'이라는 말이 따라 붙었는데 이번 정권 들어서는 '헬조선'이란 자조적인 말이 수그러들었다. 젊은이들은 그만큼 이번 정권을 믿고 싶다는 얘기다. 이런 젊은이들에게 정부는 '결혼하고 싶어도 하지 못하는 사람들에게 결혼할 여건을 만들어 주고, 아기 키우는 게 행복'이라는 희망과 긍정의 메시지를 전달해야 한다.

하지만 이런 역할을 해야 할 대통령 직속의 저출산고령사회위원회가 제구실을 하고 있는지 의문이다. 무슨 이유에서인지 이번 저출산 대책의 핵심인 젊은층, 신혼부부의 집 마련 정책은 국토부에서 따로 발표하고, 대통령과 국토부장관은 별도로 움직였다. 저출산 위원회는 복지·노동·교육·여성부만 모여 자잘한 정책을 재탕하는 수준의 발표에 그쳐, 중앙부처들마저 겉돌고 있다는 인상을 줬다.

저출산 대책은 결혼도 하지 않고 아기도 낳지 않는 대도시·고(高)소득·고연령 젊은이들에게 초점을 맞춰야 한다. 서울은 출산율이 1명 이하로 추락한 지 오래다. 그러나 저출산 정책은 중앙정부 일로 여겨 지자체들은 늘 손 놓고 있다. 고소득·고학력 젊은이들은 결혼도 출산도 모두 기피하는데, 이들에게 맞는 대책을 세웠다는 얘기는 들어본 적이 없다.

'맞춤형 저출산' 정책을 마련해야 하는 것은 물론, 젊은이들의 취업난 해결을 못 하면 저출산 정책도 백약이 무효라는 게 지금까지의 저출산 정책 실패가 주는 교훈이다. 그러므로 정부뿐만 아니라 지자체도 인구 급변 사태라고 인식하고 분위기 반전에 나서야 한다. 그렇지 않으면 이번 정권은 신생아 연간 20만 명대 추락이란 오명을 유산으로 남기게 될 것이다.

그래서 눈을 감을 수가 없었다

# 과학은 끊임없이 진보하며
# 새 세상도 인간에 대한
# 기술 인격의 힘으로 열린다

삶의 과학과 기술 인격의 지혜가 지나온 과거를 보면 1882년 3월 전화가, 1887년엔 전기가 조선에 들어왔다. 하지만 사람들은 저것 때문에 흉년이 들었다고 전선을 끊어 버렸다. 1899년 경인선 철도가 개통됐다. 시승할 때 구토를 하는 사람도 있었다. 속도가 빨랐기 때문이다. 지금으로 보면 형편없는 속도였지만, 그 속도는 당시 사람들이 상상하지 못한 속도였다.

에티오피아 사막에 난 오솔길은 인간이 만든 가장 오래된 길이다. 지금도 굶주림과 전쟁으로 상처받은 이들이 그 길을 걷는다. 이들은 목적지에 도착하면 해변으로 몰려가 휴대 전화를 흔든다. 이웃 나라 소말리아에서 오는 휴대 전화 신호를 받기 위해서이다. 과학의 기술은 가난한 난민의 삶도 바꾸고 있다.

요즘 '4차 산업 혁명'이라는 말이 유행이다. 이 말은 2016년 1월 스위스에서 열린 '세계경제포럼'에서 처음 나왔는데, 곧 세계적 화두로 떠올랐다. 거기엔 이유가 있다. 20년 후, 현재 7세 이하 아이들 중 65%는 지금은 없는 직업을 갖게 된다고 한다. 이 말은 현재의 일자리를 로봇이나 인공지능이 대체하게 된다는 뜻이다.

비노드 코슬라(Vinod Khosla)는 "빅 데이터가 의사들의 80%를 대체할 것"이라고 단언한다. 바이오센서 전문가들은 2024년쯤엔 전 세계 1조 개의 센서가 활용되는 덕분에 교통사고가 없어질 거라고 예견한다. 앞으로 기술 발전이 가져올 변화는 엄청나다. 2016년 3월 이세돌 9단과 알파고가 치른 다섯 번의 대결로 구글은 58조 원의 이익을 얻었다.

알파고는 구글이 개발한 인공 지능 바둑 프로그램이다. 프로기사들은 알파고의 대세관이 탁월했고, 고정관념에 얽매이지 않았다고 분석했다. 알파고는 인간과 다른 해석을 한다는 뜻이다. 알파고의 탄생은 '인간은 무엇인가'란 문제를 다시 생각하게 만든다. 과거엔 철학, 문학이 답했지만 이젠 과학도 답을 한다. 그리고 그 답은 신선하게 느껴진다.

"진정한 즐거움은 어떤 사실을 아는 것으로부터가 아니라 그것을 발견하는 것으로부터 나온다." 아이작 아시모프(lssac Asimov)가 한 말이다. 그는 생화학과 교수였지만 SF 소설의 거장이 된 인물이다. 답을 아는 것과 답을 발견하는 것은 다르다. 변화는 더 나은 시각을 준 발견과 통찰의 결과이다. 과학은 그 길을 따라간다.

변화의 시대는 시작되었다. 기술의 발달은 요리사, 변호사 같은 직업군을 허물 것이다. 대신 드론 3D 프린터, 로봇, 증강 현실 같은 직업들이 주목받을 것이다. 변화는 직업을 전문가의 영역으로 재편하고 있기에 이 변화에 적응하지 못하면 사회적 약자가 될 것이다.

시대마다 '시대정신'이 있다. 당대 문화를 주도하는 가치, 개념이다.

그래서 눈을 감을 수가 없었다

개인이 그 영향을 피하기는 어렵다. 몇 해 전 애플이 신형 아이패드를 발표했을 때 그 것을 사고 싶은 청년이 있었다. 자신의 신장을 팔아서라도 사고 싶었던 아이패드는 청년에겐 삶의 목표였다.

인간에게 일은 중요하다. 일은 물질적, 심리적 안정을 준다. 인간은 직업을 통해 사회 속에 주어진 자신의 자리를 찾기 때문이다. 때문에 무직, 실업은 불명예이다. 첨단 사업이든 오지 탐험이든 열매는 노력한 자에게 돌아간다. 스티브 잡스, 아문센, 라이트 형제는 실패를 도전으로 읽었다. 이들은 원하는 것을 손에 거머쥐었다. 사람들은 그것을 '성공'이라고 부른다.

누구나 달콤한 성공을 꿈꾼다. 하지만 진정한 성공의 기초는 눈에 잘 보이지 않는다. 성공하는 것도 중요하나, 어떤 사람이 되는가는 참으로 더 중요하다. 기술은 삶의 여유나 경제적 부유함을 가져올 것이다. 하지만 인생에 예기치 않은 격랑이 올 때가 있다. 나 자신을 잃은 것 같은 두려움이 밀려들 때 우리는 좌절하기 쉽다.

우리는 앞만 보고 달렸지, 감정과 슬픔을 이겨내는 법은 배우지 못했다. 인간을 인간답게 만드는 것은 연약함이다. 루소는 연약함이 인간을 만들며, 행복은 연약함에서 생겨난다고 말한다. 인간은 기술을 통해 편함과 자유를 추구하지만 어떤 이는 우리 안에 내재된 폭력성을 경고한다. 인간의 불안정성을 외면하는 한 기술은 우리를 위험에 빠트릴 수 있다.

앞으로 과학은 끊임없이 진보하며 역사를 바꿔갈 것이다. 하지만 새 세상이 와도 인간에 대한 이해가 없다면 또 다른 위기를 맞을 것이다. 요즘처럼 혼란스러운 정국에서는 피아의 구분이 수시로 뒤바뀌며 숱한 정적(政敵)들을 낳는다. 원수를 은혜로 갚거나 원수 앞에서 공평무사하기 어렵다면, 적어도 대의를 위한 자리에서만큼은 사적인 원한을 덮어 두고 함께할 수 있어야 할 것이다. 앞으로 19대 대통령 선거까지 15일이 남았다. 주권자인 국민, 주인인 우리 모두가 옳고 바른 세상을 열어나가야 될 때다. 이것이 바로 이 시대에 협치가 절실한 이유다.

그래서 눈을 감을 수가 없었다

# 문재인 대통령이 강조하는 것처럼
# 반드시 성공하는
# 정부가 되기 바란다

오늘 여기서 나부터 변화를 시도할 때 비로소 세상도 변화하는 것이다. 그렇지 않고서 꾸는 꿈, 이루는 업적이란 곧 무너질 모래성과 다를 바가 없다. 그러므로 우리는 서로 함께 살아가는 의식이 필요하다. 누가 봐 주지 않아도 남을 생각하는 것이 업그레이드된 시민 의식이 아닐까. 또 그에 걸맞은 시민 의식이 따라 줄 때 선진국이 된다. 새롭게 시작한 정부가 새 마음가짐으로써 정치적 변화뿐만 아니라 사회 경제 변화까지 이뤄내기를 바란다.

문재인 대통령이 강조하는 것처럼 반드시 성공하는 정부가 되기를 온 국민들은 바란다. 헌정사 70년이 지나도록 성공한 정부를 보지 못한 것은 불행한 일이다. 과거에는 장기 집권의 과욕 때문에, 최근에는 국민 위에 군림하는 오만함 때문에서 실패를 거듭했다.

국민을 거스르는 정부는 결코 성공하지 못한다는 사실을 잊지 말고 첫 100일의 결심이 마지막 100일까지 지속되는 시종여일이 중요하다. 그 마음으로 정부가 성공하고, 성공을 바탕으로 아시아에서 우뚝 서고 세계적으로도 자랑스러운 나라를 되기를 바란다.

새 정부는 국민 위에 군림하지 않는 겸손한 정부, 국민을 속이지 않는 착한 권력, 국민을 편 가르지 않는 통합된 나라, 특권과 반칙이 사라진 공정한 국가를 보여 주기를 바란다. 5년 임기는 매우 짧다. 단기 실적에 대한 집착에서 벗어나 나라의 지속 가능한 발전을 도모하고 임기가 끝나면 후임 대통령에게 떳떳하게 넘겨줄 수 있는 정부를 만들어 줘야 한다.

국정의 큰 방향을 분단과 전쟁과 지역 감정에서 연원한 분열적 대결 구조를 완화하고 일체의 차별을 해소하는 데 맞춰야 한다. 쉬운 일도 아니고 하루 이틀만에 끝날 일도 아니지만, 대통령과 정부와 국회가 공식적으로 결의하고 솔선수범함으로써 역사적인 출발을 해 줘야 된다. 우리 마음속 깊이 내재되어 고착된 망국적인 대결 의식과 차별주의에서 벗어나야 미래로 나아갈 수가 있다. 그리하여 젊은 세대가 꿈과 희망을 가지고 살아갈 수 있는 희망의 정치가 돼야 한다.

일체의 독점 구조를 타파한 공정한 나라를 세워야 한다. 에드워드 기번과 폴 케네디와 시오노 나나미가 내놓은 분석에서 망국의 주원인은 사치와 방종이며 그 배경에 재화의 독점이 있다. 권력의 독점과 재화의 독점은 쌍생아이다. 고려 말의 토지겸병과 조선 후기의 노론 독점이 그러했다. 국민 경제를 위협하는 재벌 독점, 여론 형성을 왜곡하는 언론 독점, 교육을 좀먹는 사학 독점, 신앙의 자유를 침해하는 종교 독점, 지역 사회의 토호 독점에서 벗어나야 공정한 나라로 갈 수가 있다.

욕심을 부리자면, 국민 참여의 영역에서는 세상에 내놓을 만한 '가장 좋은 나라'가 되었으면 좋겠다. 제안이 참여로, 참여가 통합으로,

그래서 눈을 감을 수가 없었다

통합이 국력으로 연결되는 참여의 선순환 구조가 국정 운영에 적용되기를 바란다. 링컨 대통령이 150년 전 "국민의, 국민에 의한, 국민을 위한 정부"를 미국인들에게 약속했다면, 이제 문재인 대통령께서는 한 걸음 더 나아가서 "국민이 제안하고, 국민이 참여하고, 국민이 결정하는 국민에 의한 정부"를 국민들에게 약속해 봄직하다.

성공하는 정부가 되기 위해서는 국정 운영의 새로운 동력이 필요하다. 관료적 행정 절차로 축소되어 버린 국민 신문고를 부활시키면 국민의 뜻을 국정 운영에 폭넓게 반영할 수 있다. 정부의 모든 결정에 국민들이 참여할 수 있도록 문호를 개방하면 정부 결정의 정당성을 높일 수 있다. 모든 공무원들에게 한 직급 높은 결정권을 부여하면 공직 사회의 활력을 기대할 수 있다. 또한 모든 반대와 비판을 수렴하는 정부 기구를 운영함으로써 국론 분열을 치유하는 것도 가능할 것이다.

인류사를 돌이켜보면 국운 융성의 기회는 매우 드물게 찾아온다. 조선 시대 세종과 성종, 영조와 정조 연간에 국운이 융성했지만 후자의 경우 정조의 죽음으로 끝나고 망국의 길로 접어들었다. 영·정조 개혁이 권력 균형을 도모하는 수준에 머물러 권력의 토대인 사회적 독점 구조를 바꾸지 못했기 때문이다. 정치를 바꾸는 것은 어렵지 않지만 사회 경제적 변화가 뒷받침되지 못하면 지속될 수 없다.

더욱이 새 정부의 앞날은 꽃길이 아니다. 오히려 가시밭길이다. 안으로는 경제적 양극화, 사회적 갈등, 이념적 대결이 깊어지고 밖으로는 거센 도전에 직면하고 있다. 대통령의 카운터 파트너인 미국의 도널드 트럼프 대통령과 중국 시진핑 국가주석 모두 노회하면서도 거친 상대다. 북쪽 김정은은 위험하기 짝이 없는 존재다. 피할 수도 없고, 피해서도 안 되는 힘든 현실이다. 이런 최악의 상황에서 최적의 선택을 하는 것이 그리 쉽지는 않다.

우리에겐 성공의 역사도 있고 실패의 역사도 있다. 아이러니하게도 성공에 집착하면 실패할 확률이 더 크고, 최악의 경우 불행해진다는 것을 경험한 바 있다. 나무는 꽃을 버려야 열매를 맺고 강물도 강을 버려야 바다에 이른다고 하지 않던가. 이제 새 정부가 강조하는 것처럼 헌정사 70년, 문재인 정부가 반드시 성공하기를 바란다.

그래서 눈을 감을 수가 없었다

# 100세 장수 시대,
# 성숙하고 행복한 노화의 열쇠는
# 돈 아닌 인간관계 맺기다

　인생에서 돈이 많다고 노년에 행복하지는 않다. 인간관계에서 행복을 누릴 수 있어야 진정한 행복의 참맛을 느낀다. 주위 사람들과의 인간관계가 원만하면 삶에서 피곤과 스트레스를 덜 받고 행복해질 수 있다.

　그러므로 오늘날 100세 장수 시대 현실에서 성숙한 노화의 열쇠는 돈이 아닌 인간관계 맺기라고 노인 문제 전문가들은 말한다. 그래서 서로가 도움될 만한 이야기로 관심의 문을 열고, 내 인생의 잣대만 고집하지 않으며, 다름과 틀림을 구분하는 등 마음먹기에 따라 얼마든지 잘 익은 노년을 만들 수가 있다.

　100세 장수 시대를 맞아 한국인의 생애도가 변하고 있다. 평균 수명 80세를 넘어 100세 시대로 달려가기 때문이다. 1960년대에는 52세에 불과했던 우리나라 평균 수명이 현재 80세가 넘었다. 지금 건강관리만 잘 한다면 90세를 넘어 100세를 바라 볼 수도 있게 됐다.

　2015년 유엔이 재정립한 평생 연령의 기준에 따르면 18~65세는 '청년', 66~79세는 '중년', 80~99세는 '노년'이다. 그리고 100세 이상은 '장

수 노인'이라고 한다. 은퇴 후 또 한 번의 인생 계획을 세워야 할 정도로 삶이 아주 길어졌다.

생물학적으로 오래 사는 것보다는 얼마나 행복하고 건강하게 사느냐에 대한 관심이 높아지고 있는 셈이다. 사람이 어떻게 멋진 노년의 삶을 보낼 수 있을까에 대한 것이다. 100세 시대, 나는 이렇게 나이 들고 싶다.

[행복하게 나이 드는 비결]
- 노년의 초라함을 기쁘게 감내하며, 다른 사람의 도움이 필요하다는 사실을 인정한다.
- 희망을 잃지 않고 할 수 있는 일은 스스로 해결하며 매사에 주도적으로 적극 임한다.
- 유머 감각을 지니고 놀이를 통해 즐길 줄 안다.
- 과거를 반추할 줄 알며 과거의 성과를 소중한 자산으로 삼는다.
- 오래된 친구와 계속 친밀감을 나누려고 노력한다.
- 닮고 싶은 노년의 롤 모델을 만든다.
- 체면치레에서 벗어나 경제 생활 규모를 줄인다.
- 지적인 호기심으로 평생의 공부거리를 찾는다.
- 온화한 표정으로 대화한다.
- 내 경험과 방식만 옳다고 고집 부리지 않는다.
- 내가 살아온 세월이 가장 힘들었다고 엄살 부리지 않는다.
- 죽음을 준비하며 살아온 인생을 점검하고 소중한 사람들을 돌아본다.

그래서 눈을 감을 수가 없었다

- 영적인 성숙을 위해 노력한다. 영성은 마지막까지 성장하고 성숙해지는 능력이다.

노년기 행복은 마음관리가 우선이다. 노인 문제 전문가들은 대부분의 젊은이가 노인의 웃는 얼굴, 단정한 옷차림, 배움에 몰두하는 모습, 양보하는 모습, 노부부가 다정하게 손잡고 걸어가는 모습, 남을 칭찬하고 건강 관리를 잘하는 모습, 새로운 것에 대해 열린 마음을 갖는 모습을 볼 때 노인을 '멋진 어르신'으로 여긴다고 말한다. 반면 노인들이 공중도덕을 무시할 때, 냄새 날 때, 목소리가 클 때, 양보했는데 인사 한마디 없을 때, 남녀 차별을 할 때, 고집불통일 때, 자기 말만 할 때 젊은이들은 눈살을 찌푸린다고 한다.

중년기 이후엔 밖으로 쏟던 에너지를 내부 세계로 쏟아 넣어야 한다. 궁극적인 인생의 의미를 찾아야 한다. 먼저 절대자와 깊은 만남이 이루어졌을 때 얻어지는 기쁨으로 삶의 의미를 찾을 수 있다. 노년기엔 육체적 주름을 세지 말고 영혼의 나이테를 세라고 말한다. 연륜 있는 나무가 수십 겹 나이테를 소유하듯 나이테가 한 겹 한 겹 늘수 있다는 것이다.

지난해 베스트셀러 『백년을 살아보니』를 출간한 철학자 김형석(98) 연세대 명예교수는 노년기엔 욕심을 버리고 일을 사랑하라고 했다. '사람은 성장하는 동안 늙지 않습니다. 책을 가까이하고, 사랑의 대상이란 해야 할 일, 이뤄야 할 꿈입니다. 꿈을 꾸고 도전하는 사람은 젊게 살 수 있습니다.'라고도 했다.

은퇴 후엔 작업과 의무에서 벗어나 긴 여유 시간에 무엇을 하며 보낼지 많이 고민해야 한다. '평생의 공부거리를 찾으면 남은 인생이 달라진다.'는 말처럼 스스로를 공부하는 사람으로 미리 습관을 들여놓으면 노년이 풍성해지고 치매 예방이 되는 일석이조 효과를 얻을 수 있다. 거창한 것을 시도하라는 게 아니다. 일상 속에서 소소한 기쁨을 찾으라는 것이다.

노년을 위한 최고의 재테크는 부부 관계 개선이란 말도 있다. 독신 노인들이 고독과 우울증에 시달리는 반면 화목한 부부는 정서적 안정감과 심리적 행복감을 누려 장수한다는 것이 전문가들의 의견이다. 그러나 지금은 사별 후 혼자가 되어도 공동체 마을이나 사회에서 사랑으로 인간관계를 맺을 수 있는 100세 장수 시대다. 국내 자원봉사운동을 처음 시작한 김옥라(1918년생) 씨는 성숙한 노화와 행복의 열쇠는 돈 아닌 관계 맺기의 '사랑합니다'라며, 얼굴에서 미소가 떠나지 않는 긍정적인 사고의 감사하는 마음이 건강의 비결과 행복의 법칙이라고도 했다.

그래서 눈을 감을 수가 없었다

# 문재인 대통령이
## 2012년 대선 후보 시절부터 공약했던
## 건강 보험 보장성 확대가 이뤄져야 된다

어느 공동체든지 이른바 선각자(先覺者) 30%가 전체를 이끌어간 다고 한다. 그들에 의해 세상은 변화하고 발전해 왔다. 다수의 반대에 도 불구하고 분명하고 명확한 소신으로 업적을 만들어내는 믿음직한 사람들이다.

그런데 어느 모임이건 리더의 뜻에 반하는 30%가 있다. 그러므로 그대가 혹 리더라면 반대편에 선 30%의 지지를 얻는 일에 과욕을 부 리지 않아도 된다. 30%의 반대는 자연스러운 현상이니까 말이다. 반 면 변변치 않은 리더에게도 30% 지지자들이 생긴다. 고개를 갸우뚱 할 이상한 일이 아니라 자연스러운 현상이다. 안타깝게도 불의한 지 도자는 이 30%의 지지로 자신의 만용과 고집을 합리화하려는 경향 이 있다.

재미있는 사실은 변화에 미온적인 30%는 자신의 용기 없음이 겸손 이라며 위안을 삼는 경향이 있다. 그래서 '바름과 옳음'을 부르짖는 자들의 외침을 애써 외면한다. 그들이 옥에 갇히고 고문당해 목숨을 잃어도 애써 겸손해 한다. 그들의 수고로 오늘의 자유와 평화가 있었음을 애써 잊으려 한다.

그리하여 우리는 30%의 지지에 힘입어 겸손할 이유를 찾는다. 그리고 기도하는 심정으로 다짐할 이유를 찾는다. '겸손을 취하되 비겁하지 말자. 용기 있게 행동하되 만용에 휘둘리지 말자'는 것이다. 그래서 결코 피해서는 안 되는 건강 보험 보장성 확대다.

새 정부가 출범한 지도 3개월 가까이 지나고 있다. 새 정부에 거는 기대는 사람 모두 제각각이겠지만, 그래도 이전에 비해 새로움과 희망을 말하는 것이 더 쉬워졌다는 사람이 많다. 많은 변화를 기대하지만 무엇보다 문재인 대통령이 2012년 대선 후보 시절부터 공약했던 '건강 보험 보장성 확대'가 이뤄지기를 바란다.

건강 보험 재정은 2011년 흑자를 기록한 이후 2016년 말까지 총 20조 656억 원의 누적 흑자를 기록했다. 반면 같은 기간 국민건강보험의 '보험료 대비 급여비 비율'은 2010년 101.3%에서 2015년 89.0%로 크게 낮아졌고, '보장률' 또한 2009년 65%에 비해 63.2%로 감소한 상태다. 한편 가구의 지불 능력 대비 63.2%로 감소한 상태다. 한편 가구의 지불 능력 대비 10%를 넘는 보건의료비를 지출하는 '재난적 의료비' 지출 가구가 20% 선으로 증가했다.

이런 문제를 해결하기 위해 새 정부는 건강 보험 보장성을 강화하고 본인 부담 상한제, 재난적 의료비 지원 제도와 같은 고액 진료비 발생에 대한 보완책을 마련해 놓고 있긴 하다. 그러나 과중한 의료비로 인한 불안을 해소하기에는 건강 보험의 역할이 여전히 미흡한 수준에 머무르고 있다. 상황이 이렇다 보니 의료비 불안은 민간 의료 보험에 대한 의존성 증가로 이어지고 있다. 실손 의료 보험에 가입한

이들은 2015년 말 기준 3265만 명, 보험 회사의 수입은 국민 건강 보험 한 해 수입의 약 10%에 해당하는 6조 원에 달하고 있다. 참으로 못 말리는 실손 의료 보험의 팽창이다.

그렇다면 어떻게 해야 할까. 우선 비급여 치료 행위에 대한 근본적인 해결책이 필요하다. 단순히 치료 행위, 재료 몇 개를 급여화하는 문제가 아니다. 불필요한 비급여가 새롭게 발생하는 것을 막고, 발생한 비급여는 급여권으로 신속하게 유입될 수 있도록 해야 한다.

불필요한 비급여 발생을 막기 위해서는 질환에 따른 포괄적 수가 보전 방식을 확대하는 것도 고려해 봄직하다. 이러한 과정에서 의료계의 적극적인 참여가 필요하다. 의료 기관의 고통 분담에 기대서는 안 된다. 의료 기술 발전을 촉진하고 쉽게 도입할 수 있도록 충분한 보상이 전제돼야 한다.

치료와 직접적 상관은 없지만 현실적으로 부담이 큰 특진, 상급병실료, 간병비 등의 부담을 완화하는 방안을 마련해야 한다. 과감하게 재정을 투입하여 없애는 것도 방법이다. 의료비 안전 장치인 본인 부담 상한제나 재난적 의료비 지원 사업도 손을 봐야 한다. 현재 상한 금액을 저소득층 중심으로 더욱 인하하고 4대 중증 질환에 국한된 재난적 의료비 지원도 대상 질환을 확대하여 비급여 개선만으로 해결될 수 없는 경우를 대비한 안전망을 촘촘히 구성해야 한다.

물론 이런 방안들을 실현하는 것이 쉽지 않다는 것을 안다. 그러나 어렵다고 피해 갈 일도 아니다. 건강 보험의 보장 범위에 무슨 치료를 넣으면 얼마나 더 든다는 계산은 일부분일 뿐이다. 한꺼번에 바뀌지 않아도 된다. 꾸준한 논의를 통해 어떤 이유로 그만한 부담을 더하기로 하자는 사회적 동의와 공감대가 마련되고 그것들이 앞으로 나아가는 디딤돌이 되어 실천에 이르기를 기대한다.

그래서 눈을 감을 수가 없었다

# 첨단 기기들이 인생의 의미를 가져다줄 수는 없는 법, 국회는 효에 대한 인성교육진흥법 개정 작업을 취소해야

사람들 누구나 행복한 삶을 꿈꾼다. 하지만 아이러니하게도 행복은 좇을수록 더 멀어지는 특징이 있다. 도리어 인생의 목적을 바로 알고 하루하루 잘 살아낼 때 행복할 수 있다. 곧 행복이란 하루를 잘 사는 자에게 주어지는 기쁨인 것이다.

그렇다면 잘 산다는 것은 어떤 뜻일까? 인생에는 크게 두 부류가 있다. 소유 추구의 삶과 존재 추구의 삶이다. 소유 추구는 인생의 목표를 '무엇을 소유하느냐'에 둔다. 더 성공하고 더 많이 갖는 데 인생을 거는 것이다.

이런 소유 추구의 삶은 반드시 불만, 불안, 허무로 끝나고 만다. 얻지 못해 불만이거나 얻은 걸 잃을까 불안하거나 종국에는 다 잃어버리고 허무해 하는 것이다. 반면 존재 추구는 인생의 목적을 '어떤 존재가 되느냐'에 둔다. 나만의 사명을 발견하여 어느 때든지 그 길을 향해 달려가는 것이다.

나에게 주어진 성공은 물론이고 닥쳐오는 고난까지도 더 나은 존재됨을 향한 뜻있는 사건으로 이해하기에 의미가 있고 기쁨이 있다. 이 존재 추구의 삶은 결코 헛되지 않으며 끝까지 평안과 감사를 유지하게 한다.

이처럼 삶의 교훈에서 말해 주듯이 우리 인성 교육에서 효(孝)를 빼면 뭐가 남는 인성 교육이 될까 싶다. 이에 더불어민주당 박미경 의원 등 14명이 지난 6월 인성교육진흥법 개정안을 발의했다. 요점은 기존 인성 교육의 핵심 가치 가운데 효(孝)를 빼자는 것이다.

대신 개인 관계, 공동체 차원에서 요구되는 예(禮), 정직, 책임, 존중과 배려, 소통과 협동, 정의와 참여, 생명 존중과 평화 등을 핵심 가치로 삼자고 했다. 이유는 "효가 충효 교육을 연상하게 할 정도로 지나치게 전통 가치를 우선하기 때문"이라고 했다.

전통 가치는 그 나라와 국민의 정체성을 나타낸다. 한국인이 한국의 전통 가치가 싫다면, 미국이나 일본의 전통 가치를 가져야 되는가. 국회의원들이 이러한 인성교육진흥법을 발의했다는 점은 몹시 아쉬움이 든다. 우리 사람들은 보통 효를 부모 공경 정도로 알고 있으나, 그보다 효는 더 큰 가치이다.

가령 유대인들은 수직 문화가 매우 강하다. 수직 문화는 전통·역사·철학·사상·고전·효·고난으로 이루어진, 변하지 않는 문화다. 대대로 우리 내면의 정신세계를 살찌워온 눈에 보이지 않는 가치들이다. 이것은 외면적 수평 문화와 대조된다. 물질·권력·명예·유행 등으로 이루어진, 자주 변하는 문화다. 전자가 삶의 의미를 찾는 심연 문화라면 후자는 본능적 재미를 찾는 표면 문화다. 전자가 지혜라면 후자는 지식이다.

효는 수직 문화 가운데서도 최고의 가치다. 뿌리를 알고 조상의 지

그래서 눈을 감을 수가 없었다

혜와 역사를 전해 주는, 세대를 이어 주는 도구이다. 유대인이 수천 년간 나라 없이 떠돌면서도 생존한 비결도 이 문화를 제대로 전수했기 때문이다. 깊이 있는 수직 문화를 배운 사람은 의지가 강해 수평 문화에 초연할 수 있다.

이에 끈기가 강해 큰 고통도 견뎌낸다. 기술직이나 3D 업종도 마다하지 않는다. 반면 수평 문화에 물들면 존재감과 의지가 약하고 마음이 공허해 유혹에 약하다. 작은 고통도 참지 못하고 3D 업종은 극도로 꺼린다. 이것이 요즘 청년 실업의 원인 가운데 하나다.

효는 정체성 형성에 아주 중요하다. 가문에 대한 자부심과 조국에 대한 자랑스러움을 바탕으로 내면적 자신감이 강해진다. 효는 가정을 지켜내고 행복을 찾는 근원이다. 효를 아는 부부의 삶은 철학이 투철해 이혼율이 낮다. 효는 가정에서 자연스럽게 국민적 소양을 가르친다. 결속과 화목을 배워 사회성을 키워 준다. 효를 실천해야 예, 정직, 책임, 존중과 배려 같은 사람됨의 가치도 열매를 맺을 수 있다.

이런 교육을 받아야 학교와 사회에서 더불어 살 줄 아는 좋은 학생, 좋은 국민이 된다. 또 부모 은혜에 감사하며 갚으려 하니 노후 문제도 해결이 된다. 부모가 자녀의 사랑과 존경과 보살핌을 받으니 노인 자살률도 줄어든다. 반면 효를 모르면 개인주의와 이기주의가 한층 팽배하고 불평불만이 많아 행복 지수가 내려간다. 요즘의 결혼과 저출산 기피가 이와 참으로 무관치가 않다.

우리의 과거 20여 년 학교 교육의 결과는 참담하다. 자살률도 이혼율도 세계 최고이고 행복 지수와 출산율은 최하위다. 그렇게 학생 인권을 높여 주고 무상 급식까지 했는데 왜 어찌 학생들은 행복하지 않는가. 왜 매 맞는 교사가 매 맞는 학생보다 많아졌는가.

전통 문화를 업신여긴 '진보 교육'으로 인해 윤리 도덕의 효가 사라졌기 때문이다. 지금 이대로라면 4차 산업 혁명과 함께 인성은 더욱 피폐해질 것이다. 첨단 기기들이 인생의 의미를 가져다줄 수 있을까. 더불어민주당 박미경 국회의원 등은 효(孝) 인성교육진흥법에 대한 개정 작업을 취소해야 된다.

그래서 눈을 감을 수가 없었다

# 출산 효과가 높은 예산을 투입해야
# 뒷걸음치는
# 저출산을 막을 수 있다

　살면서 보통 말만으로도 얼마든지 서로가 좋게 도울 수 있다. 그런데도 우리는 숱하게 말실수를 하게도 된다. 그래서 사람은 의롭게 잘 다스려진 혀는 드물다는 말도 있다. 상대방 앞에서 생각 없이 무심코 한, 사랑 없는 말이 상대방의 마음을 상하게도 한다. 그러므로 잘 다스려진 혀가 말해 주듯이 상대방을 위해 소망과 행복을 담아 주는 사랑의 혀가 인생의 축복이 되는 길이라고 했다.

　일상의 삶에서 인생의 삶을 열어 개척해나가 주듯이 문재인 대통령의 새 정부는 더 빠르게 다가오는 저출산 '인구 반토막' 대한민국을 대비해, 출산 효과가 높은 방향을 찾아서 예산을 투입해 뒷걸음치는 저출산 사회를 구조적으로 바꿔야 한다.

　현재 우리나라 출산율이 2분기(4~6월)에 사상 최저인 1.04명까지 추락했다. 여성 1명이 가임(可妊) 기간에 낳는 자녀 수를 뜻하는 합계 출산율을 통계청이 지난달 23일 집계한 것이다. 기존 인구수를 유지하려면 한 쌍의 부부가 자녀 2.1명을 낳아야 하는데, 평균 1명만 낳고 있어 급격한 인구 감소의 우려가 크게 커졌다. 올 상반기(1~6월)

에 태어난 아이의 수는 통계 작성 이후 처음으로 10만 명대로 떨어져 인구 증가 정책이 심각해졌다.

통계청이 발표한 '6월 인구 동향'에 따르면 6월에 출생한 아이는 2만 8,900명으로 전년 동월(3만 2,900명)보다 무려 12.2%가 감소됐다. 통계청이 관련 통계 작성을 시작한 1970년 이후 최저치다. 올 상반기 6개월간 출생한 아이의 수는 작년 상반기(21만 5,100명)보다 12.4% 줄어든 18만 8,400명으로 처음으로 20만 명의 선이 무너졌다.

우리나라 합계 출산율은 2005년 1.076명까지 떨어졌다. 2015년 1.239명으로 소폭 회복이 됐지만, 지난해 1.17명으로 떨어졌다. 경제협력개발기구(OECD) 35개 회원국 평균(1.68명)은 물론, 저출산·고령화로 인구 감소를 겪고 있는 일본(1.42명)보다 낮은 수치다. OECD 회원국 가운데 우리나라의 합계 출산율이 가장 낮다.

통계청은 지난해 12월 향후 100년간의 인구 추계를 발표하면서 "합계출산율이 1.12명으로 유지되는 비관적인 시나리오를 가정한다면"이라고 전제하면서 2085년에 우리나라 인구가 현재의 절반 수준인 2,620만 명으로 줄어들 것으로 전망했다. 하지만 올해 합계 출산율이 이보다 더 낮아졌기 때문에 국내 인구가 절반으로 줄어드는 시점이 몇 년 더 앞당겨지게도 됐다.

세계 최저 수준의 출산율을 끌어올리기 위해 정부는 5년 단위 장기 계획을 선보이며 막대한 예산을 쏟아붓고 있지만 '백약이 무효'인 상황이다. 2005년 노무현 대통령은 저출산 고령 사회 위원회를 출범시키고, 영·유아 보육 지원을 중심으로 2006년부터 5년간 19조 7,000억 원을 투입하는 1차 저출산 대책을 발표했다.

그래서 눈을 감을 수가 없었다

2차 대책은 이명박 정부가 발표하는데, 일·가정 양립 정책까지 외연을 넓히며 2011년부터 5년간 60조 5,000억 원도 투입했다. 10년간 80조 원을 쏟아부은 1·2차 대책에도 불구하고 출산율이 오르지 않자, 박근혜 정부는 2015년 말 발표한 3차 대책에서 2020년까지 5년간 108조 4,000억 원을 투입하기로 했다. 육아 휴직 활성화, 난임 시술 건강 보험 적용은 물론이고 청년 일자리 확대 정책까지 저출산 대책에 넣었다.

1~3차 대책을 망라해 모두 188조 원이란 천문학적인 예산이 들어가고, 3차 계획 첫해인 작년에만 21조 4,000억 원이 쓰여 이미 쏟아부은 돈만 100조 원을 넘겼지만 출산율은 계속 뒷걸음질하고 있을 뿐이다. 대책이 효과를 내지 못하는 이유에 대해 정부에서는 "각 부처가 내놓은 대책이 백화점식으로 혼재돼 있는 가운데 선택과 집중이 이뤄지지 않은 측면이 있다"는 자성론도 나온다.

문재인 정부는 저출산 고령 사회 위원회의 민간 위원을 10명에서 17명으로 늘리고 정부 위원을 14명에서 7명으로 줄여 민간 전문가들의 의견을 더 많이 반영하기로 했다. 위원회 산하에 상근 사무 기구도 설치해 위상을 높이기로 했다.

문재인 정부는 출산율 제고 정책의 일환으로 내년부터 0~5세 아동 1명당 월 10만 원을 지급하는 아동 수당을 선보일 예정이다. 하지만 '10만 원을 준다고 해서 아이 낳을 생각이 없던 사람들이 아이 낳으려고 하겠느냐'다.

그러므로 한정된 예산을 출산 효과가 높은 부분만 골라, 주택 마련이나 사교육에 들어가는 비용을 줄이는 사회 구조적인 변화까지 맞물려야 출산율이 하루라도 빨리 증폭될 것으로 내다본다. 또한 한 쌍이 하나가 아닌 둘 낳기를 유도해 나가는 행정에 집중 투입하는 대책을 이제라도 찾아야 한다.

그래서 눈을 감을 수가 없었다

# 이젠 촛불도 태극기도 아닌,
# 통합과 화해로써
# 헌법의 주인인 국민이 새 세상을 만들어야

대한민국 국민들이 국론을 모아 위기를 극복해냈다. 2017년 3월 10일 5,000만 대한민국 국민들은 일손을 놓고 텔레비전 앞에서 헌법재판소장 권한 대행인 이정미 소장 외 8인 재판관 전원 일치 "최순실 사익 위해 권한 남용, 용납 못할 헌법 위배"라는 대통령 탄핵 파면 소식에 적잖은 아픔과 충격을 받았다. 그렇다. 대통령도, 이 세상 누구도 지위 고하를 막론하고 '법 앞에는 평등'이 확인되는 시간이었다.

이젠 촛불도, 태극기도 법치(法治)가 존중할 때다. 이제 60일 후면 헌법의 주인인 대한민국 국민들이 또다시 19대 대한민국의 새로운 세상을 만들어 나가야 될 새 대통령을 선출해야 한다. 18대 박근혜 전 대통령의 탄핵 파면을 또다시 재연해선 안 된다는 비장한 각오로 국민 모두는 무장돼야 한다. 우후죽순 대통령으로 거론되고 있는 차기 주자들은 헌법을 무시한 대통령 파면을 반면교사(反面教師) 삼아야 한다.

그래서 주자들은 대권 사심(私心)을 버리고 오늘의 국론 분열, 탄핵에 의견이 서로가 달라도 상대방을 이해하고, 사회 안정을 위해 협치로 위기를 관리하며, 새로운 세상을 만들겠다는 각오를 국민 앞에 명확히 제시해야 한다.

우리의 정치가 어수선한 틈을 타 북한의 6차 핵 실험 준비 징후가 보인다. 미국 존스홉킨스대 산하 북한 전문 웹사이트 38노스가 9일(현지 시간) "북한 함경북도 길주군 풍계리 핵 실험장에서 최근 포착된 활동을 종합하면 북한이 핵 관련 장치와 관찰 장비를 설치할 경우 당장이라도 6차 핵 실험이 이뤄질 수 있는 상황이다"라고 밝혔다. 이 사이트는 지난 7일 풍계리 핵 실험장 지역을 촬영한 상업 위성사진을 근거로 "풍계리 핵 실험장 북쪽 갱도 입구와 주요 관리 지역, 지휘통제소에서 파악된 활동이 추가 핵 실험을 준비하고 있다는 판단을 뒷받침한다"고도 덧붙였다.

따라서 대권 주자들은 첫째도, 둘째도 국가 안보임을 알고, 고물가 잡기, 경제 활성화, 젊은이들의 일자리 창출 등을 위해 시대 흐름에 맞춰 정신을 똑바로 차려야 한다. 지금은 국민 모두가 분열과 대립은 나라를 붕괴시키는 길이고 오늘의 국론 분열을 사랑으로 보듬어 줘야 한다는 것을 명심해야 된다.

10일 박근혜 전 대통령 탄핵에 반대했던 태극기 국민들이 헌법재판소 주변에서 격렬히 시위를 벌이는 투쟁에서 3명이 숨지고 다수의 부상자도 발생했다. 헌재의 결정으로 탄핵을 둘러싼 사회적 혼란과 갈등을 매듭지어야 하는 마당에 불상사가 발생한 것은 유감스러운 일이다. 고귀한 인명이 더 이상 희생되는 일이 없도록 탄핵에 찬성한 측이나 반대한 측 모두가 자제하고, 경찰은 질서 유지에 힘써야 한다. 지난 3개월여 동안 평화적인 시위가 진행된 아스팔트가 자칫 피로 얼룩진다면 대한민국의 법치에 지울 수 없는 상처로 남는다.

탄핵에 반대했던 국민들이 헌재의 박 전 대통령 파면 결정에 크게 실망하고 낙담하는 것은 십분 이해할 수 있다. 그렇다고 '헌재를 박살내자' 등의 구호를 외치면서 경찰에 각목을 휘두르거나 경찰 버스를 훼손하는 폭력을 휘두르는 것은 온당치 않다. 더군다나 국가의 상징인 태극기를 목에 걸고서 폭력적인 방법으로 자기 기분대로 불만들을 표출하는 것은 대한민국의 국격을 깎아내리는 잘못이다. 헌재가 헌법과 법률에 따라 대통령을 파면하는 것으로 법치를 바로 세운 만큼 국민 누구도 유혈 시위로 목적을 관철하겠다는 것은 꿈도 꾸지 말아야 한다. 헌재의 결정이 자기 잣대와 기대와 다르다고 불복하는 것은 민주주의에 대한 도전으로, 정당화나 허용이 돼선 안 될 일이다.

촛불과 태극기로써 국가의 미래창조발전을 한마음 한뜻으로 바란 것은 국민 누구나 똑같다. 대한민국 헌법의 주권자로서 헌법을 위반한 대통령을 탄핵시킨 것은 헌정사에 길이 남을 일이지만 이에 도취해 국민 서로 간 다툼과 충돌이 계속된다면, 대통령의 탄핵은 퇴색이 될 것이며 곧 대한민국 경제 발전은 자폭과 함께 또 혼란으로 물들 뿐이다.

우리는 많은 시간 동안 탄핵을 요구했든 탄핵을 반대했든 모두가 같은 대한민국 국민들이다. 이제 그만 촛불과 태극기를 내려 놓고 오직 서로 품고 함께 사랑으로 위로해 주며 새로운 시대, 새 세상을 열어야 한다. 권력의 주인이고 법치의 주인인 국민 모두가 새 도약의 계기로 함께 공의로운 사회를 만들어 나가며 '얼룩진 광장'에서 일상으로 돌아가야 한다.

# 지금은 경제 위기 논쟁보다는
# 미래에 대한
# 경제 극복 준비를 해 나가야 할 때다

'가는 말이 고와야 오는 말이 곱다'는 말이 있다. 자신이 내뱉은 말이 마치 부메랑처럼 되돌아오는 것과 같다는 뜻이다. 내가 미소 지을 때 거울 속에 비친 내 모습도 미소를 짓는다. 거울은 결코 거짓 없이 먼저 웃지 않는다.

그러므로 사람들 사이에서 갈등이 일어나는 원인은 다양할지라도 먼저 배려해 주고 이해해 주고 먼저 다가가며 따뜻하게 손잡아 준다면 불필요한 갈등은 눈 녹듯 사라진다는 게 삶의 원칙이다. 이처럼 삶의 원칙을 말해 주듯 우리는 지금 10년 주기 경제 위기 극복의 골든타임을 어려워지기 전에 대처해야 하고, 경제 위기 논쟁보다는 미래에 대해 준비를 해 나가야 할 시점이라고 본다.

우리 경제 성장의 기점을 보면 10년 주기 위기설이 있다. 원래 이런 유(類)의 '설'은 혹세무민 성격이 짙지만 과거 사례를 보면 엉터리만은 아닌 것 같다. 가깝게는 2008년 미국발 금융 위기가 있었고 1997년에는 외환 위기를 겪었다. 1987년엔 민주화 욕구가 한꺼번에 폭발하고 노사 분규에 불이 붙었다. 1970년대 말엔 중화학공업 과잉 투자

그래서 눈을 감을 수가 없었다

로 몸살을 앓는 가운데 대통령이 시해됐다. 1960년대 말에는 무려 200개에 달하는 외자 도입 기업이 부실화되며 경제가 추락했다.

위기설에 따르면 지금 혹은 1~2년 내에 뭔가 큰 위기나 변화가 올 수 있다. 현재 진행 중인 북핵 사태가 위기일 수도 있고 아니면 다른 것이 기다리고 있을지도 모른다. 중요한 것은 위기가 닥쳤을 때 우리가 극복할 수 있을지 여부이다. 과거 위기 극복의 이면에는 세 가지 요인이 있었다.

첫째, 우리 국민의 저력이다. 국민은 고통을 감수하면서 힘을 모았고 기업인들은 열악한 환경에서도 세계를 누비며 외화를 벌었으며, 역량 있는 공무원들은 불철주야 대책을 세우면서 경제의 숨통을 유지해 왔다.

둘째, 튼튼한 국가 재정이 있었다. 어떤 국가든 위기가 오면 국가 재정이 최후의 버팀목 역할을 한다. 우리 역시 공적 자금을 조성해서 부실화된 금융을 정상화할 수 있었고, 투자 사업과 공적 부조 확대를 통해 일자리와 기본적인 삶을 유지할 수 있었다.

셋째는 우방의 협조이다. 글로벌 경제에서 늪에 빠지면 혼자 빠져나오기 쉽지 않다. 우방들의 도움은 필수이다. 우리의 경우 미국의 도움이 컸다. 국제기구와 협의해 부족한 외환을 공급해 주고, 금융 시장이 공포에 휩쓸리면 통화 스와프로 불안 심리 해소에 도움을 주었다. 위기 상황에서 안보를 지켜 주었던 것은 말할 필요도 없다.

그런데 지금 위기를 맞는다면 어떻게 될까. 세 가지 요인이 작동할 수 있을까? 이번엔 낙관하기가 쉽지 않다. 먼저 우리의 저력이 예전 같지가 않다. 기업 환경은 갈수록 어려워지는데 기업의 사기는 매우 침체돼 있다. 공무원 사기 역시 세월호 사태 이후 바닥 수준이다.

튼튼했던 국가 재정도 조금씩 금이 가고 있다. 포퓰리즘이 시작되면 국가 빚은 금방 늘어난다. 일본의 경우 국가 부채가 1990년 GDP의 68%였으나 2000년 140%, 2010년 230%로 급격히 상승했다. 지금 가계 빚이 과다한 상황에서 국가 부채까지 늘어나면 조그만 위기에도 취약해지기 쉽다. 가장 우려되는 것은 우방의 협조 여부이다. 일본이나 중국이 예전처럼 우호적이지 않다. 미국도 마찬가지다. 우리가 미·중 사이를 오락가락한 결과다. 주변 국가가 등 돌린 상황에서 위기가 오면 감당하기 어려워진다.

그렇다면 앞으로 위기를 어떻게 대처해야 할까. 최선의 방법은 사전에 위기 대처 능력을 최대한 키워 놓는 것이다. 모든 위기는 빚에서 오는 만큼 부채 관리는 최우선 과제다. 먼저 가계 부채를 줄여야 한다. 인구 절벽을 앞둔 상황에서 빚으로 주택과 빌딩을 너무 많이 건설했다. 향후 2년 내에 미 연준 금리는 최소 3%까지 가야 한다. 경기 조금 살리겠다고 저금리를 유지하다가 나중에 혹독한 고통이 올 수가 있다.

정부 부채도 최소화해야 한다. 복지 확대가 불가피하다면 증세를 하고, 경제 분야 예산은 과감히 축소해야 한다. 세금 조금 더 걷혔다고 추경 편성하는 행태는 반드시 지양해야 한다. 둘째, 좀비 기업은 그때그때 구조 조정을 해야 한다. 고용을 유지한다고 계속 끌고 가다가 나중에 한꺼번에 터지면 위기로 연결된다. 산업 구조 조정도 필요하다. 우리 주력인 전통 제조업은 언젠가 후발국에 넘어가게 돼 있다. 그전에 하루빨리 미래 산업에 올라타야 하는데 정치가 이 분야에

그래서 눈을 감을 수가 없었다

는 무관심하기가 그지없다.

마지막으로 외환 보유액을 더 쌓아야 한다. 일본이나 중국이 위기에 흔들리지 않는 이유는 엄청난 외환 보유액 덕택이다. 과거에 외환 보유액은 과유불급이라 했는데 지금은 다다익선이다. 2012년부터 금년 상반기까지 경상 수지 흑자가 총 4,573억 달러인데 외환 보유액은 단지 743억 달러 늘어나는 데 그쳤다. 현재의 3,800억 달러에 만족하지 말고 궁극적으로 1조 달러까지 올리자. 세상이 험할 때 믿을 수 있는 것은 내 호주머니에 있는 돈밖에 없다.

굳이 10년 위기설이 아니더라도 위기는 반드시 온다. 외환 위기 같은 충격적 형태보다 일본식 장기 침체가 시작될 가능성이 농후하다. 이런 위기는 우리가 힘을 모아도 해결되지 않기 때문에 더 무섭다. 안보 위기에 경제 위기까지 겹치면 정말로 힘들어진다. 그래서 지금은 과거 논쟁보다는 미래에 대해 진지한 준비를 해 나가야 할 때이다.

# 국력의 공고화와 국민적 대동단결
# 사회 통합에 좌우를 가리지 않고
# 총력을 기울여야

어떤 정책이든 속도보다 방향이 중요하다. 잘못된 방향임에도 속도만 강요하다가 유턴 하기에는 사회적 부작용과 비용이 너무 많이 소요된다고 믿는 까닭이다.

문재인 정부가 출범한 지 어느덧 반년이 훌쩍 지났다. 초기에 내걸었던 국정 최우선 과제가 적폐 청산이었다. 이 표제는 현재 진행형일 뿐만 아니라 앞으로도 당분간 뉴스의 초점이 될 공산이 커 보인다.

탄핵 절차를 통해 물러난 전 정권의 몰락을 딛고 일어선 새 정부이기에 과거 권력의 도덕적 처벌을 선명히 할 필요성은 충분히 이해가 가는 대목이다.

그럼에도 불구하고 적폐 청산이란 이름 아래 벌어지고 있는 지금까지의 상황은 어디에서 많이 본 듯한 현상이다. 그리 요란하진 않았지만 단호했던 문민정부의 과거 청산, 금융 실명제, 군내 사조직 혁파 등이 뇌리에 스치기 때문이다.

오히려 그보다 문재인 정부의 적폐 청산의 음습한 분위기는 우리 헌정사에 자주 등장하곤 했던 혁명 정부의 부패 척결과 서정쇄신의

그래서 눈을 감을 수가 없었다

데자뷔 같은 느낌을 준다. 촛불 광장과 촛불 혁명의 공론화가 우선 혁명적 분위기를 조성하는 데 충분히 일조를 하고 있기 때문이리라.

청와대 사이버청원광장에 하루에 수만 명씩 몰려들어 아우성을 치면 낙태의 자유화도 국정 의제가 되고, 무죄 추정의 원칙도 짓밟고 아무나 무차별적으로 몹쓸 죄인처럼 매도당하며, 만기 출소를 앞둔 어느 아동 성범죄자의 인권도 박탈될 위기에 처하는 게 지금 벌어지는 불길한 현실이다. 촛불 혁명의 굶주린 혼이 국민의 일상적인 삶 가까이에서 먹이를 찾아 어슬렁거리며 공포를 조성하는 분위기가 어디로 옮겨 붙을지 예측하기 쉽지 않다.

적폐 청산이 이렇게 정체 불명한 다중의 힘을 동원하거나 그에 추동되어 끌려가기 시작한다면 위험하기 짝이 없는 정치 놀음이 될까 심히 두렵다. 문득 중국 문화 혁명 시기에 홍위병을 떠올리는 건 과민일까. 만일 제도에 문제가 있다면 제도를 혁신해야 할 것이고, 정책의 실패였다면 그 실패를 반면교사 삼고 새로운 정책을 모색하여 실행에 옮겨야 할 것이다.

현자의 정치는 현실로 드러난 적폐를 결코 남의 탓으로 돌리지 않는다. 그것이 모두 우리의 적폐요, 내 의식의 적폐였다는 반성적 이성에서 출발하는 게 바른 길이다. 그렇지 않고 몇몇 공격대상을 골라 주머니 먼지까지 샅샅이 뒤지고, 그들의 싹을 자르기 위해 동원할 수 있는 모든 수단을 다 동원하는 형태는 패권정치와 다름 아니다. 장기적으로 보면 그 결과는 사회 통합적인 힘의 약화이거나 국력의 쇠퇴거나 적폐 위에 적폐의 악순환이라는 후유증만 남길 개연성이 매우 크다.

거기에서 국민의 안위와 문화 발전을 기대하기는 어렵다. 정치는 실패할 수 있고, 경제도 불황의 늪에서 허우적거릴 수 있고, 사회가 일탈하고 문화도 일시 타락할 수 있다. 하지만 문화 세계의 영역에서 이성과 정신의 발전은 결코 뒷걸음질쳐서는 안 되며, 과거로 회귀해서도 안 된다. 비록 짧은 기간 동안 번득이는 칼날 밑에서 일시 침묵을 강요당하거나 순간의 후퇴는 벌어질 수 있을지언정 그것이 오래도록 역사의 수레바퀴를 계속 뒷걸음질치게 할 수는 없을 것이다. 민심은 흐르는 물과 같이 떠나가기 쉬우며 열광적으로 지지하던 민심도 도가 넘는 것을 보면 돌아서기 마련이다. 최근 20년간 우리 손으로 이룬 정권 교체 현상이 그 방증이다.

문제는 어떻게 적폐 청산이라는 가면 뒤에 숨어 있는 분노와 증오의 굿판을 포용과 화합의 어울림으로, 부정과 파괴의 이데올로기로 얼룩진 촛불 광장을 긍정과 사랑의 춤판으로, 그리고 한풀이의 모닥불을 소망의 횃불로 변화시킬 수 있느냐이다.

적폐 청산 같은 정치적 거대 담론을 또다시 정치 검찰의 칼을 빌려 피바람을 불러일으키는 식으로 해서는 결코 안 된다. 그 열매가 처음에는 무척 달콤한 것 같아도 얼마나 씁쓸한 것인가는 이미 이 정권에서 저 정권으로 바뀔 때마다 항상 보아 왔듯 훤히 보이는 구태가 아닌가. 절제를 모르고 과거를 송두리째 뒤엎으려는 적폐 청산의 과욕은 그 자체가 새로운 적폐가 될 것이다. 그 적폐는 다시 쌓여 할 일 많은 미래 권력과 미래 사회가 치워야 할 짐으로 남을 것이기 때문이다.

분명한 역사의식을 가진 위대한 지도자라면 강대국 틈바구니에서 설 자리도 찾지 못해 전전긍긍하는 이 새로운 국가적 위기 상황에서

그래서 눈을 감을 수가 없었다

국력의 공고화와 국민적 대동단결 그리고 사회 통합에 좌우를 가리지 않고 총력을 기울여도 오히려 부족함이 있음을 깨달을 것이다. 편가르기 정치와 진실이 없는 감성의 정치는 배짱이 한철로 끝날 수밖에 없다는 점을 항시 염두에 두길 바란다.

# 알몸으로 왔다가
# 동전 하나 못 가지고
# 빈손으로 돌아가는 것이 우리 인생이다

우리는 누구나 모태에서 알몸으로 이 세상에 나와서, 또한 알몸으로 돌아가는 100년도 못 사는 인생을 산다. 죽음의 앞에선 동전 하나 못 가져가고 인생을 마감할 때가 누구를 막론하고 돌아오게 된다. 그래서 이 세상에서 '내 것'은 하나도 없다고 본다. 이 세상은 알몸으로 나와 알몸으로 돌아가는 것이 법칙이다. 수의(壽衣)에는 주머니가 없다. 죽음 앞에서는 지위의 높고 낮음이 관계없고 재벌 총수라도 모두 빈손으로 말없이 떠나는 것이다. 그래서 100년도 못 사는 인생의 길에서 지나친 욕심은 행복하고 평화로운 삶을 망치고, 더 나아가 불행한 화를 불러올 뿐이다.

세상사가 말해 주듯이 요즘 재벌 총수들은 비자금 조성과 함께 너무 많은 '돈' 욕심을 부리고들 있다. 비자금 조성 및 탈세 의혹 수사를 받기 위해 지난달 25일 검찰에 출두한 이재현 CJ 회장의 모습을 바라보는 국민들의 마음이 편치 않았다. 여전히 국내외 경제 흐름이 좋지 않은 시점에 이미 두 명의 재벌 총수가 영어의 몸이 돼 있는 상태에서 또 한 사람이 같은 처지로 떨어질 가능성이 높기 때문일 것이다.

우리 국민들은 도대체 언제까지 내로라하는 재벌 총수가 고개를 떨구며 '할 말이 없습니다' 하고 교도소로 향하는 모습을 봐야 하는지 참으로 답답할 따름이다. 과욕으로 세상과 격리되는 외롭고 불행한 영어의 몸이 되는 모습이 안타까울 뿐이다.

특히 이 사회의 재벌들의 비윤리적 사고가 사라지지 않는 한 앞으로도 제3, 제4의 재벌 총수들이 언제든지 나올 수 있다는 우려가 더이상 현실이 되지 않았으면 좋겠다. 이를 위해서는 무엇보다 재벌들 스스로가 도덕 재무장을 하고 불법·탈법과는 타협하지 않겠다는 결연한 의지를 보여 줘야 할 것이다. 요즘 몇몇을 제외하면 우리나라 재벌은 거의 대부분이 창업자의 2세나 3세. 선대 창업자의 초심으로 돌아가 옳고 바른 정도 경영을 실천하는 모습을 보여 줄 수는 없을까 하는 말이다.

이런 점에서 이번 수사는 재벌의 비윤리적 경영을 개선하는 전기가 됐으면 한다. 비자금 조성을 지시했거나 보고받은 경로를 끝까지 추적하고, 수상한 거액의 미술품 거래와 차명 부동산 구입을 통한 재산 부풀리기를 낱낱이 밝혀내야 할 것이다. 검찰 수사의 엄정함을 보이는 것만이 재벌의 구태의연한 비자금 은닉을 막을 수 있는 첩경이 될 것이기 때문이다.

굴지의 재벌 총수인 이재현 회장은 국내외 비자금 운용을 통해 수백억 원의 조세를 포탈한 것은 물론, 회삿돈을 횡령한 혐의와 일본 도쿄의 빌딩 2채를 구입하는 과정에서 회사에 수백억 원의 손해를 입게 한 혐의 등을 받고 있다. 임직원 명의를 빌려 비자금을 세탁하고 관리하는 등 재벌의 부정적인 측면을 모두 보여 준 비리 종합선물

세트와 다를 바가 없다. 검찰의 정교한 수사가 뒤따라야 하는 까닭이 바로 여기에 있다.

사실 CJ 회장의 차명 재산은 2008년 재산 관리인이 사채업자를 청부 살해하려 한 사건을 수사하는 과정에서 이미 드러났다. 당시 경찰은 이 회장이 임직원 명의의 계좌 수백 개로 수천억 원의 비자금을 분산 관리하고 있음을 확인하고 세무당국에 통보했지만 상속세만 물고 유야무야됐다. 문제는 그 이후에도 CJ 그룹이 국외 투자를 가장해 해외에서 비자금을 조성하는 불법을 그치지 않았다는 사실이다. 이번 수사에서 당시 세무 조사의 적정성도 명백히 밝혀져야 할 것이다.

검찰은 SK 사건을 수사하면서 불구속한 최태원 회장이 불구속 재판 과정에서 법정 구속을 당한 아픈 수모를 잊어서는 안 된다. 전임 검찰 총장 재임 시의 일이긴 하지만 권력과 '돈'에 약하다는 검찰 생리를 국민들에게 환기시키는 계기가 돼야 할 것이다. 재벌의 탈세와 욕심은 모두가 '독약'의 불행의 길이다. 그러므로 재벌 총수가 욕심을 부려 검찰에 불려가는 일이 더는 없어야 할 것이다. 또한 이 사회의 부귀와 높고 낮음과 관계없이 우리 모두 태어날 때부터 알몸으로 왔다가 죽음의 수의(壽衣) 앞에는 주머니 없이 빈손으로 떠나가는 것이 인생이다.

# 정의는 많은 사람이 더 큰 축복의 사랑을 누리는 길을 열어 주는 인간애의 의무와 책임이다

요즘 서점가를 돌다 보면 자주 자기 위로에 관한 책이 가득함을 보게 된다. "괜찮다, 상관없다, 신경 쓰지 마라" 등 각박한 세상에 제 한 몸이라도 추스르고 살자는 간절함이 담겨져 있음을 느꼈다.

그러나 이런 시대일수록 우리에게 진정으로 필요한 것은 '서로를 향한 사랑과 축복'이 될 것이다. 서로가 서로를 위로하고, 축복할 때에 비로소 아름답고 평안하고 충만한 삶을 살게 되는 것이다. "웃는 얼굴이 웃는 얼굴과, 정다운 눈이 정다운 눈과, 건너보고 마주 보고 바로 보고 산다면, 아침마다 동트는 새벽은 또 얼마나 아름다우랴" 싶다. 그러므로 정의는 많은 사람이 더 큰 축복을 누릴 수 있는 길을 열어 주는 인간애의 의무와 책임인 것이다.

인간은 사회적 존재다. 개인은 자유가 없는 사회를 원치 않으며, 사회 평등이 없는 삶을 용납하지 않는다. 이 갈등을 해소하는 소중한 가치가 정의다. 특히 정치 사회와 경제 생활에서는 더욱이 그렇다.

그런데 17세기를 대표하는 사상가 B 파스칼은 정의와 현실 관계를 언급하면서 뜻깊은 글을 남겼다. "왜 그대는 나를 죽이려 하는가. 그대는 강 건너편에 살고 있기 때문이다." 냉전 시대에는 모스크바에 사느냐, 워싱턴에 사느냐가 정치적 정의의 표준이 됐다.

지금도 우리는 서울에 사는가, 평양에 사는가에 따라 삶에 대한 평가가 달라지고 있다. 그것까지는 역사적 폐습이라고 받아들여도 할 수 없다. 아직도 우리는 같은 사례를 가지고 어느 정권에서 일어났는가를 묻는 때가 있다.

정치 지도자로 자처하는 사람들이 여야의 위치에 따라 상반된 판단을 내린다. 판단에 그치지 않는다. 어느 사회에서도 용납될 수 없는 편 가르기와 집단이기주의에 빠진다. 그 결과는 국민 전체의 고통과 불행의 원인이 된다.

그러면 우리는 정의란 무엇이라고 생각하는가. 진정한 의미의 보수나 진보는 아직 인정받지 못하고 있다. 그러나 지금의 보수는 자유민주주의 정의관을 받아들이고 있다. 정의는 더 많은 사람이 자유를 누리며 선의의 경쟁을 통해 행복을 찾아가는 길이다. 이에 비하면 진보 진영은 정의는 평등한 사회를 창출해내는 방법과 과정의 추진력이라고 믿는다. 평등한 사회가 궁극적인 목적이기 때문이다.

그래서 우리는 정권이 바뀔 때마다 개인의 자유와 사회적 평등의 갈등 속에서 시련과 고통을 치르곤 한다. 현 정부가 출범하면서는 그 현상이 더 뚜렷해지는 느낌이다. 약속했던 협치는 거짓말이 되고 말았다. 우리는 행정상의 협치도 중하나 자유의 가치가 훼손되지 않는 평등을 기대했던 것이다. 캐나다나 영국을 비롯한 많은 국가들은 그런 수준의 사회 평등의 방향과 방법을 택하고 있다.

그런데 우리 정부는 170년 전의 마르크스주의자들의 정의와 평등

그래서 눈을 감을 수가 없었다

의식을 갖고 있는 것 같다. DJ 정부 때는 국민의 다수가 진보 정책을 수용할 수 있었다. 경제 정책에 있어서는 더욱 그랬다. 그러나 현 정부의 경제 사회관은 운동권 학생들이 교과서와 같이 믿고 따르던 옛날의 이념적 가치를 정의로 여기는 것 같다.

오래전에는 서울에서 부산으로 가는 교통편이 하나뿐이었다. 무궁화호 기차가 유일한 교통수단이었다. 그러나 고속도로가 생기고 비행기를 탈 수 있는 발전적 변화는 예상하지 못했다. 같은 기차라고 해도 지금은 고속 철도(KTX)가 주역을 맡고 있다. 세계 역사도 그렇다.

170년 동안에 정치는 물론 경제계의 발전적 변화는 예상을 초월하고 있다. 마르크스의 경제 이념을 따라야 한다고 믿고 주장했던 국가들은 모두가 세계 역사의 무대에서 사라져갔다. 러시아가 그랬고, 중국이 같은 길을 택했다. 북한의 실정은 더 숨길 수 없게 되었다. 과거 들었던 한 일본 교수의 말이 기억에 떠오른다. 20대에 마르크스를 모르면 바보였으나 30대까지 믿고 따르는 사람은 더 모자란 바보라는 경고다.

적폐는 해소되어야 한다. 그렇다고 우리가 하면 정의가 되고 야당이 한 것은 폐습이라는 사고는 위험하다. 적폐를 수술하는 것은 법과 권력으로 하는 것도 중요하나, 선한 사회 질서와 법이 동반해야 한다. 건강한 사람도 계속해서 수술만 받으면 환자는 건강을 회복하지 못한다. 마르크스주의자들은 정권을 잡으면 모든 과거를 적폐로 보았다. 그래서 투쟁과 혁명을 계속했다. 그러는 동안 사회적 전통과 인간 간의 질서가 병드는 결과를 초래했다.

사회 문제에는 흑백이나 모순 논리는 존재하지 않는다. 중간만이 실재하는 법이다. 중간 존재를 거부하는 극우와 극좌적 사고는 언제나 위험하다. 강 이쪽과 저쪽에서 우리는 옳고 너희는 배제되어야 한다는 우를 범해서는 안 된다. 세계역사가 공산주의나 합리주의보다 경험주의 국가를 지향하는 것은 우리 모두가 양극이 아닌 중간 사회에 살고 있기 때문이다.

그렇다면 정의란 어떤 사회적 가치를 염원하는가. 정의는 개인의 자유와 사회적 평등을 공유하면서도 더 높은 행복과 축복의 가치를 추구하는 '인간애의 의무와 책임'인 것이다. 그래서 더 많은 사람이 더 큰 행복의 축복을 스스로 찾아 누릴 수 있는 길을 열어 주는 임무를 맡아야 한다. 사랑의 질서와 행복을 배제하는 정의는 목적을 상실한 투쟁의 고통을 남길 수도 있다. 그래서 정의는 많은 사람이 더 큰 축복을 누릴 수 있는 길을 열어 주는 인간애의 사랑과 의무와 책임이다.

그래서 눈을 감을 수가 없었다

# 남에게 대접을 받고자 한다면
# 내가 먼저
# 손을 내밀어야 한다

우리 사회는 일정한 도덕률에 의해 움직인다. 사람과 사람 사이에도 일정한 규칙과 질서가 있다. 이를 요약하면 '네가 싫어하는 것은 누구에게도 하지 말라'는 교훈과 같을 것이다. "다른 사람이 네게 하기를 원하는 대로 너도 먼저 남을 대접하라"고 하는 말이다.

우리의 교훈은 적극적으로 먼저 선을 행하라는 가르침의 말이다. 남을 대접할 때는 내가 대접받고 싶은 게 뭔지 생각하면 된다. 누구나 다른 사람이 친절하고 인내하는 자세로, 관용으로 대해 주기를 원한다.

곧 남에게 대접받고자 한다면 내가 먼저 2019년 밝은 새날 새해에는 빈자들에게 사랑으로 손을 내밀어야 내가 대접을 받는다는 교훈이다.

우리에게 지나간 시간은 다시 오지 않고 벌어진 일은 주워 담을 수 없는 법, 지금 할 수 있는 일은 있는 그대로 받아들여야 한다. 오늘 우리가 다른 사람을 용서하는 것보다 나 자신을 용서하는 것이 더 어렵고, 남과 화해하기보다 나 자신과 화해하기가 더 힘든 것은 있는 그대로 인정하고 그대로 받아들이기가 쉽지 않기 때문이다.

우리가 현실에서 행복의 산책을 행하다 보면 '남의 눈'보다 '나 자신'에게 떳떳할 때 행복이 찾아온다. 삶의 중심(中心)이 어디에 있냐에 따라 행복감의 높고 낮음이 달라진다. 그동안 '타인(他人)의 시선'에 맞춰 살아왔다면, 새해엔 삶의 축을 '자기 자신'으로 옮겨야 행복이 찾아온다.

우리들 삶에서 누구나 뭔가 조금 꺼림칙하거나 부끄러운 일을 모두 한 번쯤 하게도 된다. 작은 거짓말을 하는 경우도 있고 자기 잘못을 알면서도 모르는 척 넘기기도 한다. 이럴 때 생기는 마음의 불편함을 인간은 어떻게 정리할까?

그것은 인생에서 누구를 가장 신경 쓰며 사느냐에 따라 달라질 수 있다. 즉, 나의 삶을 지켜보는 마음속의 '관객'이 누구냐의 문제다. 이 가상의 관객은 시대와 문화에 따라 변하지만, 크게 보면 신(神, god), 타인 혹은 자기 자신으로 좁힐 수 있다.

중세 유럽인 사고의 중심에는 기독교의 신이 있었다. 이 전지전능하신 신은 모든 것을 알고 있기에 잘못을 숨기는 것은 어려웠다. 고해성사(告解聖事)와 같은 방법으로 영혼을 씻어야 마음의 짐을 덜 수 있었다.

이런 믿음은 일상의 행동에서도 나타난다. 최근 심리학 연구에 의하면 사람은 도덕적 불안감이 증가하면 자신의 신체를 청결하게 하고자 하는 욕구도 증가한다. 가령, 거짓말을 한 뒤에는 입을 청결하게 해 주는 구강 청결제에 대한 구매 욕구가 올라간다고 한다.

서양의 세계관은 르네상스를 거치며 큰 개편이 이루어졌다. 신(神)

그래서 눈을 감을 수가 없었다

중심적 사고에서 각 개인이 가진 고유한 가치를 중시하게 됐으며 심판의 두려움이 아닌 내면의 기준에 의해 판단하고 행동하는 일상으로 변모했다.

하지만 한국과 같은 유교적 사회에서 초미의 관심사는 늘 신이나 자신보다 타인이었다. 어떻게 행동하고 말할지, 심지어 어떤 감정을 느낄지도 타인이라는 거울에 비추어 보며 편집을 한다. 사회심리학자 고(故) 윤진 교수는 "한국인은 자신의 생각보다 '남이 나를 어떻게 생각하느냐'를 우선시한다"고 축약했다.

삶의 중심이 어디에 있느냐는 행복감이 높고 낮은 사회를 가르는 출발점이 되기도 한다. 작년 핀란드와 덴마크에서 현지 교수들, 고위 공무원들이 보여 준 통계 자료들을 보며 그 나라의 사회적 부(富)가 그들의 높은 행복감의 초석임을 확인할 수 있었다.

그런데 이런 스칸디나비아의 사회적 부가 어디에서 오느냐의 질문을 할 때마다 그들은 다소 당혹스러워했다. 마치 왜 호수에는 물이 있느냐는 질문이라도 받은 것처럼 말이다.

그래서 위에서 언급한 '인생의 관객 비유'로 다시 물었다. 그러자 답이 나왔다. 각자 스스로를 정의롭고 도덕적인 존재로 규정하고 여기에 탑재된 가치와 이상(理想)을 지키는 것을 무엇보다 중시한다는 것이다. 누가 감탄을 하든 말든, 벌칙금이 있든 말든, 그들은 자신이라는 관객에게 부끄럽지 않기 위해 고군분투하며 사는 듯했다.

덴마크 관객을 위한 팁(tip) 중 현지인들에게 과한 감사나 칭찬 표현을 자제하라는 문장을 본 적이 있다. 선의(善意)가 전제된 행동에 과하게 고맙다고 하는 것은 행위자의 순수한 의사소통을 떨어뜨리는 기분을 만들 수 있다는 것이다. 높은 사람에게 과하게 숙이고 "고객님, 사랑합니다!"라는 극히 피상적인 친절을 자주 접하는 우리 사회와 대조되는 온도다.

북유럽처럼 우리 또한 삶의 무게 중심을 타인에서 자기 자신으로 좀 더 옮겨 놓을 필요가 있어 보인다. 타인의 눈이 의식의 가장 큰 부분을 차지하는 사회는 내용보다 겉모습에 신경 쓰는 형식주의나 과정보다 가시적 성과에만 주목하는 결과주의를 낳을 확률이 높다.

이 모두 행복한 사회의 전형과 거리가 있다. 자신을 보며 산다는 것은 각자의 권리와 욕망만을 주장하는 것이 아니다. 자기 성찰과 통제가 따르는 무거운 책임감이 있으며, 타인에 대한 깊은 존중이 필요하다.

어느덧 시간과 세월이 바람처럼 날아가듯이 2018년이 저물어가는 31일 마지막 날이다. 오늘이 지나면 또 한 해의 시작 2019년 새해 새날이 밝아온다. 새해는 누구에게나 새 무대를 펼칠 기회를 준다. 이 무대의 주인공은 늘 자기 자신이지만, 특히 힘이 있는 곳은 민복을 챙겨 주는 국회와 정부다.

2019년 새해엔 남에게 대접을 받고자 한다면 내가 먼저 손을 내밀어야 내가 대접을 받는다는 것을 국민 누구나 알아야 할 것이다. 특히 국민의 민복을 챙겨주는 국회와 청와대의 정부 고위직들 또한 새해에는 국민들이 빈자들 앞에 먼저 손을 내밀어 주기를 열망한다는 것을 명심해 주길 바란다.

그래서 눈을 감을 수가 없었다

# 바른 말을 하는 사람들이
# 소통의 대전환과 함께
# 잘 사는 경제를 만들어야 한다

어른들이 말씀하시기를 가난 중에서도 '사람 가난'이 가장 무섭다고 한다. 돈만 모아 둘 일이 아니어서 사람도, 관계도 저축이 필요하다. 혹시 그동안 이런저런 말과 행동으로 밀어낸 사람이 있는가? 다시 가까이하고 싶다면 우선 진심을 담아 미안하다고 말하자. 부모 자식이든 형제자매든 친구든 아직 늦지 않았다. 하지만 내일이면 늦다.

새해를 맞은 오늘의 대한민국 사회에 서로 진심으로 믿음과 신뢰를 갖고 바른 말을 하는 사람들이 많았으면 좋겠다.

우리가 말을 건네는 상대가 있다. 그래서 말은 돌아온다. 좋은 말은 웃는 얼굴로 돌아온다. 나쁜 말은 화난 얼굴로 돌아온다. 한 번 뱉은 말은 평생 자신을 따라다닌다.

때로는 내 자신의 운명을 옭아매기도 한다. 말에는 파장이 있다. 맵고 독한 말은 격하게 번져나간다. 상대를 죽이겠다는 말에는 자신 또한 죽을 각오가 들어있음이다. 혀는 칼이고, 입은 화(禍)가 들락거리는 큰 문이다.

과거 대통령을 탄핵했던 지난 몇 년 동안 우리 사회에는 막말, 반

말, 거짓말이 난무했다. 아침에 들은 말을 저녁에 버려야 했다. 골목에서 주워들은 소문은 광장에서 맞춰 봐야만 했다. 확인하기 어려운 가짜 뉴스가 범람하여 불신과 증오를 증폭시켰다.

상대 진영에 던지는 말 폭탄에 진실은 조각나 버렸다. 이성과 공동선은 맥을 추지 못했다. 날카로운 감정이 사람들을 이끌고 다녔다. 결국 말은 보이지 않고 구호만 나부꼈다. '나쁜 권력'을 무너뜨렸지만 돌아보면 우리 모두 깊은 내상을 입었다.

요즘도 세상은 여전히 시끄럽다. 속이 빈 말들이 악을 쓰고 거짓말이 춤을 춘다. 대개 정치권에서 생산된 것들이다. 오늘도 여의도에서는 어떤 말 폭탄들을 어느 누가 터뜨릴지 모를 일이다. 정치인의 막말은 지지자들을 결집하거나 판세를 뒤흔들기 위한 고도의 노림수이기도 하다. 이들의 막말은 진영의 논리로 둔갑한다.

이에 따라 1년 전 문재인 대통령은 신년 인사회에서 '나라가 달라지니 내 삶도 좋아지는구나'라고 느낄 수 있도록 정부의 모든 역량을 쏟아붓겠다고 했다.

그러면서 좋은 일자리 창출과 양극화 해소에 큰 전환점을 이루겠다고 약속했다. 그로부터 1년이 흘렀다. 문 대통령은 올 신년사에서도 불평등과 양극화를 강조했다. 아직 큰 진전을 이루지 못했다는 증좌다.

지난 1년간은 좋은 나라 만들기는 답보 상태였다. 오히려 퇴보했다는 평가가 나올 만하다. 일자리 증가는 전년의 3분의 1 수준으로 떨어졌다. 소득도 고소득층은 늘었지만 저소득층은 줄었다. 이는 정부의 다짐과 다르다. 더 보호받아야 할 저소득층의 일자리와 소득이 모

그래서 눈을 감을 수가 없었다

두 악화됐다. 잘못된 매듭을 풀어야 한다.

재벌은 한국 경제를 이끄는 중요한 원동력으로 역할을 해왔다. 그럼에도 비난받는 이유는 분배가 아닌 '독식의 길'을 걸었기 때문이다. 돈이 곳간에 쌓일 뿐 밖으로 나오지 않으면서 '자본의 우선 순환'이 끊어졌다. 대기업은 부익부, 가계는 빈익빈이 고착화됐다.

대기업이 '단가 후려치기'를 하면서 하청 기업으로 돈 흐름이 끊겼기 때문이다. 이런 상태에서 재하청·재재하청기업으로 돈이 돌기는 언감생심이다. 그러면서 재벌은 일감 몰아주기를 통해 승계 작업에 열을 올렸다. 갑질을 걷어내고 공정한 룰이 적용되도록 해야 한다.

고용 시장이 어려워진 데는 인구 구조 변화와 산업 구조 조정 등이 복합적으로 작용했다. 그럼에도 최저 임금 인상 등의 영향이 컸다는 점을 부인하기 어렵다. 음식·숙박업 등에서 취업자 수가 감소한 것은 자영업자들의 폐업 러시와 무관치 않다.

이들의 어려움이 더 이상 가중되지 않도록 대책을 마련해야 된다. 자영업자들의 열패감은 일부 보조금 지원으로 쉽게 가라앉지 않는다. 대기업에서 일자리가 늘지 않는다는 것은 사실로 입증됐다.

일자리는 신산업에서 나온다. 4차 산업 혁명에 보조를 맞추면서, 일자리를 늘릴 방법을 구해야 한다. 좋은 일자리뿐만 아니라 다향한 일자리를 만드는 노력이 필요하다. 장기적으로는 실직자나 퇴직자를 위한 재교육 프로그램도 추진해야 한다.

양극화 해소는 더 이상 미룰 수 없는 지경에 이르렀다. 소득 양극화는 계층 간의 이동을 힘들게 한다. 이는 사회의 역동성을 떨어뜨리고 결국엔 사회 전체의 미래마저 담보할 수 없는 상황을 초래할 수 있다.

지난해 비정규직 노동자는 661만 명으로 전체 임금 노동자 가운데 33%에 달한다. 이들은 대부분 고용 불안과 임금 차별을 겪는다. 비정규직이 극단적으로 차별적인 대우를 받는 상황에서 양극화 해소는 어렵다.

문재인 정부의 '비정규직 제로화 선언'과 달리 비정규직은 오히려 늘었다. 10명 중 3명 이상이 비정규직이라는 건 노동 시장이 비정상이라는 얘기다.

자본주의는 경쟁과 효율을 동력으로 시스템이 움직인다. 다양한 이유로 경쟁에서 밀려난 약자들이 생겨나기 마련이다.

정부는 사회에서 발생하는 약자들에게 인간으로서 기본적인 생활을 영위할 수 있도록 사회 안전망을 제공해야 한다. 질병, 사고, 실직, 은퇴 등으로 인한 고통을 덜어 주어야 한다.

함께 잘 살아야 하지만 그 길은 어렵다. 정부는 국민들을 설득하고 소통하면서 개혁을 추진해나가야 한다.

'아는 것을 안다고 하고, 모르는 것을 모른다 하는 것이 말의 근본'이라고 했다. 한 마디 말이 맞지 않으면 그 후에 천 마디 말은 한나절 햇볕에 증발하는 이슬일 뿐이다. 바른 말이 세상을 바른 길로 끌고 간다. 그래서 새해는 바른 말을 하는 사람들이 함께 소통으로 대전환을 이루고 국민 모두가 잘 사는 경제를 만들어야 한다.

그래서 눈을 감을 수가 없었다

## 정부는 근본적인 대책을 마련해
## 좌절한 청년들을 일으켜
## 저출산 정책을 백지부터 다시 펼쳐야 한다

우리가 살면서 아버지, 어머니 노릇이 처음이듯 아이들도 그렇다. 모두가 처음인 우리는 그렇게 사람이 되는 법을 서툴게 배워나간다. 상대의 안색에서, 목소리에서 기미를 포착하는 공감을 배우면서 말이다.

누구나 화려한 성공을 꿈꾸지만, 기적은 장미로 피어나는 게 아니다. 삶의 기적은 꽃봉오리가 터져 나팔꽃이 활짝 피어난 것이다. 외치고 있었으나 듣지 못하던 아이의 말에 아빠, 엄마가 끝내 응답하는 순간, 학부모는 끝내 부모가 된다.

이에 따라 정부는 좌절한 젊은 청년들을 일으켜 줄 근본적인 저출산 정책을 백지에서부터 다시 찾아야 한다. 지금의 정부에 대해서는 "인구 구조에 큰 상처가 났는데 정부와 국회는 돈 몇 푼 쥐어 주는 응급 처치만 하고 있다", "대수술이라고 할 수 있는 근본적인 대책을 마련해 좌절한 청년들을 일으켜야 한다"고 지적하고 싶다.

지난해 우리나라 합계 출산율(가임 여성 1명당 출생아 수)의 '0명대' 추락이 확실시되었다. 지난 17일 대통령 직속 저출산 고령 사회

희망동산에 사과나무를 심자

위원회 관계자는 "지난해 합계 출산율이 0.96~0.97명으로 잠정 집계된다"고 밝혔다.

강신욱 통계청장이 지난해 출산율을 1.0명 미만으로 예상한 데 이어 정부 잠정 집계치가 다시 공개된 것이다. 이렇게 되면 우리나라는 세계에서 유일한 '출산율 0명대' 국가라는 기록을 쓴다. 과히 인구 재앙이라 할 만하다.

'출산율 0명대'는 1992년 옛 소련 해체, 1990년 독일 통일 등 체제 붕괴·급변 때나 나타났다. 앞으로도 출산율 반등은 쉽지 않아 보인다. 2000년대 이후 저출산이 고착돼 혼인 건수와 가임 여성 자체가 줄어들었다. 인구 재앙은 우리 사회 근간을 흔들 것이다. 생산 가능 인구가 줄어 경제 활력이 떨어지고 고령화 복지 부담이 눈덩이처럼 불어난다.

정부는 2006년부터 5년마다 저출산 고령 사회 기본 계획을 세워 12년간 126조 원의 막대한 예산을 투입했다. 결과는 초라하다. 출산율은 경제협력개발기구(OECD) 회원국 평균(1.68명)은커녕 초(超)저출산 기준(1.3명)에도 못 미친다. 3차 저출산 고령 사회 기본 계획(2016~2020년)에선 출산율 1.5명을 달성하겠다고 했는데 공수표가 됐다.

청년들은 왜 아이를 낳아야 하는지 묻고 있다. 일자리, 주거, 교육비, 노후 준비 등 복합적인 요인으로 미래를 장담할 수 없는 상황에서 '국가의 행복'을 위해 아이를 낳을 생각은 없다는 뜻이다.

절대적 빈곤과 열악했던 조건에서도 자식을 위한 희생에 인생의 최대 가치를 두고 보람을 느꼈던 부모 세대로선 안타까운 현상이지만,

그래서 눈을 감을 수가 없었다

'개인의 행복'을 우선순위에 두는 젊은이들을 무작정 비난만 할 수는 없다.

문화는 급격히 바뀌는데 구조적 여건은 더디게 변하는 데서 빚어지는 괴리도 근간에 자리 잡고 있다. 나열식, 전시성 대책들을 모두 덮고 백지에서부터 새로 출발해야 한다.

이와 같은 오늘날 최저 임금 인상과 주 52시간 근무제는 노동자들의 삶을 더 풍족하고 여유롭게 하려는 선의(善意)에서 출발했다. 정부는 노동자들의 소득 증가를 위해 지난해와 올해 최저 임금을 29.1% 올렸다.

주 52시간 근무제를 도입해 장시간 노동이 일상화된 근로자들의 처우를 개선하고, 노동 시간 감축으로 기업의 추가 고용을 유도해 일자리를 늘리고자 했다. 목표는 못 사는 사람을 잘 살게 하겠다는 것이었다.

사람이 노동하며 더 받고 더 쉴 수 있다는데 환호하지 않을 국민이 누가 있겠는가. 한편 더 놀고도 더 받는 유토피아가 가능한지 의심하며 제도 시행에 반대한 사람도 많았지만 정부는 패러다임 전환을 내세우며 과감하게 밀고 나갔다.

그런데 1년이 흐른 지금, 결과는 어떤가. 정부의 의도와는 정반대로 못 사는 사람은 더 못 살게 되었다. 통계청의 2018년 3분기(7~9월) 가계 동향 조사(소득 부문) 결과에 따르면 하위 20% 가구의 월평균 소득은 131만 7,600원으로 전년 동기보다 7% 줄었다.

반면 상위 20%는 973만 5,700원으로 약 9% 늘었다. 저소득층과 고소득층 간의 격차는 11년 만에 최대치로 벌어졌다. 상위 20%와 하위 20% 가구 사이의 소득 격차(3분기 기준)는 2016년 4.81배, 2017년 5.18배, 2018년 5.52배 등으로 현 정부 들어 더 확대되고 있다.

정부는 최저 임금을 올리면 노동자들의 삶이 나아지리라 봤지만 결과는 일자리 감소로 나타났다. 특히 최하층 노동자인 아르바이트생들이 대거 일자리를 잃으면서 그나마 학비에 보탰던 알바비도 못 버는 대학생이 크게 늘었다.

문재인 정부의 간판 경제 정책인 소득 주도 성장을 추진하기 위해 급격하게 올린 최저 임금이 저소득층에 치명적 타격을 주고 있는 것이다. 주 52시간 근무제는 근로자들에게 저녁이 있는 삶을 가져다주었지만 노동 시간 축소에 따른 소득 감소와 연구 개발 시간 부족으로 첨단 정보 기술(IT) 산업의 경쟁력 약화를 초래하고 있다.

그런데도 예견된 역기능을 무시하고 무리하게 밀어붙이면 국민들, 그중에서도 서민들에게 큰 피해가 돌아간다. 1958~1961년 중국의 대약진운동 당시 벌어진 '참새 대학살'은 잘못된 정부 정책이 얼마나 큰 재앙을 초래하는지를 보여 주는 대표적인 사례다.

마오쩌둥은 참새가 벼를 쪼아 먹는 것을 보고 해로운 참새들을 모두 잡아 죽이도록 명령했다. 이에 농민들은 닥치는 대로 참새를 잡아 없앴다. 쌀을 훔쳐 먹는 참새가 사라지면 농민들의 쌀 수확량이 크게 늘어날 것으로 생각했지만 결과는 반대였다.

천적인 참새가 사라지면서 해충이 창궐해 대흉년이 닥쳤고, 기근으로 약 3,000만 명이 목숨을 잃었다. 농민들을 위한다는 참새 박멸이 오히려 농민들을 떼죽음으로 몰아넣은 것이다.

서양 속담에 '지옥으로 가는 길은 선의로 포장돼 있다'는 말이 있

그래서 눈을 감을 수가 없었다

다. 국민을 들뜨게 하는 화려한 정책일수록 부작용을 경계해야 한다는 뜻이 담겨 있다. 지금 우리 앞에는 최저 임금 인상과 주 52시간 근무제라는 선의가 빈자(貧者)들의 주머니를 털어가는 역설적인 현실이 놓여 있다. 정부가 탄력 근로제 단위 기간 확대 등 보완책을 서둘러야 하는 이유다.

그래서 정부는 좌절한 청년들을 일으켜 저출산 정책을 백지부터 다시 마련하고 출산 장려를 위한 근본적인 대책을 찾아야 한다.

# 자유 민주주의를 위하고
# 자유와 인간애를 염원하는 것들은
# 국민들의 책임이 아닐 수 없다

20대 국회 마지막 국정 감사가 지난 2일 막이 올랐다. 여야는 앞으로 20일간 모두 788개 기관을 대상으로 올해 행정부가 계획하고 추진했던 국정 전반을 감사할 것이다. 올해 국감은 내년 총선을 6개월여 앞두고 열리는 만큼 여야의 대립이 어느 때보다 격렬할 것으로 보인다.

"백성은 가까이할 수 있지만 얕잡아 보면 안 된다. 백성은 나라의 근본이다. 근본이 튼튼해야 나라가 평안해진다." 국회가 마지막 국감도 '조국 정쟁'으로 국민의 염원을 뒤덮으려 한다면 20대 국회는 내년 4월 총선에서 준엄한 심판을 면치 못할 것임을 명심하고 경각심을 가져야 한다.

이런 상황에서 국익을 챙기고, 경제를 살리고, 민생을 돌보는 데 협치를 발휘하라는 건 공허한 주문일지 모른다. 그러나 국회가 비정상 상태에 빠져들면 그 큰 피해는 고스란히 국민들의 몫으로 돌아간다.

조국 장관의 거취는 검찰 수사 결과가 나오면 자연히 정리될 일이다. 검찰과 경찰은 압력과 정치 권력 앞에서도 오로지 국민을 위한

그래서 눈을 감을 수가 없었다

옳고 밝은 수사로 나라를 위해 일해야 한다. 그러므로 잘못된 금수저의 비리 수사는 검찰에 맡기고 국회는 제 할 일을 다해 주기를 국민은 바란다.

이런 가운데 자유 민주주의의 법과 원칙으로써 옳고 밝은 세상의 길을 검찰과 경찰은 열어나가야 하며 국민의 민복을 위해 최선의 노력으로 헌신해야 한다. 누가 역사를 건설하는가, 한국의 지난 100년은 누가 만들었나. 촛불 이후의 미래는 오직 국민들의 몫이다.

이런 과정에서 레전드급 검사들이 있다. 어지러운 세상과 타협하지 않고 권력과 '맞짱' 뜨며 권력의 실세들을 떨게 했다. 윤석열 검찰 총장은 한 검사가 반어적으로 추천한 '힘센 쪽에 붙어 가는 편한 길'을 마다했다. 그래서 이름을 떨쳤다.

이탈리아의 안토니오 디 피에트로는 마흔둘이었던 1992년, 부패한 정치인들과의 싸움을 시작했다. 그를 중심으로 포진한 밀라노 검찰청 검사들이 1년 반 동안 상·하원 의원 절반 이상을 기소했다. 이 전쟁은 '깨끗한 손(마니 풀리테)' 운동이라 불렀다. 정치인들의 협의는 대부분 기업체의 수주·납품에 끼어들어 뒷돈을 받는 것이었다. 여야를 막론하고 소환이 이뤄졌다. 수사를 받다가 스스로 목숨을 끊은 거물 정치인도 있었다.

하이라이트는 전직 총리이자 당시 사회당 총수 베티노 크락시에 대한 수사였다. 크락시는 뇌물 수수 협의가 드러나자 "정치적 비용"이라고 궤변을 늘어놓으며 표적 수사라고 주장했다. 권력을 방어막 삼아 소환에 불응했다. 이탈리아 시민은 공장에서 일하며 야간 학교에 다녔고, 경찰관으로 공직을 시작한 '흙수저' 검사 피에트로를 열렬히 응원했다.

상황이 불리하게 돌아가자 크락시는 튀니지로 도주했고, 2000년에 눈을 감을 때까지 다시는 조국 땅을 밟지 못했다. 피에트로와 동료 검사들 때문에 이탈리아 정당 4개가 해체됐고, 새로운 총선을 치러야 만 했다.

윤석열 검찰 총장을 자리에서 쫓아내려는 움직임이 시작됐다는 말이 나온다. 조국 법무부 장관과의 동반 퇴진, 조 장관 수사가 끝난 뒤 사퇴 등의 얘기가 정치권에서 나온다. 대통령이 연일 노골적으로 불신과 불만을 표출하니 윤 총장 스스로 사표를 던질 수도 있다.

하지만 오늘에 조국 장관 비리 수사 검찰 개혁을 바라는 국민들은 "사표는 가장 쉬운 길이다. 자신을 믿고 일한 후배 검사들을 위해 총장이 버팀목이 돼 줘야 한다"며 3일 광화문 광장에서 조국 장관 퇴진 국민 운동을 했다. 검찰 총장이 '책임지는 길'은 과감한 사직이 아니다. 정치 권력으로부터의 독립과 정치적 중립을 이뤄내고, 엄정한 법 집행 및 인권 보호 기관으로서의 역할을 제대로 수행할 수 있도록 제도와 조직 문화를 바꾸는 것이다. '살아 있는 권력'의 불법과 비리를 끝까지 파헤친 월드 프리미엄급 검사가 이젠 한국에서도 한 명쯤 나올 때도 됐다.

오늘의 대한민국에도 많은 기복이 있었다. 먼 후일 건설적 업적으로 남는 것도 있겠으나 파괴적 요소가 적지 않다. 후진 국가에서는 그 파괴의 주범이 주로 권력 만능을 믿는 정치인들을 통해 감행되었다. 북의 '김일성 왕가'의 탄생과 다가올 종말도 긴 역사에서 보면 불가피한 과정이 될 것이다.

그래서 눈을 감을 수가 없었다

지금 우리가 역사를 건설한다고 정치 권력을 앞세우지만 그들은 역사를 파괴하는 것이 보통이다. 100년 후에도 남을 것을 위해서 해야 한다. 그렇게 보았을 때 가장 중요한 역사적 가치 판단은 확실하다. 정치를 위한 정치는 결코 역사의 목적이 못 된다는 사실이다. 필요한 역사적 과정이며 수단이기도 하나 정권을 위한 정치는 존재할 수 없다.

　정치의 기본 목표는 국민의 인간다운 삶과 행복이다. 그 점에 있어서는 영국 철학자들이 제창한 '어떻게 하면 더 많은 사람이 가장 행복을 누릴 수 있는가'야말로 정치는 물론이고, 경제의 목적이어야 한다. 민주 정치의 출발과 목적이 바로 거기에 있다. 그 원칙을 해치는 것이 사회악이 되며 그 의무를 책임지는 것이 민주 정치인 것이다.

　그렇게 본다면 지난 100년 역사를 통해 우리 역사는 누가 건설했는가. 민족적 자각과 자주성을 되찾아 준 독립운동가들이었다. 6·25 전쟁을 치르면서도 자유 민주주의를 지켜 준 국민들이다. 전쟁 이후에는 많은 과오를 거듭하면서도 대한민국을 자유 민주국가의 방향으로 이끌어 준 이승만 대통령을 잊을 수 없다.

　정치적 실책을 겪으면서도 국민을 절대적 빈곤에서 해방시켜 준 노력은 박정희 정권 초창기의 업적이다. 국가가 힘들 때 월남 군 파병 등 국가 재건, 유신헌법부터 전두환 정권까지는 민주 정치의 암흑기였다. 그 와중에도 건설의 노력을 멈추지 않고 민주화를 쟁취한 국민들이 역사를 건설해 주었다. 권력 정권에서 법치 국가로 탈바꿈시켜 준 국민들의 애국적 노력이 없었다면 오늘의 대한민국을 어떻게 건설하였겠는가.

지금 우리는 박근혜 정부 말에 일어난 촛불 운동의 뒤를 계승하고 있다. 앞으로 누가 역사를 건설할 것인가. 자유 민주주의를 위하고 자유와 인간애를 염원하는 국민들의 책임이 아닐 수 없다. 모든 정치 이데올로기는 국민들의 책임이 아닐 수 없다. 모든 정치 이데올로기는 휴머니즘의 바다에 흡수되는 역사의 길이기 때문이다.

그래서 눈을 감을 수가 없었다

# 저출산 기본 정책 계획의 성패가
# 30년 국가와 국민들의
# 미래를 결정한다

앞으로 우리나라 저출산 기본 계획의 성패가 국가와 국민들 미래를 결정한다. 30년 뒤 15만 명 출생도 난제이므로 정책 전환점이 반드시 마련돼야 한다. 우리나라 인구 정책의 목표는 출생아 40만 명은 유지가 되어야 한다고 말하고 싶다.

출생아 수가 매년 크게 변하지 않으면 인구 구조가 매우 안정적으로 유지되는데, 비록 저출산 현상은 지속되지만 2002년 이후 출생아 수가 2015년까지는 40만 명대를 유지하고 있었기 때문이었다.

만일 14년 간 지속된 40만 명대의 출생아 수가 최소한 6년만 더 버텨 주면 0세부터 19세까지의 인구가 모두 40만 명대가 되어서 이들이 청년으로 성장할 때 인구 때문에 사회가 어려워지는 일은 최소화할 수 있기 때문이다.

그리고 40만 명은 마치 심리적인 마지노선과도 같기 때문에 출생아 수 40만 명이 무너지면 앞으로 걷잡을 수 없게 될 것이라고도 경고음이 들린다.

안타깝게도 2016년에 간신히 40만 명 선을 유지하던 출생아 수는

2017년 약 36만 명, 2018년 약 32만 명이 되었다. 통계청이 발표한 올해 출생아 수는 1월부터 9월까지 23만 명으로 2018년의 같은 기간 동안과 비교해도 벌써 2만 명이나 적다. 10월부터 12월까지 작년만큼 아이가 태어나야 올해 간신히 30만 명 출생에 턱걸이가 가능하다.

그런데 올해 1월부터 9월까지 2018년에 비해 더 많기는커녕 비슷한 수가 태어난 적이 한 달도 없었다. 올해 출생아 수 30만 명이 무너지는 게 당연하다는 말이 된다. 거기에 만일 출산한 엄마가 외국인인 경우를 제외하고 순수 내국인 엄마로부터 태어난 아이의 수만 고려한다면 아마도 2019년의 출생아 수는 약 28만 5,000명 정도가 될 게 분명하다.

이렇게 줄어든 출생아 수가 우리나라에 당장 미치는 영향력은 매우 미비하다. 아마도 내년에 영유아를 시작으로 둔 산업들(예컨대 분유, 기저귀, 어린이집 등)을 제외하고는 20만 명대 출생을 현실로 느끼는 사람들은 거의 없을 것이다.

왜냐하면 지금 태어난 아이들이 실제로 사회에서 기능하고 영향을 주기까지는 아직도 20년이 더 남아 있기 때문이다. 저출산 관련 정책이 정부와 국회, 그리고 청와대에서도 정책적 대응의 우선순위가 자꾸 뒤로 밀리게 되는 이유다.

물론 정부는 2006년부터 저출산 고령 사회 기본 계획을 만들어 150조가 넘는 예산을 들여 정책을 실행하고 있다. 국회에는 수를 헤아릴 수도 없을 만큼 많은 의원들이 저출산 대책 선진 사례를 배우기 위해 프랑스와 스웨덴으로 탐방들도 다녀왔다.

청와대에 새로운 대통령이 들어설 때마다 대통령이 위원장이 되어

그래서 눈을 감을 수가 없었다

저출산 관련 정책을 직접 챙기겠다고도 다짐했다. 그런데 모두 알맹이 없는 형식에 불과했다. 2006년부터 이렇게 반복된 결과가 바로 올해 내국인 출생아 수 20만 명이다.

2021년, 저출산 고령 사회 기본 계획 제4기가 시작된다. 우리나라에서는 저출산 대응 정책을 5개년 계획으로 짜서 시행하고 있다. 사실 이것도 좀 말이 안 된다. 저출산 대응이 무슨 경제 개발 정책도 아니고 5년마다 새롭게 짜서 5년간 그 계획에 따라서 실행한다니. 백번 양보해서 그것도 좋다고 해 보자. 그렇다면 더 이상 시행착오가 생기지 않도록 정부는 지금쯤 제4기 기본 계획 준비를 착실히 하고 있어야만 한다.

20~30년 뒤 내 삶과 우리나라의 미래를 결정할 매우 중요한 일이므로 충분한 시간을 갖고 준비해야 함이 당연하기 때문이다. 정부는 현재 어떤 준비가 어떻게 진행되고 있는지 점검하고 필요하다면 국민들과 소통을 해야 한다. 정부가 앞으로 5년간 어떤 저출산 정책을 마련하는지가 국민들의 미래를 담보로 쥐고 있는 것과 마찬가지이기 때문이다.

그리고 현재 여성 가족 그리고 복지 중심의 패러다임으로 되어 있는 저출산 정책이 우리나라의 사정과 맥락에 정말로 맞는지도 재점검해야 한다. 이제는 국민들 미래를 담보로 아니면 말고 식의 저출산 정책을 펼칠 시간적인 여유조차 없기 때문이다.

거듭 강조하지만 오늘 태어난 아이들은 오늘보다는 미래 사회에서 더 큰 영향을 준다. 그렇게 보면 2050년 우리나라에는 많아야 15만 명이 태어나게 된다. 그것도 올해 태어난 아이들이 약 30년 뒤에 1명이라도 출산을 해 준다는 가정이 성립되었을 때다. 제4기 기본 계획이 실패하여 여성 1명이 채 1명의 자녀도 낳지 않는다면 15만 명은커녕 한 해 10만 명 출생이 현실화될 것이 분명하다. 참으로 저출산 정책이 걱정이다.

그래서 눈을 감을 수가 없었다

# 갈등과 분열을 넘어
# 큰 소망으로 밝히는
# 2020년 새해를 기원한다

요즘 우리 사회는 두 쪽이 아니라 사방팔방으로 갈려져 있나도 싶다. 오죽하면 '초갈등 사회'라는 말이 나왔겠는가. 오늘 대한민국이 초갈등의 강을 건너 통합의 바다로 가는 돛단배가 되기를 온 국민 모두가 새해 소망으로 원하고 바라는 바다.

이제 내일 하루가 지나면 대망의 2020년 새해가 밝는다. 새해에는 '용서, 화해, 미래를 만들어가는 대한민국 희망 플랫폼 7.0'(가칭)이 힘차게 웅비할 수 있도록 국민 모두 다 함께 돛을 올려, 광야의 길을, 사막의 길을 가야 한다.

지금 우리 사회는 천하에 어둠이 가득하다. 무도한 현실 정치가 미세 먼지 자욱한 세상을 더 숨 막히게도 한다. 마음 둘 곳 없는 국민들의 절망 어린 한숨이 깊다. 세밑에는 우리 모두 질주를 멈추고 지난 일을 돌아보며 미래를 바라보아야 한다.

돌이켜보면 정치뿐 아니라 모든 현실이 항상 난장(亂場)이었다. 인간의 삶과 역사는 난장판을 뚫고 가면서 의미를 새겨나간 고투(苦鬪)의 기록이다. 어두운 시대의 초상은 결코 어둡게 묘사되지 않을

희망동산에 사과나무를 심자

것이다. 내일은 내일의 밝은 태양이 떠오르기 때문이다.

2019년 대한민국에서는 공감과 연민은커녕 생각이 다른 이들을 서로 난폭한 말로 난자(亂刺)했다. 존재의 의미를 탐색해야 할 언어가 흉기가 되어 서로를 베었다. 하늘을 찌른 진영 간 적대와 증오 앞에서 사람을 사람답게 만드는 마음자리가 초토화되었다.

진영 논리가 비판적 사유(思惟)와 상상력을 질식시켰다. 오직 '우리 편' 여부만 따지는 세태 속에서 정치는 전쟁으로 타락하고 정의는 허공에 흩어졌다. 자기 성찰과 공감 능력이 사라진 곳에 인간다운 염치와 부끄러움이 남아날 리 없다. 민의의 만인에 대한 투쟁으로 한국 사회는 벌거벗은 동물의 세계로 추락했다. 말 그대로 헬조선이 되었다.

2020년 전망도 물론 그리 밝아 보이진 않는다. 하지만 우리는 폐허에서 나라를 세웠고 국가 멸절(滅絶) 직전의 6·25 전쟁에서도 살아남은 사람들이다. 열정으로 세계 10대 경제 대국을 일구고 아시아 최고의 민주주의를 이루었다.

'한국의 기적'은 사실 정확한 표현이 아니다. 왜 살아야 하는지를 알았던 한국인의 피와 땀이 오늘의 성취를 추동했기 때문이다. 한국 현대사는 자기 환멸을 허락하지 않는 역사이며 우리에겐 절망할 권리가 없다.

그런데 우리는 '조국' 두 글자를 빼고 2019년 한 해를 정리할 수 있을까. 국민은 올 하반기 내내 문재인 정권의 초대 청와대 민정수석에서 법무부 장관에 오른 그가 추락하는 과정을 지켜봐야 했다. 장관직에서 물러난 뒤에 본격적인 수사의 대상이 됐고, 이제는 검찰의 구속 재청구 여부로 갈림길에 놓여 있다.

그래서 눈을 감을 수가 없었다

조국의 파문은 그것이 남긴 흔적들로 인해 19년을 더욱 강렬한 기억으로 남길 것 같다. 무엇보다 86세대의 민낯이 드러났다. 1980년대 민주화 운동에 참여했던 86세대가 사회 기득권층이 되고 대물림을 통해 이를 유지하려 했다는 것을 조 전 장관이 대표해 보여 줬다.

이후 86세대 일부 정치인들의 총선 불출마 선언이 나왔지만 86세대, 나아가 진보 진영 전체에 기대를 보냈던 이들의 실망이 쉬 가시지 않을 것 같다.

유재수 전 부산시 경제부시장의 감찰 무마 의혹과 청와대의 울산시장 선거 개입 의혹도 조 전 장관 파문과 무관치 않다. 모두 조 전 장관이 민정수석이던 시절에 벌어진 일들이다. 그가 민정수석 업무를 능숙히 처리하고 무리 없이 장관직을 수행했더라면 생기지 않았을 문제들이었다.

아이러니한 것은 여권에 타격을 입힌 것처럼 조 전 장관은 파문으로 인해 여권이 원하는 정책 몇 가지를 수월하게 밀어붙였다. 그 첫째가 검찰 개혁이다. 조 전 장관 일가 수사를 겪은 여권은 피의사실 공표 금지 등을 골자로 한 법무부 훈령을 밀어붙였다. 상시로 운영되던 검찰의 수사 브리핑은 모두 금지됐고, 기자와 검사는 접촉할 수 없는 상대가 돼 버렸다.

교육 제도의 변화도 그중 하나다. 문 대통령은 조 전 장관의 딸의 대학, 의전원 입학 특혜 의혹이 일자 뜬금없이 대입 제도를 정시 위주로 바꾸도록 지시했다. 문제의 핵심은 그것이 아니었지만 제도 손질은 몇 개월 만에 이뤄졌다. 자사고 폐지도 결정됐다. 중학생 자녀를 둔 학부모들은 혼란과 분노를 표출했고, 그토록 잡겠다던 강남 집값은 다시 요동쳤다. 최근에 발표한 사학 개혁안도 조 전 장관과 무관하지 않다.

그래서 우리 국민은 산 권력을 수사하는 검찰의 지금이 바로 검찰의 본모습을 보여 주는 것이라고 생각한다. 그러므로 현 정부 여당 정치, 국회의원들은 검찰과 경찰들 앞에 오직 공수처법으로 현 검경의 수사권 방해를 해서는 안 된다는 말이다.

새해는 함께 살아가는 '마음의 습관' 위에 공동체를 새롭게 정립해야 할 시점이다. 상호 공존과 소통의 첫걸음은 오류 가능성을 국민 정신의 준칙으로 실행하는 데 있다.

모두가 존엄한 우주적 존재임과 동시에 치명적 오류를 범할 수 있는 인간이라는 자성(自省)이 우리를 겸손하게 만든다. 권력 정치의 향배가 모든 걸 결정하지는 않는다. 시민적 덕성과 인간의 품격을 접목시켜 일상에 뿌리내리는 게 더 중요하다.

우리는 끊임없이 흐르는 시간을 과거, 현재, 미래로 나누어 세밑과 새해로 분별한다. 우리네 삶에 소망의 무늬를 입히기 위해서다. 한 해의 끝, 밤하늘의 별빛에서 '우주 속의 나'를 보는 건 절망을 딛고 희망을 확인하는 일이다. 광대무변한 우주와 미비한 인간이 만나는 체험이다.

이것은 신비주의가 아니다. 현대 과학이 뒷받침하는 실존 경험이다. 인간은 잠깐이나마 아수라(阿修羅) 같은 현실을 넘어선 성찰의 순간을 가져야 삶을 살아갈 수 있다. 또 한 해가 저물어간다. 2020년 새해는 모두가 갈등과 분열을 넘어 삶의 소망을 밝히는 새해가 되기를 기원한다.

그래서 눈을 감을 수가 없었다

# 삶이 힘들고 고통스럽다 해도
# 곁에 있는 사람과 함께
# 용기와 힘을 내자

요즈음 눈만 뜨면 실시간 뉴스에 코로나19 거리 두기, 마스크 착용, 증시 달러 환율 상승, 집값 파동, 중소기업 공장 매몰 등 흉흉한 소식이 연이어 등장한다.

코로나19로 인한 경기 악화로 전기료가 미납되자 한전이 전기를 끊어 공장 문을 닫았다는 말도 들린다. 중소기업인들은 수입 원자재값은 상승하고 대기업에 납품하는 가격에는 반영이 안 돼 공장을 돌리면 돌릴수록 적자라 공장이라도 내놓고 싶은 심정이지만 매수자는 눈을 씻고 찾아봐도 없다는 고통을 토로한다. 코로나로 인한 세계적인 물가 상승에 국민 누구 하나 힘들지 않은 사람이 없다.

인간의 생명은 한 번 죽으면 그만이다. 우리 모든 인간에게는 세 가지 권리가 주어져 있다. 생명을 누릴 생명권, 건강을 지킬 건강권, 행복을 추구할 수 있는 행복권이다. 이러한 권리가 충돌할 때 무엇이 우선하느냐가 문제다. 돈을 벌어 잘 살아보겠다는 생각이 잘못된 생각은 아닐 것이다. 그러나 그 과정에서 누군가의 건강과 생명이 훼손된다면 올바르지 못한 결정이다.

돈보다 더 소중한 것이 바로 건강이요, 생명인 것이다. 옛 어르신들이 늘 하던 말씀이 기억난다. 돈을 잃으면 조금 잃는 것이요, 명예를 잃으면 많이 잃는 것이요, 건강을 잃으면 생의 모든 것을 다 잃는다는 말이다.

21세기, 돈으로 못 할 것이 없다는 세상이지만 돈으로 살 수 없는 것은 오직 생명이다. 온 세상을 다 얻고도 목숨을 잃는다면 무슨 소용이겠냐는 선조님들의 교훈이다.

이유야 어떻든 우리의 건강과 생명을 지키기 위한 노력은 아무리 강조해도 지나치지 않다. 특히 멜라민 파동에 따라 먹거리의 안전까지 위협받고 있다. 이에 식품의약품안전청은 국민들의 고귀한 생명과 먹거리 안전을 위해 직분에 맞는 책임을 지기 위해 혼신을 다해야 된다. 가뜩이나 나라 경제가 힘들고 어려운데 코로나와 멜라민 파동까지 겹쳤기 때문이다.

아무리 돈이 소중하다 해도 생명을 포기해선 안 될 것이다. 우리 누구에게나 주어진 것은 생명권이지, 생명 결정권은 아니다. 그 누구하나 스스로 선택해서 태어나지 않았으니 스스로 선택해서 죽을 권리도 없다. 삶과 죽음의 생명 결정권은 오직 신에게 속한 권리다.

우리는 심장 박동이 멈추기까지 주어진 생을 끝까지 굽이굽이 돌며 느리고 힘들다 해도 달려야 한다. 이러한 여정에서 우리가 서로 따뜻한 물 한 바가지 끼얹어 주고 용기와 힘을 주며 뛴다면 얼마나 행복하고 좋을까.

우리네 삶이 너무 고달프고 각박하기에 서로를 돌아볼 여유가 없는 현실이 참 마음 아프다. 특히 어린 청소년 10명 중 5명이 자살 충

그래서 눈을 감을 수가 없었다

동을 느끼고 있다는 통계에 가슴이 몹시 아프다.

　이제 서로 사랑하자. 사랑만 하기에도 짧은 인생인데, 서로 비난하고 질투하는 것에 너무 많은 시간과 정력을 낭비하고 있는 것은 아닌가 묻고 싶다. 요즈음 인기 연예인들에게 달리는 네티즌들의 악플, 이 또한 생명 경시 풍조가 만든 결과로 여겨진다. 서로가 좀 부족하다 해도 악플보다는 한마디 사랑과 격려의 코멘트를 남기면 좋지 않을까.

　지금 문득 생각나는 사람이 있다면 격려의 문자를 날려 보자. 이 깊어가는 7월, 8월 여름의 푹푹 찌는 땀방울을 닦고 무더위 속 시원한 물 한 그릇이 될 수 있는 사랑의 문자에 다시금 용기를 내 새로운 활력으로 삶을 설계하기를 기대해 본다.

　"힘내세요. 사랑합니다."

# 정치는 곧 민심이다

참여하는 사람은 주인이요,
참여하지 않은 사람은 손님이다.

안창호(1878~1938)는 대한민국의 독립운동가, 교육자, 정치가, 호는 도산(島山). 대한민국 정부 수립 이후 독립유공자로 지정되어 건국훈장 대한민국장에 추서되었다. 종교는 개신교 장로회이다.

# 과거에 대한 적폐 청산
# 공과를 고루 평가하고
# 미래 향한 제도 개혁으로 가야

우리 사람들은 욕망을 좇고 행복을 추구하며 산다. 더 많이 벌고 더 많이 갖고 더 많이 놀고 더 많이 누리고자 한다. 그리고 그 욕망을 이루면 행복해하고 더 큰 행복을 얻기 위해 더 큰 욕망 속으로 빠져 들어간다. 사업가가 사업을 확장해 나가듯이 행복과 즐거움을 추구해 나간다.

허나 성공하여 상당한 부자가 된들 행복해지는가? 아니다. 욕망을 좇으면 행복은 달아난다. 오히려 '나'를 잃어버리고 다음, 그 다음으로 끌려들어간다. 만족할 줄 아는 행복을 추구해야지 과욕은 내 인생에서 화가 될 뿐이다.

과욕은 자신을 망친다. 이에 따라 새 정부는 적폐 청산을 위해 과거 공과를 고루 평가하고 처벌보다는 미래를 향한 큰 제도 개혁으로 나가야 한다.

새 정부가 든 지 약 10개월이 넘었지만 우리 사회의 화두는 여전히 과거 '적폐 청산'에 쏠려 있다. 과거 오랫동안 쌓인 폐단과 문제를 뜻하는 적폐(積弊)를 고치자는 데 이의(異議)를 제기할 사람은 없다.

그래서 눈을 감을 수가 없었다

하지만 적폐 청산이 지금처럼 일과성 사정(司正) 위주로 나가면 사회 전체에 득(得)보다 실(失)이 더 클 것이다.

과거 정책에 관해 이해가 부족한 민간인들이 공무원들의 과거 업무를 들춰 조사하고, 상부 지시를 받고 일한 선배들이 혼나는 마당에서 지금 공직자들이 책임 있게 일하는 걸 기대할 수 있을까. 국책 사업에 관여했다는 이유로 불이익을 주는 것은 공직자를 더 위축시킬 뿐이다.

지금 당장 발등에 불이 떨어진 조선·자동차는 물론 조만간 금리(金利)가 오를 경우 터져 나올 한계 기업 처리 문제를 포함해 강력한 구조 조정이 필요한 시점에서 공직자가 몸을 사리면 성과를 낼 수가 없다. 미적거리다가 나중에 한꺼번에 몰아닥치면 그것이 곧 경제 위기로 번질 수 있다.

적폐 청산 과정에서 우리의 치부(恥部)가 과도하게 드러나 해외에서 '한국은 품격 없는 나라'로 평가 절하되고 있다. 국가 정보원의 메인 서버가 검증되지 않은 민간인들에게 공개되고 역대 국정원장들이 줄줄이 구속된 것만 해도 그렇다. 정보는 신뢰가 생명인데, 앞으로 외국 정보 기관이 우리의 흉금을 터놓고 협력할까. 지난 정부에서 이루어진 일본과의 위안부 합의에 대해 다시 문제를 제기한 것은 우리만 손해였다. 국내 정치만 생각했기 때문이다.

평창 동계올림픽을 맞아 국가 정상들과 국제 스포츠·정부 고위 인사들이 대거 찾아오는 시점에서 전직 대통령과 재계 인사들이 강도 높은 사정을 받는 것도 보기에 좋지 않았다. 이들은 모두 올림픽 유치의 큰 공로자들이고, 좋든 싫든 국제 사회에서 한동안 대한민국의 얼굴들이었기 때문이다.

우리나라 최대 기업인 삼성전자는 올림픽 개막식 날 압수 수색을 당한 이후 수시로 계속 압수 수색을 받고 있다. 올림픽을 기업 경영에 적극 활용하려던 롯데그룹 회장은 많은 외빈이 와 있는 가운데 구속됐다. 물론 죄를 지었으면 벌을 받는 게 당연하지만 올림픽 기간 중에 꼭 이렇게 해야 하는지에 대해서는 크게 아쉬움이 남는다.

가장 우려되는 것은 사회 분열이다. 적폐 청산이라는 이름 아래 사회지도층 인사들이 이렇게 많이 처벌되는 것은 1987년 민주화 이래 처음 있는 일 같다. 재계 엘리트부터 공직자, 군인에 이르기까지 대부분 국가를 위해 헌신적으로 일했던 사람들이다. 계속되는 소환과 압수 수색, 구속 영장으로 사회 전체가 어수선하다.

검찰은 우리나라 최고 수재(秀才)들이 모인 집단이다. 머리가 좋은 데다가 무소불위의 칼까지 갖고 있으니 이들이 마음만 먹으면 어느 누구든 헤어나기 어렵다. 이제 그 칼날도 대범해져서 3명의 전직 대통령을 연속으로 겨누는 형세까지 됐다. 통상 세 번이면 연속 '관행'이 되었음을 뜻한다.

검찰이 이번에도 전직 대통령에 대한 구속을 성공한다면 대한민국에는 전직 대통령 예우를 받는 인사가 한 명도 없게 된다. 참으로 불행한 대한민국이다. 대한민국 국민들에게 이 정도 나라밖에 되지 못하는가. 문화 혁명을 일으켜 수십만 명을 죽이고 중국을 20년 이상 후퇴시킨 마오쩌둥에 대해 덩샤오핑이 "모든 사람은 공(功)과 과(過)가 있다. 과만 갖고 평가해서는 안 된다"고 말한 것과는 너무나 대비된다.

그래서 눈을 감을 수가 없었다

지금 곤혹을 치르고 있는 사람들, 지도층 인사 하나하나는 우리 사회의 소중한 자산들이다. 경험도 많고 경륜도 쌓인 인재들을 활용하기는커녕 이렇게 내치면 국가에 큰 손실이다. 지금 세계는 대 변혁기에 있다. 경제와 안보 환경 변화에서 모두 메가톤급이다. 상당수 사회 지도층 인사들이 등을 돌리고 국민이 분열돼서는 힘든 난국을 헤쳐나갈 수 없다.

적폐 청산은 그 자체가 목적이 아니다. 국가가 업그레이드 되어야 가치가 있다. 쇠뿔을 바로잡으려다 소를 죽이는 교각살우(矯角殺牛)가 돼선 안 된다. 이제는 과거에 대한 사정보다 미래를 위한 제도 개혁으로 나가야 할 때다.

# 방송과 검찰·경찰·국세청·감사원 등 문제를 일으키는 근원 조직의 인사권을 버리는 개헌에서 민주 사회가 밝아진다

대한민국은 4차 산업 혁명 시대를 앞두고 있다. 그러므로 현 정부는 그 어느 때 과거 정권보다 더 정경 유착의 고리를 확실히 끊고 새롭게 출발해야 국민의 사랑을 받게 된다. 지난 박근혜 정부의 주변 정권에서 종사했던 장·차관부터 청와대 비서실장, 수석비서관·행정관 기업인까지 40여 명 정도를 일망타진하듯 사법 처리가 됐다. 세계적으로 보기가 드문 일이다. 참으로 대한민국 정치의 풍토가 고통스럽고 슬픈 일이다. 6일 박근혜 전 대통령이 1심에서 징역 24년의 중형을 받았다.

문재인 대통령은 전 정권의 실패를 보며 어떤 생각을 했나 싶다. 오늘의 이 비참하고 가슴 아픈 일이 다시는 반복되지 않으려면 검찰·경찰·국세청·감사원·방송법 등 문제를 일으키는 근원 조직의 인사권을 버리는 개헌을 해야 한다.

그런데 현 정부 여당이 야당 때 주도한 방송법 개정안 집권 후 반대로 돌아선 민주당과 중립성을 잃은 공영 방송의 '가짜 뉴스'보다 무서운 흉기는 없다. 한국정치 권력과 방송의 유착을 두고 문재인 정부가

그래서 눈을 감을 수가 없었다

마지막 사슬을 끊어 줄 때 전 정권의 과거 악순환을 막는 길이다.

현직에 있을 때는 제왕으로 군림하지만, 권력의 비행으로 물러나는 순간 벼랑과 감옥으로 떨어진다는 것을 현 정부도 바로 알고 명심해야 한다. 지금 방송법 논란으로 국회가 멈춰 섰다. 방송법 개정안을 둘러싼 여야의 대립 구도가 점입가경이다.

야당은 개정안 4월 처리를 주장하고 집권 여당인 더불어민주당은 이를 반대한다. 희대의 아이러니가 아닐 수 없다. 2016년 7월 '정권의 방송 장악을 막겠다'며 방송법 개정안 발의를 주도한 정당이 민주당이기 때문이다. 민주당이 발의한 법안을 민주당 스스로 거부하는 '회한한 형국'이다. 1년 9개월째 국회에 계류 중인 방송법 개정안은 동일하며 달라진 건 단 한 가지다. 야당이었던 민주당이 집권 여당이 되었을 뿐이다.

방송법 개정안의 핵심은 KBS와 MBC의 지배 구조를 공영 방송답게 만드는 데 있다. 정부 여당의 영향력을 줄여 공공성을 높이는 전향적 내용이다. 방송사 이사회를 이사장 포함, 13인으로 구성하고 여당이 7인, 야당이 6인을 추천하도록 해 정권의 방송 장악을 막았다.

또 이사회가 사장을 임면 제청할 때 재적 이사 3분의 2 이상의 찬성을 요구하는 특별 다수제를 도입했다. 노사 동수(同數)의 편성위원회 구성도 명시해 방송의 자율성을 보장했다. 전체적으로 공영 방송의 중립성과 독립성을 제고할 개혁 법안이다. 개정안은 시민 참여 모델을 위해 세운 BBC 수준보다는 못해도 지금의 방송법보다는 훨씬 낫다.

공영 방송의 파당화(派黨化)는 우리 시대 최악의 적폐다. 건강한

민주주의를 위협하기 때문이다. 독립적인 자유 언론이 없는 민주주의는 상상조차 할 수 없으며 편향된 방송은 공론장의 적(敵)이다. 공영성을 상실한 거대 공영 방송은 공론장을 어지럽히는 페이크 뉴스보다 무서운 존재다. 그러나 현행 방송법은 '국가에 의한 공영 방송의 식민화(植民化)'를 부추긴다. 보수·진보 정권을 불문하고 공영 방송을 집권 세력의 전리품으로 여겨왔던 사실(史實)이 단적인 증거다.

민주당이 치명적 자기모순을 무릅쓴 채 방송법 개정안에 반대하는 이유는 자명하다. 현실적 이해관계 때문이다. 개정안이 통과되면 양승동 신임 KBS 사장을 비롯해 공영 방송 3사 사장을 3개월 이내에 다시 뽑아야 한다. 게다가 야당 추천 이사진의 동의까지 받아야 한다.

문재인 정부 출범 이후 선출한 공영 방송 사장을 모두 여야 합의으로 교체해야 하는 곤혹스러운 상황이다. '20년 집권'을 노리는 민주당으로선 막강한 여론 형성 기관인 KBS, MBC, EBS를 '중립화'하는 건의 등의 시나리오에 가깝다.

민주당이 방송법 개정안에 반대하는 또 다른 이유가 있다. 작년 8월 22일 방송통신위원회 업무 보고 자리에서 문재인 대통령은 개정안에 대해 다음과 같이 언급했다. '방송법 개정안이 통과되면 여야 어느 쪽도 비토하지 않은 온건한 인물이 사장에 선임되겠지만 소신 없는 사람이 될 가능성도 있다'는 발언이다. 만약 '소신 있는 인물'이 정부 여당의 코드에 맞는 진보 인사만을 자칭하는 것이라면, 문재인 대통령의 발언은 "방송의 자유화 독립을 보장한다"는 방송법과 정면에서 충돌한다.

하지만 신망 있는 중립적 인사가 사장이 된다면 문 대통령의 우려

그래서 눈을 감을 수가 없었다

와는 달리 공영 방송의 공정성과 독립성은 획기적으로 좋아질 것이다. 보수·진보 정부를 통틀어 정권의 입맛에 맞는 편파 방송이야말로 최악의 적폐였기 때문이다. 문 대통령이 진정한 민주 개혁 정부의 지도자라면 한국 사회의 암종(癌腫)인 정권의 방송 장악 관행을 단호히 철폐해야 '권언 유착' 근절 기회가 될 것이라고 본다.

지금은 한국 정치의 악마적 악순환인 권력과 방송의 유착을 끊을 수 있는 마지막 기회다. 민주당이 방송법 개정안을 여야 합의로 처리한다면 협치와 국정 성공의 선순환이 시작된다. 문 대통령이 공영 방송의 중립성과 정초할 때 한국 민주주의는 눈부신 도약이 가능하다. 결국 방송법 개정안은 '문재인 정부의 개혁이 진짜인가'를 판정하는 결정적 시금석이다.

대한민국을 '나라다운 나라'로 만들 문 대통령과 민주당은 6일 박근혜 전 대통령 24년 징역, '그날을 잊지 않겠다'는 말을 실천하려면 방송법·검찰·경찰·국세청·감사원 등 문제를 일으키는 근원 조직의 인사 권한을 버리는 개헌을 해야 아름다운 민주 사회로 가는 길이 될 것이다.

## 잘나갈 때 오만과 독선을 버려야
## 현 정부는 남은 4년 임기
## 귀한 양식을 얻게 된다

　지금까지는 문재인 정부는 잘해왔다. 국민의 절대다수도 이를 인정하고 있다. 그러나 집권 1년을 앞두고 나타나고 있는 빨간불의 신호들을 간과해선 안 된다. 지지가 비판으로 바뀌는 것은 순식간이다. 지금의 지지율 70%에 취한 오만과 독선을 버려야 남은 4년의 임기 내내 버틸 귀한 양식(糧食)이 된다. 그러므로 잘나갈 때일수록 매사에 조심해야 한다.

　매 정권의 초기 현상과 말기 현상을 관찰해 보면 흥미롭다. 집권 초 정권마다 하늘을 찌를 듯 위세 높던 대통령은 임기 말 여지없이 대국민 사과를 하러 나온다. 그중 일부는 구속이 되고, 일부는 자택 연금 같은 생활을 하게 된다.

　역대 대통령의 임기 말 지지율은 참혹했다. 외환 위기를 당했던 김영삼 6%를 비롯해 김대중 24%, 노무현 12%, 이명박 21%, 박근혜 4%였다. 이 가파른 추락의 곡선을 생각하면, 요즘 개헌에서 논의하는 4년 중임제도 기대하기 어렵다. 도대체 이 가파른 추락의 곡선을 거슬러 올라 재선에 성공할 대통령이 한국에서 나올까? 대통령 임기만 1

　　　　　　　　　　　　　그래서 눈을 감을 수가 없었다

년 단축하고 레임덕의 사이클을 단축하며 비용만 들이는 건 아닐까? 그리고 8년의 집권 기간을 우리의 유권자들이 견뎌낼 수 있을까?

기대와 추락의 사이클이 반복되는 원인은 명백하다. 유권자들은 자신의 이익에 철저히 부합하는 정당에 표를 주지 않고 막연히 잘해줄 것을 기대하며 지도자에게 큰 권력을 위임한다. 이 같은 유교식 민주주의는 권력자가 청렴하고 공정하면 사회 갈등과 의사 결정의 비용을 줄여 발전을 앞당길 수 있지만, 대통령 스스로 부패하면 아무 소용이 없다. 정권 초반의 '막연한 기대'는 정권 말기에 '구체적인 절망'으로 나타나며, 그 절망은 분노로 폭발한다.

전직 두 대통령이 또 구속되었는데 핵심 죄목은 뇌물 수수와 직권 남용이다. 이건 법적인 판결일 뿐이고 큰 배경에는 정책 실패가 놓여 있다. 적어도 국민의 구체적인 절망이 분노로 점화되기 전까지 먹구름은 정책 실패에 의해 키워졌다. 이명박 전 대통령은 4대강 사업과 자원 외교로 수십조 원에 이르는 국고 낭비, 박근혜 전 대통령의 경우 세월호 대응 실패와 역사 교과서, 공무원을 아무렇게나 임명하고 자르는 인사 방식에 여론이 등을 돌렸다.

그러나 정책 실패를 법정으로 가져가기는 어렵다. 연관된 뇌물과 직권 남용 혐의에 책임을 물을 뿐이다. 정책에 대하여 광범한 재량이 부여되어 있고, 성공과 실패를 판정할 합의가 어려우며, 구체적인 입증도 난해하다. 막대한 정책 실패의 폐해는 고스란히 민초들의 부담으로 남게 된다.

대통령을 구속하는 것으로 미래의 개선이 보장되고 정책 실패를 예방할 교훈이 얻어지지는 않는다. 인간은 이기적 존재이고 가끔 사악한 속성을 더 많이 지닌 존재들이 있기 때문이다. 이미 대통령 자리를 누린 다음 임기 후에는 무조건 구속시킨다는 헌법을 만들어 놓더라도 대통령 지망자는 줄을 설 것이다.

권력의 일탈을 예방하고 국민의 부담을 줄이기 위해선 공무원들로 하여금 권력의 요구에 대해 '노(NO)'를 할 수 있도록 해 주는 게 필요하다. 4대강 사업과 자원 외교, 역사 교과서 국정화에 주무부처인 국토교통부, 산업통상자원부, 교육부는 무엇을 했던가. 아무리 권력이 정책화를 요구해도 관료들은 공익의 차원에서 타당성을 문제 삼아야 했다.

미래를 위해 고위 공무원 인사 기구에 독립성 장치를 보완해야 한다. 일본은 합의형 인사 기구가 주도하던 기능을 내각부 인사국으로 전환했다가 '손타쿠(忖度: 윗사람이 원하는 대로 스스로 알아서 행동함)' 부작용을 겪고 있다. 영국 160년, 미국 100년 정도 운영해 온 독립적 위원회 기구를 우리가 9년 실험 후 포기한 것은 마라톤으로 치자면 2.4㎞를 뛰다가 선진국들이 반환점을 돌아온다고 거기 묻어서 돌아온 모습이다.

정책 과정에서는 공무원에게 필요한 절차의 준수 요구권을 부여하고 부당한 지시에 회피를 신청할 수 있게 하는 방안도 강구해야 한다. 공무원법 개정안은 상관의 명령이 '명백히 위법'한 경우는 사법 처리의 대상이지, 굳이 공무원법에 규정할 필요조차 없는 내용이다.

현 정권 최대 인재 공급 수원지(水源池)의 수질(水質) 오염 정도가 심각하다는 사실을 확인한 것도 소득이다. 현 정부가 이것만 깨달아도 앞으로 남은 임기 4년은 아름다울 것이라고 말하고 싶다. '한국적'

그래서 눈을 감을 수가 없었다

대통령 중심제 문제점을 드러낸 금감원장 파동을 보면, 이명박·박근혜 정권과 뭐가 달라졌나. 한국적 대통령 중심제 인사(人事)의 실상(實狀)이다.

이쯤 되면 독일 공무원 제도가 생각난다. 1980년대 이후 신(新)공공관리가 휩쓸던 시대에도 효율성 위주의 개혁을 공무원에게 강요하지 않았다. 공무원은 공(公)을 지키는 최후의 보루라는 것이다. 공이 무너지면 효율성은 사소한 일 혹은 감방으로 직행하는 악의 포장일 뿐이라는 사실을 인식하고, 70% 지지율로 잘나갈 때 현 정부는 오만과 독선을 버려야 남은 4년 임기 내내 버틸 귀한 양식(糧食)이 된다고 본다.

# 문재인 정부, 남북 정상 회담 축포만 듣고
# 드루킹 사건 같은
# 쓴소리 외면한다면 약도 없다

오늘의 대한민국은 4차 산업 혁명이 몰고 올 격변의 시대인데 문재인 정부는 어떤 무기로 미래를 대비하는가?

오늘의 시대에는 작은 자가 배부르고 등이 따뜻하면 행복하다고 한다. 또 국민들이 웃어야 온 세상이 웃게도 된다. 사랑하는 국민들이 웃을 수 있는 세상, 약자들이 환하게 웃는 세상이 돼야 우리 국민 모두가 축복과 기뻐할 수 있음이다.

이것이 바로 세상의 시대 변화요, 4차 산업 혁명이 몰고 올 격변의 시대에 대한민국이 겪을 현실이다. 그러므로 문재인 정부 여당 1년, 남북 정상 회담 축포만 듣고 드루킹 사건 같은 쓴소리들을 외면한다면 약도 없다.

지난해 5월 9일 출범한 문재인 정부는 오는 10일이면 1년이다. 경제 성장의 패러다임을 바꾸겠다며 '소득 주도 성장' 모델을 채택했다. 근로자 임금, 자영업자 소득을 끌어올리면 소비가 촉진돼 경제가 성장한다는 이론이었다.

사상 초유의 대통령 탄핵이라는 정국의 혼미 속에서 출범한 문재

그래서 눈을 감을 수가 없었다

인 정부는 지지율 70%를 넘나드는 높은 평가를 받고도 있다.

또 한반도 평화 체제 구축의 초석을 다지는 남북 정상 회담을 성공적으로 개최함으로써 출범 1년을 마무리하고 있다. 일단 전쟁 위기를 전환시킨 남북 관계 개선 하나만으로도 그 업적은 충분히 긍정적으로 평가할 만하다.

그러나 국가 운영은 다차원적으로 복잡다단하게 전개되는 것으로서 한 분야의 성공에 도취돼 있을 수만은 없다. 국정 운영은 대체로 리더십, 인사, 정책, 제도의 범주로 나누어 평가할 수 있다.

먼저 리더십 분야에서 문재인 대통령은 전직 대통령들에 비해서 상대적 이점을 가지고 출발을 했다. 이명박, 박근혜 두 대통령의 독선적·지시적 리더십과는 대조적으로 문 대통령은 감성적·관계적 리더십을 발휘해 국민에게 다가가는 진정성을 보였다.

겸손하고 소탈하게 소통하려는 대통령의 개성은 허세, 허구, 위선과는 달리 국민에게 신선하게 다가온 듯 싶다. 이것은 온 국민이 적폐 청산을 갈망했던 촛불 정신과 부합하는 리더십이었다.

문 대통령의 리더십이 국정 지지율 고공행진의 큰 동력이었다면 인사는 국정 운영의 린치핀(핵심축)으로 남아 있다. 김기식 전 금감원장의 사례가 말해 주듯이 시민운동가 출신 중심의 코드 인사와 제 식구 봐주기 식 인사 검증의 난맥상이 문제다.

현 정부가 내세운 100대 과제 중의 하나인 '적재적소, 공정한 인사'와는 거리가 멀다. 얼핏 보기엔 시민운동가들이 적폐 청산의 적임자인 것 같아 보이지만 정책 결정자로서의 능력과 도덕성을 갖췄는지는 별개의 문제다. 탕평 인사를 멀리하고 이념적 진영 논리에 치우친다면 정책과 제도가 원활히 작동될 수 없다.

정책에서 가시적인 성과를 거둔 분야는 외교 정책이라고 할 수 있다. 미·중·일·러 주변 4개국의 강성 지도자들 가운데 한국 소외의 열악한 외교 안보 딜레마를 극적으로 극복해왔다.

특히 노무현 정부 때와 달리 대북 관계에서 한미 공조를 강조함으로써 국내외 저항을 완화시키고 대북 관계 개선을 주도적으로 추진할 수 있었다.

이에 또 국내 정책에서는 산적한 과제를 안고 있다. 소득 주도 성장의 기치 아래 시도된 경제 정책은 학계로부터 경제 원리에 합당하지 않은 정책들이라는 비판을 받아왔다.

공공 부문 주도의 일자리 창출에서부터 청소년 취업 지원, 최저 임금 인상, 법정 근로 시간, 문재인 케어를 비롯한 복지 확대 등에서도 '예산 퍼주기'식의 정치 논리로 대응하고 있다는 점도 문제다.

재벌 개혁과 기업 구조 조정은 임기응변책에 치중하고 있어 예측 가능한 체계적인 대책이 시급하다. 대학 입시 등 교육 제도와 사회 문화 개혁도 비전과 철학이 결여돼 있다. 적폐 청산과 역사 바로 세우기 등의 정치 개혁이 마무리되는 단계에서 국민은 경제 개혁에 대해 엄중한 잣대를 댈 가능성이 높다.

제도 개혁은 국정 운영에 근본적이고 장기적인 영향을 미친다. 국가정보원 개혁이 전문성을 강조하며 이뤄지고 있는 데 반해, 검찰과 경찰의 개혁은 상대적으로 부진하다. 기관의 이해관계가 충돌하기 때문에 지체된다고 할 수 있으나 불편부당하게 미래 지향적 관점에서 추진돼야 할 것이다.

그래서 눈을 감을 수가 없었다

제도 운영과 관련해 국가 거버넌스 구조는 역대 정부와 비교해 전혀 변한 것이 없다. 여전히 청와대 중심으로 이뤄지고 있다. 국가 관리는 정부 시스템이 가동돼야 원활하고 효율적으로 작동한다.

현 정부가 시도하는 개혁은 제도 개혁으로 마무리돼야 한다. 제도 개혁의 기초는 시대정신에 맞는 헌법의 개정이다. 헌법 개정이 본래 약속했던 6·13 지방선거 시한을 넘길 것으로 보인다. 국가 제도의 근본을 규정하는 헌법 개정은 시간에 쫓기기보다는 국민적 합의에 주안점을 두어야 할 것이다.

현 정부는 100대 국정 과제를 제시하면서 3단계 이행 계획을 발표했다. 1단계 혁신기는 올해 12월까지로 적폐 청산과 권력 기관 개혁 등 핵심 과제의 이행에 집중할 것이라고 했다.

이 단계가 잘 수행돼 도약기(2020년 12월까지), 임기 말 안정기로 이어가길 크게 기대해 본다. 현 단계에서 가장 주목해야 할 것은 정부 정통성은 도덕성과 성과 모두에 의해서 이뤄진다는 점이다. 그러므로 문재인 정부 1년 평가, 더불어민주당 1년 평가, 남북 정상 회담 축포만 듣고 '드루킹 사건' 쓴소리를 외면하면 약도 없다는 말들이다.

# 압승 정부 여권은 겸허한 국정의 대화로
# 야당을 동반자로 여기고
# 국민들의 민생 경제 성과로 답해야 한다

6·13 압승 문재인 정부 여권은 겸허한 국정의 대화로 야당을 국정의 동반자로 여기고 국민들의 고달픈 민생 경제를 성과로 답해야 된다는 것을 각성해야 한다.

6·13 지방 선거에서 여당은 말 그대로 압도적인 승리를 거뒀다. 더불어민주당은 17개 시·도지사 중 경북, 대구, 제주도 무소속을 제외하고 서울, 경기도, 인천을 비롯한 14곳을 휩쓸었다.

야당의 분열이 기울어진 선거 구도와 역사적인 남북 및 북·미 정상 회담의 여파로 대세는 일찌감치 갈렸다.

자유한국당은 대구, 경북에서는 승리했으나 경남은 밤늦게까지 이어진 접전 끝에 힘들게 승리했다. 국정농단과 박근혜 전 대통령 탄핵 여파로 집권해 지지율 고공행진을 벌이는 문재인 정부에 더 힘이 실리게 되었다.

미니 총선급으로 치러진 재·보궐선거에서도 여당이 12곳 중 10곳을 석권했다. 민주당은 한국당과 의석차를 현재의 7석에서 16석으로 늘리며 범여권(평화+정의+민중당+친여무소속)이 153석으로 원내 과반

그래서 눈을 감을 수가 없었다

을 넘겼다. 전례를 찾아보기 드문 여권의 승리였다. 그렇지 않아도 '기울어진 운동장'이 더 기울어질까도 걱정된다.

정치는 진보와 보수, 좌우의 양쪽 날개로 날아야 건강하다. 충격적이라 표현할 만한 지방 선거의 결과는 진보의 승리라 하기보다는 보수의 참패라는 표현이 적합할 것이다.

자유한국당은 박 전 대통령의 탄핵으로 민의의 처절한 심판을 받았음에도 다시 태어나지 못했다. 지금 국민의 눈에 한국당은 박 전 대통령의 집권 시절 탄핵으로 민의의 처절한 심판을 받았음에도 다시 태어나지 못했다.

지금 한국당은 박 전 대통령의 집권 시절 무능과 무사안일에서 조금도 변한 것이 없다. 여당에서 야당으로 변했음에도 한국당이 여당으로 착각을 해서 민의의 채찍질을 망각한 것도 사실인 것을 확실히 알지 못했다.

정부와 집권당의 독주를 견제해야 할 제1야당의 몰락은 정치적 재앙이다. 한국당은 지도부 총사퇴 후 죽어야 산다는 각오로 재창당 수준의 쇄신에 나서야 한다.

바른미래당은 어떤가. 보수의 쇄신을 내세웠으되, 한국당과 차별은커녕 존재감마저 드러내지도 못했다. 서울시장 선거에서 3위에 그친 안철수 후보부터 왜 정치를 하는가 하는 근본적인 물음에 답할 필요가 있다. 야당이 다시 태어나지 못하면 2년 뒤 총선, 4년 뒤 대선에서도 유권자들은 표심에 외면할 수밖에 없다는 것을 여야를 막론하고 정신 차리고 명심해야 된다.

국민들이 여당 후보들을 압도적으로 지지한 것은 여당이 예뻐서가 아니다. 어렵게 출범한 문재인 정부, 남북 정상 회담과 북·미 정상 회담의 소용돌이 속에 한반도를 둘러싼 질서가 요동치는 가운데 나라 걱정을 하는 국민들이 많다. 청와대와 여당은 이번 선거 결과에 취해 일방독주로 나가면 승리의 축배가 독배로 변할 수 있음을 똑바로 알아야 한다. 높은 지지율만 믿고 오만했던 정권은 예외 없이 '집권 2년 징크스'에 직면했던 정치사의 교훈을 잊어선 안 된다.

문재인 대통령부터 겸허한 자세로 국정에 임하길 국민은 바란다. 무능과 무책임으로 일관한 일부 장관을 경질하는 개각은 적기에 단행해야 효과를 거둘 수 있다. 최저 임금 인상과 근로 시간 단축 등 논란을 빚은 정책의 속도 조절도 외면할 수 없는 과제다. 지방 선거의 당선자들도 앞으로 재정을 낭비하지 말고 지역 주민의 삶의 질을 높이는 데 최선을 다해 지방이 중앙 정부에 종속되지 않는 진정한 지방 자치의 시대를 열어야 할 것이다.

17개 시·도 교육감 선거에서는 진보 성향 후보들이 압승을 거뒀다. 보수 후보들이 단일화에 실패하고 차별화된 공약조차 내놓지 못한 탓이다. 당선자들의 주요 공약은 무상 교육 복지가 실제로 시행된다면 심각한 문제를 초래할 것이다. 당선자들은 퍼주기 식 공약에 집착할 것이 아니라 교육 당사자인 학생과 학부모, 학교의 의견을 수렴해 무엇이 우리 학생들의 미래를 열어 주는 길인가를 고민해야 한다.

2020년 4월 총선까지 2년 가깝게 전국 단위의 선거는 없다. 정부는 일자리 정부를 표방하고 친(親) 서민·중산층을 외쳤지만 실업 문제는 해소되지 않고 민생도 더 팍팍해졌다. 앞으로 몇 년은 대한민국 미래에 더없이 중요하다.

미국 트럼프 행정부발 보호 무역의 파고가 거세고 발등에 불 떨어진 국내 제조업 위기는 일자리 절벽을 가속화할 것이다. 지방 선거 압승에 취해 개혁을 등한시하고 경제 위기를 극복하지 못하면 2년 뒤 총선 때 표심이 어떻게 바뀔지 모른다.

여권은 야당을 동반자로 여기되 국정 쇄신에도 박차를 가해야 한다. 야당의 처절한 각성과 민의의 채찍질이 있어야 하며 여권은 고달파하는 국민들의 민생을 성과로 답을 해 줘야 된다.

# 여당은
# 이번 선거의 승리로
# 자만하지 말아야 한다

대체 우리는 어떻게 인생길을 가야 할까. 인생은 독행도(獨行道)이다. 홀로 가는 길이다. 그래서 삶에서 가장 먼저 배워야 할 것이 독립심이다. 인생은 동행도(同行道)이다. 함께 가는 것이다. 그래서 더불어 사는 협동심을 익혀야 하는 것이다. 인생은 고행도(苦行道)이다. 고생길을 가는 길이다.

그래서 고난을 이길 강건함을 길러야 한다. 인생은 소명도(召命道)이다. 나만의 소명을 깨닫고 그것을 이루어가야 함이다. 인생은 신행도(神行道)이다. 내 힘만으론 도저히 독행도, 동행도, 고행도 소명의 길을 갈 수가 없음이다.

그러므로 우리는 오직 3행이 함께 서로 돕는 가운데서 함께 살아가는 길을 가야 한다. 그래서 더불어민주당 여당은 6·13 선거의 승리에서 너무 교만하거나 자만하지 말고 두려워해야 한다.

6·13 지방 선거는 한국 정치사에서 하나의 이정표이다. 한국 정치의 시대와 전망은 이제 그 '이전과 이후로' 나뉠 것이다. 이는 첫 민주적 선거였던 5·10제헌의원 선거(1948년)의 정권 교체 시대를 연 15대

그래서 눈을 감을 수가 없었다

대통령 선거(1997년)와 견줄 만하다.

선거 드라마에서도 이번 선거는 전혀 다른 파격이다. 한국 정치가 편가름식 '양분(兩分) 정치'의 주박(呪縛: 주술적 속박)에서 벗어나는 출발점으로 보이기 때문이다. 이전은 울타리 뒤에 숨은 비상식의 정치가 상식을 이기는 암흑의 시대였다.

6·13 지방 선거는 더불어민주당의 승리도, 문재인 정부의 승리도 아니다. 민주당이나 문재인 정부의 승리로 머물 수 없다. "국민의 승리"라는 뻔한 입발림을 하려는 게 아니다. 이 전폭적인 결과가 운명적으로 마주해야 할 미래를 이야기하고자 함이다. 특정 정당·진영·가치의 승리로만 이번 선거가 매김될 때 6·13 민심은 반쪽에 머물게 될 것이다.

문재인 대통령은 지난 18일 지방 선거 결과를 두고 "등골이 서늘하다"고 했다. 청와대 전 직원들에게 생중계된 수석 보좌관 회의에서였다. 그러면서 참모들에게 세 가지를 당부했다. 바로 '유능·도덕성·태도(겸손)'이다. 도덕성은 전통적 진보의 가치이며, 유능은 진보·보수 구분 없는 국정의 조건이다. 눈에 띄는 것은 태도다.

앞선 노무현 정부를 옥죄는 한 빌미가 됐던 오만, 독선 등 태도의 문제를 환기시킨 것이다. 배를 띄울 수도, 뒤집을 수도 있는 물과 같은 민심의 법칙과 절대 권력은 부패한다는 권력 법칙 사이에서 긴장의 끈을 쥔 셈이다.

이번 지방 선거는 '상식의 승리'다. 지난 반세기 한국 정치를 양분해온, 한 진영을 궤멸시킨 결과는 한국 정치에도 '상식의 시대'가 시작된 것을 알린 것이기 때문이다. 그래야만 한국 정치는 긴 '분열'의 방향을 지나 '화해'로 만날 수 있다. 실상 표심을 결정지은 한반도 미래, 정치적 국민의 성장, 경제·사회적 정의와 안전의 가치는 모두 진보나 보수의 것으로만 머물 수 없는 상식적 명제들이다.

지난 대선부터 우리 사회·국가의 혁명적 변화의 핵심은 '다양성'이다. 진영의 대결장과도 같은 '양분 사회'의 극복이다. 좌우 두 진영은 존재하던 정치에 대한 '다양성'의 도전과 승리다. 자유한국당으로 상징되는 '앙시앵 레짐'(구체제)의 패배로 선거 의미가 우선 매김되는 것도 그런 이유다.

이는 옳고 그름으로만 판단하고, 국가 현실의 필요만으로 판단하는 새 세대의 출현으로 가능하게 된 현상이다. 단순히 스윙하는 민심이 아니라, 정치적 다름도 옳다면 지지할 수 있는 유연한 유권자·여론층의 존재다. 그 점에서 이념의 종언도, 지역의 종언만도 아닌 그동안 허위의 지역과 이념에 기댔던 '진영 정치'의 종언이다.

실제로 놓인 앞길은 꽃길이 아니다. 선거 결과가 무색할 만큼 난제들이 산적해 있다. 한반도 평화의 길은 여전히 험하고 멀다. 별빛조차 들지 않던 캄캄한 벼랑길에 이제 등불 하나를 들었을 뿐이다. '소득 주도 민생'의 새 길도 강한 저항을 받고 있다. 이는 국내 문제만으로 해결될 수도 없기에 더욱 엄혹하다. 탈원전 등 국민 안전의 미래도 내내 방해하고 있다. 이처럼 비상식은 곳곳에서 반격을 준비하며 꿈틀대고 있다.

'전환의 시대'에 정치는 어떻게 달라져야 할 것인가. 핵심은 태도다. 새로운 태도의 내용들이 향후 정치의 문법과 성패를 결정할 것이다. 첫 번째는 한 번도 제대로 가 보지 못한 '협치'다. 대결의 정치 문법을

그래서 눈을 감을 수가 없었다

종식시키고 다양성을 가능케 할 기반이다.

다양한 정치적 의견이 공존하는 다당제가 의미를 가질 수 있는 토대이기도 하다. 여권이 일축한 '연정'은 협치의 가장 제도화된 비전이다. 두 번째는 유연함이다. 어떤 정치적 주장도 절대적이지 않음을 인정하고 수정을 전제하는 태도다.

해묵은 '내로남불' 프레임을 벗는 길이기도 하다. 세 번째는 '생활 속으로'다. 그간 이념의 추상 언어였던 정치 언어는 구체적 생활과 현장으로 더 다가가야 한다. 현실의 구체성에 기반할 때 정치적 공통 분모는 커진다.

여당이 이번 선거를 진영의 승리로 자축할 때 그들은 새 시대의 궤도에서 이탈하게 될 것이다. 이는 비상식의 어둠 속으로 물러나는 일이다. 적폐 정권이긴 하지만 전임 정부가 오랜 갈등 끝에 정리한 국책사업(동남권 신공항)의 결론을 선거가 끝나자마자 뒤엎으려는 움직임에선 그런 불길함도 감지된다.

그 결과는 정치 지도에서조차 사라지게 된 한국당과 같은 운명이 될 것이다. 여당이 진정으로 승리를 두려워해야 하는 이유다. '하룻밤 새 무진을 점령한 안개'『무진기행』처럼 실패의 기운은 부지불식간에 스며든다. 그러므로 우리가 가야 할 길에서 여당은 이번 선거 승리를 두려워하라는 말을 새기고 자만하지 말아야 할 것이다.

# 새 보수 정당의 물꼬를 터주는 것이
# 지금 자유한국당이
# 해야 할 역할이자 책임이다

우리 국민은 지금 새로이 급변하는 시대를 살아가고 있다. 이때 가장 필요한 것은 '창조성'이 아닌가도 싶다. 틀에 갇힌 생각, 과거에 매인 방식이 아니라 누구도 가 보지 않은 창조적인 길을 가야 하기 때문이다.

창조성은 갑자기 하늘에서 떨어지는 게 아니다. 오늘 하루 주어진 일들을 충실하게 감당할 때 비로소 주어지는 지혜와 능력에서 '창조성'을 지니고 살아야 한다. 그러므로 새 보수 정당으로서 물꼬를 터주는 것이야말로 지금 자유한국당이 해야 할 창조적 역할이자 책임이 아닌가도 묻고 싶다.

오늘의 자유한국당은 6·13 지방 선거에서 사형 선고를 받은 것이나 다름 없다. 사형 선고를 받은 이에게 남은 시간은 무의미하다. 죽음에 이르는 과정일 뿐이다. 지방 선거 참패 이후에 보여 주고 있는 자유한국당의 모습은 차기 총선까지 남은 1년 10개월의 시간이 당 해체 과정일 뿐임을 말해 준다.

문재인 정권의 향후 실정에 대한 반작용을 기대하는 사람들도 있는

그래서 눈을 감을 수가 없었다

것 같다. 그러나 지금 모습이면 국민들은 이 정권이 싫어도 최악보다는 차악을 선택하기 위해 또 마지못해 민주당을 찍게 될지도 모른다.

지금 한국당의 유일한 선택지는 5·16 직후 제로 베이스에서 공화당을 창당했듯이 완전히 새로운 보수 정당을 만드는 것이다. 민정당을 민자당으로, 한나라당을 새누리당으로 바꾸는 수준의 처방으론 백약이 무효다. 지금은 일과성 위기가 아니라 기존의 보수 정당 체제가 수명을 다한 상황이기 때문이다.

현 보수 정당 체제는 변화의 대응에, 새로운 가치의 창출에, 진영의 힘을 하나로 결집해 내는 데 실패했다. 보수 진영으로부터 괴리되고 외면당하고 고립되는 체제다. 많은 사람들이 연이은 패배가 보수 진영이 아닌 보수 정치 세력의 패배라고 보는 이유다. 보수 정당은 패배하고 심판받고 나락으로 떨어졌지만, 보수 진영은 여전히 진보 진영보다 우월하고 강하다고 보는 것이다.

새로운 정당은 명망가 정당도, 출세한 사람들의 구락부도, 정치권 인사들의 자가발전 모임도 돼선 안 된다. 국민적 신뢰를 잃은 한국당이 주도권을 쥐고 소집하는 조직에서는 더욱 안 된다. 보수 진영의 역량을 하나로 결집하는 정당이 돼야 한다. 보수의 재기를 갈망하는 각계의 지식인, 전문가, 활동가, 단체와 조직들이 참여하고 주도하는 것이어야 한다.

한국당은 새 보수 정당 창출의 창조 플랫폼을 만들고, 그 작업을 주도할 각계의 보수 대표 인사들에게 자리를 내주고, 범보수 신당 창당을 전적으로 위탁해야 하는 것이다. 비상 대책 위원회가 아니라 보수 재건을 위한 국민 위원회를 만들고 전권을 위임하는 것이다.

새 보수 정당은 보수 진영으로부터 고립된 갈라파고스 정당 구조를 혁파해야 한다. 시대 변화를 따라가고, 인재를 체계적으로 충원하기 위해 청소년 조직과 대학 청년 조직부터 만들어야 한다. 당원들의 자녀들 손을 잡고 행사에 참석할 수 있는 당이 돼야 한다. 진영 위에 정당이 군림하는 것이 아니라, 보수 진영이 보수 정당을 견인하는 구조를 만들어야 한다.

새 보수 정당은 소통과 협력, 연대를 통해 보수 진영으로부터 정책 공급, 인재 충원, 조직 동원이 체계적으로 이뤄지는 시스템을 만들어야 한다. 횡적으로 각계의 전문 직능과 지역별로 전략과 정책, 인력이 수시로 지원되고, 종적으론 청소년기부터 당의 꿈나무들이 배우고 경험하고 훈련받는 구조가 돼야 한다. 보수정당이 홀로 싸우는 것이 아니라 보수 진영 전체가 힘을 결집하여 총력으로 싸우는 체제를 만들어야 한다. 선거용 떴다방이 아니라, 추구하는 가치가 있고 변화에 적응하며 미래가 있는 지속 가능한 정당을 만들어야 한다.

새 보수 정당은 당원 구조를 혁신해야 한다. 지금처럼 지역, 연령, 세계관이 한쪽으로 치우치는 당원 구성으론 변화에 적응할 수도, 새로운 일을 시도할 수도 없다. 창당 과정에서 세대와 계층, 지역과 직능별로 다양한 배경과 경험, 사고를 지닌 풀뿌리 당원들을 대대적으로 수혈해야 한다. 유소년기부터 당원 활동이 가능하게 하고, 청소년, 대학 청년들의 정치 활동을 획기적으로 활성화해야 한다.

보수재건위원회는 한국 근대사에서 보수 진영의 역할과 책임, 공과에 대한 역사적 성찰에서부터 시작해야 한다. 이승만, 박정희 이후에 보수 진영이 시대를 선도하는 새로운 가치와 이념, 국가 전략을 제대

그래서 눈을 감을 수가 없었다

로 정립한 적이 있는지부터 반성해야 한다.

시대를 걱정하고 새로운 대한민국을 꿈꾸는 각계의 보수 인재와 지사들을 격동시켜서 보수 재건 국민 운동에 나서게 해야 한다. 이를 토대로 새 보수 정당을 창출해야 한다. 이 작업에 단초를 제공하고 물꼬를 터주는 것이 지금 한국당이 해야 할 역할이자 책임인 것이다.

# 강대국의 국익 이기주의가 격돌하는
# 오늘의 정글 같은 세상에서
# 현 정부는 어떤 국가 전략을 갖고 있는가

모든 것은 우리가 한 그대로 되돌아온다. 미소는 미소로, 욕설은 욕설로 돌아온다. 부실 건축물은 무너지고 인간에게 착취를 당한 자연은 자연재해를 안겨 준다는 것이 삶의 원칙이다.

이에 우리 대한민국은 1953년 7월 27일 오전 10시 유엔군과 북한군 수석대표와 판문점에서 3년 넘게 이어진 6·25 전쟁을 중단하는 문서에 서명했다. 그리고 12시간 뒤 38선에선 총과 대포 소리가 그쳤다.

이렇게 전쟁은 멈췄지만 국제법적으론 여전히 전쟁 상태인 정전 체제는 아직도 계속되고 있다. 이에 대한민국의 정전 체제 65년은 남북 분단을 고착화하는 결과를 낳았지만 그에 못지않게 한반도에서 전쟁을 막는 버팀목으로서의 역할을 톡톡히 했다.

그것이 지금의 견고한 정전 체제를 이완시켜 안보 불안을 낳는 결과를 가져와선 안 된다. 국방부가 비무장지대 내 감시초소(GP) 철수 같은 조치를 서두르는 것에 온 국민은 군대를 불신하고, 국가 안보에서 국민이 불안해하는 이유도 여기에 있다.

70년 전 민중도 강대국 믿지 말라 했다. 지금 강대국들이 국익에

그래서 눈을 감을 수가 없었다

격돌하는 정글 같은 세상에서 현 정부는 어떤 국가적 안보 전략이 있는가. 온 국민은 국가 안보, 국방 정책의 안보성을 묻고도 싶어 한다.

지금 우리 국민들이 미국의 트럼프 대통령을 못 믿게 된 것은 대책이 없는 말 뒤집기 때문이다. 북핵 폐기의 원칙을 180도 뒤집었다. 당장 핵 폐기를 안 하면 가만두지 않겠다더니 이젠 "시간 제한이 없다"고 한다. 북한의 시간 벌기를 사실상 용인하고 있다. 핵 폐기는 뒷전이고 미군 유해에 더 열을 올리는 듯하다.

이대로라면 비핵화는 물 건너가고 우리는 영원히 핵을 머리에 이고 살아야 할지 모를 일이다. 트럼프의 '사기극'에 당했다는 국민의 분노가 터져 나오고 있다.

70여 년 전 해방 직후 민중 사이에 유행한 민요가 있다. '미국놈 믿지 말고 소련놈에 속지 마라. 일본놈 일어나고 되(중국)놈 되(다시) 나온다……' 나라 이름에 운율까지 맞춰 강대국의 속셈을 풍자한 것이다. 민족이 가야 할 방향을 놓고 갑론을박하던 혼돈의 시대였다.

갓 해방된 약소국 민중의 눈에도 국제 정치의 냉혹한 현실이 보였던 모양이다. 민요는 강대국에 선의(善意)란 없다는 것을 간파하고 있다. 믿을 놈 하나 없으니 정신 차리자고 했다.

당시 미국은 한반도에서 발을 빼려 하고 있었다. 남한 주둔 7만 여 명을 다 철수시켰다. 탱크 한 대, 비행기 한 대 안 남기고 국군을 껍데기로 만들었다. 이윽고 한반도를 방위선에서 제외한다는 '애치슨라인'이 발표됐다. 한국의 전략적 가치를 낮게 본다는 선언이었다. 북한에 보낸 '남침(南侵) 초대장'이기도 했다. 해방군으로 알았던 미국이 한국을 버리려 했다. '미국 놈 믿지 마라'는 민요는 이런 시대 상황을 반영했을 것이다.

그 후 역사는 우리가 아는 대로다. '소련 놈에 속지 마라'는 구절대로 소련은 북한의 남침을 뒤에서 후원했다. 전차도 중화기, 차관을 빙자한 전비(戰費)를 제공하고 작전 계획까지 짜 주었다. 중국은 6·25 발발 넉 달 만에 한반도에 '다시 나왔다'. 수십만 군대를 보내 코앞까지 온 통일을 막았다. 일본은 '일어났다'. 6·25 특수(特需) 덕에 호황을 누리며 경제 대국이 됐다. 무서울 만큼 딱딱 맞아떨어졌다. 국제 정세를 꿰뚫어 본 민중의 집단 지성에 감탄이 나온다.

역사는 반복된다고 했다. 지금 우리를 둘러싼 상황이 70년 전 민요와 다르지 않다. 미국은 못 믿을 존재가 돼가고 있다. 안보에선 '착한 동맹', 경제에선 '좋은 파트너'이던 과거의 미국이 아니다. 트럼프는 동맹에도 '상업적 계산법'을 들이대고 있다. 한반도에 전략 자산을 전개하는 것이 "매우 비싸고 미친 짓"이라며 미군 철수 가능성까지 입에 올렸다. 이제 최악의 가능성을 염두에 둘 상황이 됐다. 미국이 ICBM 폐기 같은 자기 목표만 챙기고 북핵은 미봉(彌縫)할지 모른다.

경제에서도 미국을 파트너라 하기 민망한 상황이 됐다. 한미 FTA로 '경제 동맹'이 맺어졌다고 축배를 든 게 6년 전이다. 지금 미국의 무차별 무역 보복이 우리에게까지 쏟아지고 있다. 중국이 주 타깃이라지만 한국을 봐주는 것도 없다. 오히려 우리 주력 수출품인 자동차에도 관세 폭탄을 때리겠다고 한다. 서로 최혜국 대우해 주는 FTA 체제를 해체하겠다는 거나 마찬가지다. 이런 미국을 믿고만 있어도 되나 싶다.

중국은 패권 본능을 되찾았다. 사드 보복 때의 패권적 행태가 생생

그래서 눈을 감을 수가 없었다

하다. 상식도, 국가 간 예의도 없었다. 무지막지한 보복의 칼날을 휘두르며 힘으로 우리를 굴복시키려 했다. 이것은 시작일 뿐이다. 중국이 '굴기(崛起)'를 완성하는 순간 종주국 행세를 하려 들지 모른다. 일본은 또 어떤가. 경제 회생으로 자신감을 회복한 일본 역시 우리에게 날을 세우며 국익의 시비를 걸어오고 있다. 온 사방에는 눈 감으면 코 베어 갈 적으로 가득하다.

해방 이후 국제 환경은 격랑을 거듭했지만 변하지 않는 게 있다. 나라 간 관계에 선의란 없다는 사실이다. 존재하는 것은 자국 이기주의뿐이다. 천우신조로 우리에겐 국제 관계의 본질을 꿰뚫어 본 전략적 지도자가 있었다. 이승만은 군사 동맹이라는 '신의 한 수'로 미국을 묶어두는 데 성공했다. 박정희는 원수 같은 일본에 올라타 경제 개발의 동력을 창출해 냈다. 국가의 명운을 바꾼 결정이었다. 두 지도자의 전략적 선택이 대한민국 오늘 현대사의 골격을 만들었다.

지금 우리의 통치 엘리트에게 어떤 전략이 있는지 모르겠다. 이 정권은 주류 세력 교체를 내세운다. 그것이 정권의 목표일 수는 있지만 국가 전략이 될 수는 없다. 밖에선 살벌한 국익 쟁탈전이 벌어졌는데 정권의 시선은 안으로만 향해 있다. 밖에서 국익을 키울 생각보다 안에서 편 갈라 싸움 붙이는 일로 날 새우고 있다.

강대국 이기주의가 격돌하는 정글 같은 오늘 세상에서 이렇게 한가해도 될까. 이렇게 귀 막고 눈 감고 있다가 나라가 정말 온전할 수 있을까. 70년 전 민중도 강대국을 믿지 말라고 했다. 믿을 건 우리뿐이라고 했다. 현 정부는 국민에 믿음과 신뢰를 주는 국방의 국가 안보 정책을 보여 줘야 한다.

# 문 대통령은 장관, 참모 질책 넘어 책임 묻고 취임 때 초심으로 되돌아 국정을 점검해 볼 필요가 있다

누구나 인생길을 가며 실수와 고통, 아픔의 우여곡절이 있다. 이때 중요한 것은 내가 어떤 행로로 타인의 신뢰와 믿음과 더불어 나를 선택하게 하느냐에 따라 내 인생 또한 달라진다는 사실이다.

우리의 일상생활에서도 신뢰와 믿음은 조직원 단체의 마음을 얻는 큰 열쇠인 것이다. 그래서 하는 일에 원칙을 지키며 솔선수범하면 신뢰는 배가 된다. 통찰은 기업의 본질을 이해하고 미래를 열어나가는 지적(知的) 능력이다.

통찰력이 결여되면 다음 세대가 성장하지 못하고 현재에 안주하다가 소멸하기 십상이다. 그러므로 한국의 리더들이여! 학습과 노력으로 자기 결정력을 높여라. 신뢰로 조직 에너지를 결집하고 통찰력으로 미래를 개척하라!

이에 따라 문 대통령은 장관, 참모에게 질책을 넘어 책임을 물을 때이며, 또한 취임 초심으로 되돌아가 국정 전반을 점검해 볼 필요가 있다. 26일 한국갤럽이 발표한 여론 조사 결과 문재인 대통령의 직무 수행에 대한 긍정 평가는 58%로 나타났다. 문 대통령의 지지율이 다시 50%대로 추락했다는 경고음이 울린다.

부정 평가는 5% 상승해 32%를 기록했다. 전날 여론 조사 기관 리얼미터 조사도 지지율 59.3%로 비슷한 결과였다. 대통령 지지율은 4주째 계속 떨어지고 있다. 하락세가 장기화·심화되는 현상이다. 이런 추세라면 50%대 지지율도 위협받을 수 있다.

한국갤럽은 "국정 감사가 종반으로 향하며 여러 부처별 문제들이 조명됐고, 특히 성장 둔화와 일자리 등 경제 이슈에 다시금 주의가 집중되며 우려가 커지고 있는 듯하다"고 분석했다. 서울교통공사 등 공공 기관 고용 세습 의혹 같은 국민들이 피부로 느끼는 경제 위기가 부정적인 영향을 미쳤다는 것이다.

대통령 지지율은 올라갈 때도 내려갈 때도 있다. 문 대통령 지지율 추이를 보면 남북 정상 회담 등 한반도 긴장 완화에 성과를 낼 때는 치솟았고, 부동산 시장 불안 등 경제 상황이 악화되면 곤두박질치는 패턴이 되풀이되고 있다.

이번에도 응답자들은 부정 평가 이유로 '경제·민생 문제 해결 부족'(43%)을 첫 손가락으로 꼽았다.

결국 문제는 경제다. 지금 나라 경제는 연간 성장률 전망치 2.7%도 달성하기 쉽지 않아 보인다. 주식 시장은 21개월여 만에 가장 낮은 수준으로 떨어졌고, 수출도 미·중 무역 전쟁에 끼어 점차 식어가고 있다. 고용은 줄고 자영업자 등 서민 경제는 얼어붙은 상태다.

이처럼 한국 경제가 추락하는 데는 미·중 무역 전쟁과 유가 급등 같은 외생 변수가 작용했다. 그러나 그것만으로는 한국만이 겪은 유달리 심한 고통을 설명할 길이 없다.

정치는 곧 민심이다

갖은 파도를 맞으면서 남들은 순항하고 한국은 가라앉는 데는 다른 이유가 없다. 해야 할 것은 하지 않고 하지 말아야 할 것은 하는, 정부의 '경제 정책 역주행'이다.

반드시 해야 할 노동 시장 개혁이나 공공 부문 개혁은 전혀 손을 대지 않고 있다. 오히려 노조 눈치를 보며 가꾸로 가고 있다. 미국을 비롯한 각국은 법인세를 내리고 규제를 없애고 있지만 한국은 정반대다.

오죽하면 규제가 풀리지 않는다는 비판에 김동연 경제부총리 겸 기획재정부 장관이 "그게 우리 현실이고 실력"이라고 한탄까지 했을 정도다.

하지 말아야 할 것을 하는 것 역시 한둘이 아니다. 지배 구조 개선 등을 내세운 기업 옥죄기는 사그라들 줄 모른다. 재정을 퍼부어 땜빵식으로 단기 일자리를 만들면서 정작 고용 재앙을 부른 소득 주도 성장은 끌어안고 놓지 않았다.

청와대는 고용 참사가 "경제 체질이 바뀌는 데 수반되는 통증"이라며 소득 주도 성장은 끌어안고 놓지 않았다.

장하성 청와대 정책실장은 "고용·소득 지표 악화는 소득 주도 성장을 오히려 속도감 있게 추진하라고 역설하는 것"이라고 강변했다.

온 사방에서 울리던 경보음도 무시했다. 김광두 국민경제자문회의 부의장이 "침체 국면의 초입"이라고 한 게 지난 5월이다. 그러나 정부는 자기 최면이라도 거는 듯 "경제는 회복 중"이라는 말만 앵무새처럼 되풀이했다.

문재인 정부의 경제 실패 정치는 '소득 주도 성장'이라는 검증되지

그래서 눈을 감을 수가 없었다

않은 분배 정책을 이식했다. 시장을 고려하지 않고 무리하게 임금을 높인 반시장·친노동·반기업 정책이었다. 결과는 지금 겪는 고통이다.

사방에서 경고음이 울리고 있다. 여러 경제 여건이 국민의 기대에 부응하기에는 어려운 현실이 있을 것이다. 하지만 문 대통령의 강고한 지지층이었던 20~40대 등 청장년층과 가정주부에서 이탈 현상이 나오는 것은 수치 이상의 의미가 있다.

청와대는 지지율이 떨어질 때마다 "상황을 무겁게 받아들인다"고 했다. 그러나 말뿐, 국정 운영 방식은 크게 달라진 것 같지 않다. 뚜렷한 개혁 성과도 내지 못하고 있고, 무사안일에 젖은 관료주의도 그대로다. 무엇보다 안보를 둘러싼 남남 갈등의 골은 더욱 깊어진 상태다.

남북 관계에 대한 해법은 시각에 따라 견해가 다를 수 있다. 문 대통령은 취임사에서 "야당은 국정 운영의 동반자"라면서 "분열과 갈등의 정치를 바꾸겠다. 대통령이 직접 나서 대화하겠다"고 했다. 지금 대통령이 그 약속을 잘 지키고 있다고 믿는 국민은 많지 않을 것이다.

문 대통령은 취임 초심으로 되돌아가 국정 전반을 점검해 볼 필요가 있다.

정치는 곧 민심이다

# 40%를 넘어선 대통령에 대한 부정 평가는 국민과 시장에 신뢰 주는 경제 정책으로 전환하라는 경고다

　오늘의 21세기는 과거 기성세대의 성공 방식과는 다른 '뉴노멀 사회'이다. 인공지능과 자동화가 인간의 노동을 지속적으로 대체하고 생명 공학과 의료 기술 덕분에 인간의 수명 100세 시대가 현실이 되고 있다.

　과거 전공 지식을 얻어 직장에 취업하면 평생 안정적 삶을 보장받던 고용의 시대는 지나갔다. '개척하는 지성'은 호기심과 열정, 공감 능력, 문제 해결과 디자인 능력 등을 갖춰야 한다고 말한다.

　이에 청와대와 여당은 40%를 넘어선 대통령에 대한 부정 평가를 국민과 시장에 신뢰를 담아 주는 경제 정책으로 전환하라는 경고로 받아들여야 한다.

　오늘에 문재인 대통령의 국정 수행에 대한 지지도가 8주 연속 하락해 52.5%를 기록했다. 여론 조사 기관인 리얼미터 조사 결과다. 지난 9월 평양 남북 정상 회담 직전에 기록했던 기존 최저치 53.1%(9월 2주차)보다 낮은 역대 최저치다. 평양 정상 회담으로 얻은 지지율 상승폭을 다 반납했다고 볼 수도 있다.

그래서 눈을 감을 수가 없었다

집권 2년차에 50%대 국정 지지율은 역대 대통령들과 비교해 나쁘지 않다. 하지만 문 대통령의 경우 촛불 정국이라는 특수한 사정에 힘입어 80%대 지지율에서 시작했던 터다. 게다가 문 대통령 국정 수행에 대한 부정적 평가가 지난주 대비 2.6%포인트나 증가한 42%(매우 잘못함 25.7%, 잘못하는 편 16.3%)로 나타났다.

리얼미터는 '혜경궁 김씨' 논란이 문 대통령 주변 지지층의 이반을 불러와 지지율 하락에 일조했다고 봤다. 하지만 '상수(常數)'는 경제와 민생의 악화다. 이는 조선과 자동차 산업 침체의 직격탄을 맞고 있는 부산·울산·경남 등 PK 지역에서 부정적 평가(56.8%)가 긍정적 평가(40.0%)를 압도한 데서 단적으로 알 수 있다.

대통령 지지율이 국정의 목표가 될 필요는 없다. 하지만 현재 같은 대통령 단임제에서 지지율이 일정 수준 아래로 떨어지면 국정 능력이 급격히 사라진다.

남북 관계 개선을 국정 동력 유지를 꾀하는 방안도 미국의 동의를 얻지 못하는 한 불가능하다는 게 분명해진다.

지난 9일 경제부총리와 청와대 정책실장을 교체해 2기 경제팀이 꾸려졌음에도 지지율 하락이 멈추지 않는 것에 주목해야 한다.

아직 경제부총리 후보자가 부임하지 않은 상태이긴 하지만 '사람만 바꾸고 정책 기조는 유지하겠다'는 문 대통령의 방침은 시장과 국민들의 불안을 완화시키는 데 실패했다.

소득은 일자리에서 나온다. "소득은 노동의 결과"라는 얘기다. 누구나 다 아는 세상의 이치다. 그런데 문재인 정부의 '소득 주도 성장'은 이와 거꾸로 가는 양상이다.

정치는 곧 민심이다

마치 말 앞에 마차를 세워 놓고 달리라는 격이다. 과연 마차가 꿈쩍이나 할까. 하지만 해당 정책이 이 정부 들어 1년 6개월째 강행되면서 민생이 벼랑 끝 위기를 맞고 있다.

최대 피해자는 이 정책을 통해 일자리를 만들고 가계 소득을 늘려주겠다고 했던 저소득층으로 드러나고 있다.

소득 주도 성장 정책이 이미 파산했다는 것은 새로운 뉴스도 아니다. 문제는 이 정부의 정책 실험이 국민 세금은 세금대로 낭비하면서 취약 계층의 일자리를 날려버리는 데 그치지 않고 이들을 빈곤의 늪으로 밀어가고 있다는 점이다.

지난 22일 통계청이 발표한 3분기 가계 소비 동향이 그 현실을 생생히 보여 주고 있다. 소득 하위 20% 가구는 복지 수당 등이 늘어나면서 정부에서 받은 돈이 일해서 번 돈을 크게 앞질렀다.

어처구니없는 일이다. 최저 임금의 인상으로 일자리가 줄어들어 소득이 감소하자 막대한 재정을 쏟아부어도 빈곤층 소득이 줄어드는 '밑 빠진 독에 물 붓기' 정책이 되고 있다.

그동안 최저 임금 과속 충격은 취약 계층의 일자리에 직격탄을 날렸다. 올 들어 도·소매, 음식·숙박업, 사업시설 관리 등 3대 업종에서만 일자리 29만 개가 없어졌다.

인건비를 감당하지 못한 영세 자영업자들이 알바를 비롯한 임시·일용직 등 취약 계층부터 잘라내면서다. 이 여파로 소득 하위 20% 가구는 월 소득 중 일해서 번 돈이 47만 8,900원으로 1년 전보다 14만 원이 줄었다.

반면에 복지 수당 등 나라에서 주는 돈은 1년 전보다 10만 원가량

그래서 눈을 감을 수가 없었다

늘어 60만 4,700원으로 불어났다. 이는 경제 파탄에 빠진 그리스와 남미 국가들을 연상시킨다. 이들 국가는 현금성 복지는 재정을 축내고도 가난을 구제하지 못한다는 사실을 보여 줬다.

어디 그뿐인가. 빈곤층의 의존도가 높을수록 빈부 격차는 오히려 확대된다. 이 정부에서 그동안 일자리 확대를 겨냥해 투입한 세금은 54조 원에 달한다.

그런데 소득 하위 20% 가구의 소득(131만 7,600원)은 1년 전보다 7% 줄어들고, 상위 20% 가구(973만 5,700원)는 8.8% 증가했다. 두 계층 간 소득배율은 5.52에 달해 11년 만에 최악이 됐다.

청와대는 "경제 체질이 바뀌는 진통"이라며 "연말까지 기다려 달라"고 했지만 그런 조짐은 어디에도 없다. 오히려 경제협력개발기구(OECD)는 23일 "한국의 고용 대란이 2020년까지 지속될 것"이라고 경고했다.

설상가상으로 재정 수요가 늘어나면서 세금·사회보험료 등으로 나가는 돈이 처음으로 가구당 100만 원을 돌파했다. 그만큼 가처분 소득이 줄어드니 소비가 위축되고 일자리가 줄어드는 악순환이 불가피해졌다.

이쯤 되면 소득 주도 성장은 즉각 폐기돼야 한다. 그런데도 청와대는 귀를 막고 있다. 23일 대통령 비서실 소속 비서관들이 비공개 워크숍까지 열면서도 "차질 없이 예정된 정책을 추진해 국민에 성과를 보여 주자"는 기존 입장을 되풀이했다.

정책 방향 자체에 대한 본질적 고민은 없었다. 아무리 고통이 크더라도 잘못된 길에 들어섰으면 옳은 길로 방향을 틀어야 한다. 그래야 국민에게 보여 줄 성과를 얻을 수 있다.

잘못된 경제 정책을 바꾸는 데는 용기도 필요하지만 빠를수록 좋다.

40%를 넘어선 대통령에 대한 부정 평가는 청와대와 여당에게 국민과 시장에 신뢰를 주는 경제 정책으로 전환을 하라는 경고다.

# 사람을 움직이는 힘은
# 진실한 칭찬과 정직,
# 신뢰의 사랑이다

사람은 유한한 존재다. 아무리 권세가 있고 부귀한 자도 결국 모두 다 내려놓고 삶의 한계가 도래하면 세상을 떠난다.

그런데도 세상을 영원히 살 것처럼 교만하게 사는 사람들이 많다. 참으로 어리석은 자들이다. 인간은 아침의 안개처럼 사라질 수 있는 아주 연약한 존재다.

이 연약함은 어떤 수단이나 방법으로도 보강이 될 수가 없다. 내일 일조차 모르는 유한한 존재이기에 인간은 늘 겸손해야 한다.

사람에게는 정직과 성실이라는 참으로 소중한 내적 자산이 있다. 정직은 사람에게 신뢰를 준다. 성공하는 삶의 기반은 신뢰이며 그 바탕은 정직이다.

또 성실은 사람의 인격이 한결같다는 것을 의미한다. 좋을 때나 나쁠 때나 변함없이 자기의 본분을 책임 있게 묵묵히 하는 사람, 이런 사람은 처음과 나중이 일치하며 말과 행동도 같다.

모든 일에 일관성 있고 충실한 생활과 정직하고 성실한 삶의 자세는 그 사람을 생명과 축복의 길을 걷게 하여 21세기 사회로 인도한다.

정치는 곧 민심이다

이 세상의 이치가 이렇듯이 사람을 움직이는 동기가 두 가지가 있다. 하나는 내부에서 오는 동기고, 다른 하나는 외부에서 오는 동기다.

심리학에서 말을 다루는 데 비유해 내부 동기를 '당근'이라 하고 외부 동기를 '회초리'라고 부른다. 심리학자에 따르면 사람은 성숙하면 내부 동기에 의해서 움직이는 폭이 커지고 미숙하면 외부 동기에 의해 움직이는 폭이 커진다고 한다.

이 말을 심리학적으로 설명한다면 괴로움이나 아픔, 실패 같은 것이 하나의 동기가 된다는 뜻이다. 조건이 나쁘니 그것을 극복하려는 노력이 극대화되고 그 동기가 도약의 발판이 된다는 뜻이다.

'고생이 약'이라는 말이 있다. 요즘 부모들은 자식을 과잉보호한다. 그러나 이것은 아이들의 잠재된 동기를 말살시키는 바람직하지 못한 행동이다.

어려움이 없어지면 동기도 없어지고, 동기가 없어지면 행동도 약해지기 때문이다. 위대하고 큰일은 고난과 실패 속에 감추어져 있다.

아니, 위대한 일은 고난과 실패라는 화분 속에서만 싹을 틔운다. 고난이 사람을 움직이는 가장 큰 힘이다. 사람은 언제나 실현을 통해서 더 성장하고 여물어진다.

이런 시험 없이 스스로가 더 겸손해지면 좋으련만 그렇지 못한 것이 인생이다. 이렇듯이 사람은 욕심의 한계가 무한정하고 몰염치한 행동으로 자기의 몸을 망친다.

지난 6일 영업 정지된 4개 저축은행 대주주들의 불법 행위가 하루가 멀다 하고 터져 나오고 있다. 기가 막힌 이들의 비위를 지켜보면서 도대체 금융 감독 당국은 그동안 뭘 했는지 묻지 않을 수 없다.

그래서 눈을 감을 수가 없었다

영업 정지 며칠 전 거액을 들고 밀항을 시도했던 미래저축은행 김찬경 회장은 가짜 서울대 법대생 행각을 버리다 보도까지 된 인물이다.

애초 금융사를 인수하기에 부적절한 전력이 있었으나 금융 감독원은 그가 1999년부터 금융업에 진출한 이후 아무런 제동도 걸지 못했다.

김 회장은 2006년에 빚 164억 원을 갚지 못해 사실상 신용 불량 상태였다. 신용 불량자는 저축은행 대주주가 될 수 없지만, 금감원은 대주주 적격성 심사제가 2010년에야 도입됐고 그가 채무 불이행자로 등록된 것도 지난해 3월이어서 법률적으로 문제 삼을 수 없었다고 한다. 부실 사고 저축은행에 예금을 했던 서민들은 억울해서 금융 감독원의 직무 유기 감사가 이해나 될까 싶다.

저축은행이 불러일으킨 서민 피해에 대한 보상은 정부와 금융 감독원에서 해 줘야 할 절대적 책임이 있다.

부적격자 인물이 저축은행 대주주라면 마땅히 금융 감독원은 눈을 크게 뜨고 주시했어야 했는데 제도만 운운하는 것은 책임 회피고 직무 유기가 될 것이다.

타인 명의 대출 등을 통해 돈을 빼돌리고 부실을 숨기기 위해 서로 증자 자금을 대출해 주는 등 대주주들의 불법이 횡행했는데도 금감원의 정기 수시 감사는 눈감고 겉돌기만 했다.

지난해 저축은행 1·2차 구조 조정 당시 금품을 받고 부실을 눈감아 준 금감원 직원 16명이 사법 처리 됐다. 이번에 문제된 저축은행에도 금감원 간부들이 대거 감사와 사외이사로 등록된 사실이 밝혀졌다.

이들이 경영진의 전횡이나 불법을 견제하지 않고 오히려 비호하는 로비 창구 역할을 함으로써 부실 금융사의 생명을 연장시켜 피해를 키운 게 아니냐는 의혹이 들지 않을 수 없다.

금융당국이 10년 만에 저축은행의 이름을 되돌리는 등 고강도 대책을 마련할 움직임을 보이고 있다. 금융당국은 스스로 감독자의 역할을 제대로 했는지 되짚어 보고 뼈를 깎는 개혁을 하는 것이 시급하다.

또 '금융 비호원', '뒷북 수사 의뢰원'이란 오명을 듣지 않으려면 저축은행에 취업한 금융당국 출신자들도 빨리 정리해야 될 것이다.

사람을 움직이는 힘은 진실의 칭찬과 정직, 신뢰의 사랑이다.

그래서 눈을 감을 수가 없었다

# 나라다운 나라를 만들어 달라는
# 민초들의 바람을
# 현 정부는 뼈아프게 새겼으면 한다

오늘날 현실 사회에서 정치는 생각이 다른 사람이 많아서 어렵다. 소수 생각을 다수로 만들어야 하는 힘든 작업을 해야 한다. 그것도 설득과 타협으로 공감을 만들어야 하니 더 어렵다.

그래도 그런 길을 가겠다고 소통 대통령, 소통 정부를 자처했다. 역사에서 가장 닮고 싶은 리더십의 인물로 세종 대왕을 꼽으며 '국민과 눈 맞추는 대통령이 되겠다'고 다짐했다.

내 사람, 내 방식만 옳다는 고집만으론 갈 수 없는 길이 큰 정치인가도 싶다. 소통 정부에 소통을 주문해야 하는 아이러니는 언제까지 계속돼야 하는 건가. 민초들의 나라다운 나라를 만들어 달라는 요망을 현 정부에서는 뼈아프게 생각하며 새겼으면 한다.

대통령이 얘기한 소통과 혁신 성장은 말 몇 마디로 그냥 이뤄지는 게 아니다. 기업의 피나는 노력과 정부의 적절한 지원이 필수적이다.

무엇보다 대내외 경제 환경이 극히 불안한 상태에서 미래에 투자해야 하는 기업의 의욕을 북돋워야 한다. 한마디로 기업하기 좋은 환경을 만들어 줘야 한다.

정치는 곧 민심이다

그러려면 규제 혁신과 친노조적 정책 전환이 필수다. 하지만 대통령의 말과 달리 현장의 기업들은 지금 규제와 노조에 아우성을 치고 있다.

4차 산업 혁명의 한 축이라는 카풀은 노조의 극렬한 반대에 막혀 있다. 노조는 아직도 '촛불 혁명 청구서'를 들이민다.

이런 상황에서 삶의 현장과 괴리가 큰 대통령의 말은 혼란을 키울 뿐이다. 경제 현실과 민심에 대한 대통령의 더욱 냉철한 성찰이 필요하다.

모든 국민은 배부르고 등이 따뜻하면 정부 정책을 신뢰하며 편안한 정치라고, 참으로 정치를 잘한다고 한다.

문 대통령은 야당 대표 시절 "전국을 다녔는데 누구를 만나도 '정말 먹고살기가 힘들다'고 말하더라", "국민들이 더 암담하게 느끼는 건 지금 당장의 어려움도 어려움이지만 앞으로도 나아질 전망이 보이지 않기 때문이다"란 말들을 했다.

혹시 지금도 그렇지 않은지, 그 원인이 무엇인지를 현 정부는 곰곰이 되새겨보기를 바란다.

우리는 말에 대한 엄중함을 느껴야 한다. 내가 남에게 상처 준 말은 기억하지 못하면서 상대가 무심코 던진 말 한 마디는 비수가 되어 꽂힌다. 향긋한 말들은 귓가를 간질이며 판단을 흐리게 한다. 일개 범인(凡人)도 이럴진대 하물며 한 나라를 통치하는 대통령이야 오죽할까도 싶다.

이번 정부에서도 '소통' 얘기가 나올 줄은 몰랐다. 민심을 얻기 전에는 간이든 쓸개든 다 빼 줄 것처럼 달콤한 공약을 하지만 망상 권좌

그래서 눈을 감을 수가 없었다

에 오르고 나면 그렇지 않은가 보다. 세상을 다 가진 듯 감언이설만 들으려 하고 고언에는 귀를 막고 있으니 말이다. 아니면 보고 싶은 것만 보고, 믿고 싶은 것만 믿는 확증 편향이 심해지는 것일까도 싶다.

1년 8개월 전인 2017년 5월, 문재인 대통령의 취임사를 들을 때 우리는 공정하고 정의로운 사회가 머지않아 올 줄 알았다. 잃어버린 보수 정권 9년을 넘어 약자들이 더 이상 고통받지 않고 청년들이 희망을 말하고 미래를 꿈꾸는 세상이 열릴 줄 알았다.

당선 이후 청와대 기자 회견에서 국무총리를 포함한 주요 인사들을 직접 발표하고 참모들과 와이셔츠 차림으로 테이크아웃 커피를 들고 청와대를 산책하는 모습을 보면서 우리도 햄버거 가게에서 줄 서 기다리는 버락 오바마 전 미국 대통령을 닮은, 소통할 줄 아는 대통령을 선출했다고 마음이 뿌듯했다.

그러나 기대는 '역시나'로 돌아오고 있다. 취임 초반 감동적인 장면들이 알고 보니 뼛속까지 마초이즘으로 가득 찬 탁현민의 '쇼'라는 것을 알고 문 대통령의 소탈함과 진정성까지 의심받는 지경이다.

취임 초 80%를 넘나들던 대통령 지지율은 2주째 부정 평가가 긍정 평가를 앞서는 '데드 크로스'까지 곤두박질쳤다. 물론 국정을 운영하는 데 지지율에 일희일비할 일은 아니다.

그러나 주목할 것은 전 연령층에서 20대 남자 지지율이 가장 낮았다는 점이다. 20대 젊은이들이 누군가, 4·19혁명과 5·18민주화운동, 6·10항쟁, 촛불혁명에 누구보다 앞장선 주역들이다.

지금의 20대는 민주주의 토양에서 자라나 물질적 부족함 없이 살아온 세대다. 20대의 청년층 분노는 사라지는 일자리와 공정과 정의를 내건 정부에서 나타나는 불공정과 불의, 비도덕성 때문일 것이다.

광화문에 있는 청와대 집무실에서 퇴근하는 길에 남대문 시장에 들러 시민들과 술잔을 기울이겠다고 하던 '광화문 대통령' 공약은 빈말이 돼 버렸다. 과거 정권과 똑같은 전철에 국민들은 더 큰 실망감을 느낄지도 모를 일이다.

더 무서운 것은 권력의 이름으로 자행되는 일들이다. 내부자 폭로든 기밀 유출이든 전 정권과 비슷한 일이 벌어졌을 때 대응하는 태도는 어쩌면 그리도 판박이인지 마음이 아프다.

촛불 혁명으로 탄생한 정부가 이래선 안 된다고 문제 제기를 했던 기획재정부 전 사무관은 진실이 받아들여지지 않자 극단적인 기도까지 했다.

그가 제기한 민간 기업 사장 교체 시도는 현 정부의 여러 낙하산 인사 시도 중 하나일 뿐이다. 서슬 퍼런 군사 정권도 아니고 민주주의 국가에서 말 한마디 하기 위해 목숨까지 걸어야 한다면 누가 입이나 뻥긋할 수 있겠는가. 슬픈 일이다.

대학교 때 야학 교사를 하면서 어려운 아이들을 보고 불평을 해소하고 싶어 공무원의 길을 택했다는 서른두 살 사무관은 국민으로부터 위임받은 권력을 부당하게 시장에 개입하는 데 이용하는 것을 보고 절망했다.

영혼 없는 공무원으로 그냥 살 수도 있었지만 침묵하지 않았다. 그의 말처럼 적폐라고 스스로 말할 만한 일을 이 정부가 반복해서는 안 된다. 집권 중반기에 접어든 문 대통령이 좀 더 나라다운 나라를 만들어 달라는 민초들의 바람을 뼈아프게 새겨들었으면 좋겠다.

그래서 눈을 감을 수가 없었다

# 국민은 대화와 협력,
# 아량을 갖춘
# 정부가 되기를 원한다

집권 3년 차는 임기 반환점을 도는, 소위 '꺾어지는 해'이다. 권력의 구심력과 원심력이 맞서는 시기다. 1987년 민주화 이후 역대 대통령은 예외 없이 집권 3년 차에 위기와 마주했다.

임기 3년 차에 측근 비리나 권력형 게이트, 인사·정책 실패, 여권 분열에 발목이 잡혀 급속히 내리막길을 걷는 과정이 돌림 노래처럼 반복됐다.

역대 정권마다 집권 3년 차 증후군을 겪었기에, 교훈 삼을 역사는 축적되어 있다. 문재인 정부가 반면교사를 제대로 삼아 집권 3년 차 징크스를 깨는 전인미답의 길을 갈 건가, 아니면 영락없이 '집권 3년 차의 저주'에 빠져 내리막길을 걸을 것인가.

정권의 성패는 집권 3년 차를 어떻게 보내느냐에 달려 있다고도 본다. 국민들은 집권의 정권은 5년임을 상기해 주듯, 남은 기간 동안 국민과 사랑으로 대화하며 협력 아량을 갖춘 믿음의 정부가 되길 원한다.

국민들이 새해 들어 기대와 관심을 모았던 가장 큰 행사는 대통령의 시정 연설과 기자 회견이었다. 그러나 반응을 보아하니 벌써 국민의 관심에서 사라진 것 같다.

정권은 이를 연중행사의 하나로 간과해 버린다. 국가의 장래를 걱정하는 사람들은 회의감과 실망스러움을 느꼈을 것이다. "우리가 잘할 테니까 믿고 따르라"는 자세였다.

대통령과 정부의 선택과 판단은 역사적 동일성과 일관성을 부정하는 것 같았다. 여당 지도부 발언은 국가와 국민을 위하기보단 정권을 옹호하고 지지하는 데 있었다.

그들이 야당에 있었을 때는 용납할 수 없는 불의와 사회악이라고 공박했던 사건들이 집권 후에는 정당시되는 것이 보통이다. 공직자들이라고 칭찬했던 사람들을 집권 후에는 반국가적 질서 파괴자라고 고소한다. 정의는 국가와 민족을 위한 가치이자 정권에 따라 바뀌는 도구가 아니다.

동일한 사건이 우리에게 유리하면 정의이고 불리하면 불의와 악이라는 논리는 성립되지 못한다. 국민의 선택과 가치관의 기준은 윤리적 규범과 역사적 전통에 따른다. 한 정권의 의도대로 좌우되는 것은 아니다. 구체적인 문제도 그렇다.

박정희 정권 때는 전국민주노동조합총연맹을 비롯한 노조의 활동을 억제하고 탄압했다. 인권 유린이라고 평가받기도 했다. 아마 박 전 대통령은 남로당원이었을 것이다. 당원이면 그들만이 추종하는 철학이 있다.

노조는 공산 정권이 집권할 때까지는 파업을 한다. 그러나 정권을 장악한 후에는 절대로 투쟁이나 파업을 하지 않는다. 그 교조를 잘

그래서 눈을 감을 수가 없었다

아는 박정희 정권은 노조 활동을 탄압했을 것으로 생각한다. 경제적 목적을 위해 정치적 과오를 범했던 것이다.

지금의 민노총도 장단점이 있다. 그러나 국민은 모든 노조가 국가와 국민을 위해 양보도 하고 협력할 줄 아는 애국적 공동체이기를 원한다. 민노총이 촛불 시위의 공로를 보상받기 원하며 기업체 내의 세습적인 인사 행정까지 강요한다면 그것은 집단 이기주의적 발상이다.

비(非)노조원에게 압력을 가하기까지 한다면 법치 사회에서는 허용할 수 없는 사회악이다. 그럼에도 불구하고 현 정부가 민노총과 동지애를 갖고 국민에게 임한다면 국민이 대통령에 대한 불신과 정부에 대한 거리감을 갖지 않을 수 없다.

전국교직원노동조합도 그렇다. 교육은 항상 보다 선한 방향을 찾아야 한다. 그러나 특정한 목표를 위한 일방적인 과정과 방법은 금물이다. 종교나 정치 이념을 위한 교육에 치우치면 인간의 자유로운 창조성을 악화시키거나 잃게 된다.

그런데 주변의 전교조 활동을 보면 교육의 보편적 가치보다는 주어진 정치 이념을 위한 노조 활동을 앞세운다. 정치적 가치의 일회성과 교육적 가치의 평준화는 교육 자체를 불행과 파국으로 이끌 수 있다. 나치 독일과 공산주의 교육이 사회를 병들게 한 원인이 바로 거기에 있었다.

정부가 교육을 행정 규정에 맞추기 위해 대학의 자율성을 침해한다면 정신 문화의 교육성과 발전을 저해할 뿐 아니라 민족의 정신 문화를 병들게 하는 결과를 초래할 수 있다. 교육은 정부의 후원은 필요하나 통제받아서는 안 된다.

문제는 그것으로 끝나지 않고 있다. 정권 초창기부터 시작한 적폐 청산은 임기 말까지 계속할 모양이다. 그 목적이 어디에 있는지 국민은 의심한다. 북한에서 체험했고 소련과 공산 중국의 초창기를 연상케 한다.

적폐 청산은 인적 쇄신을 동반한다. 우리 측 사람이나 정치 이념을 같이하는 사람을 등용하기 위한 청산이라면 그것은 또 다른 적폐를 만든다. 법의 기준보다 높은 애국적 양심과 인륜적 도덕은 더 중요하다.

국가를 위해 판단하며 국민의 행복을 염원하는 노력과 행위는 정권이 바뀌더라도 적폐가 아니다. 애국적 실수보다 정권 위한 적폐 청산은 더 잘못된 방법이다.

그래도 국민은 우리 정부와 함께하기를 원한다. 대한민국을 사랑하기 때문이다. 대통령과 정부는 독선적 사고로 국민 위에 군림해서는 안 된다. 대화하고 협력하며, 전문 분야에 속하는 국가적 과제들은 그 분야의 지도자들에게 맡기고 후원할 수 있는 아량을 갖춰야 한다.

집권 정권이 5년이지만 국민 생활은 100년 지속되어야 한다. 국민의 자유와 행복까지 정부가 위임 맡은 선진 국가는 존재하지 않는다. 항시 국민을 사랑하고 대화와 협력의 아량을 갖춘 정부가 되길 국민들은 바라고 원한다.

그래서 눈을 감을 수가 없었다

# 국가 지도자가 과거를 잘못 읽으면
# 현재를 잘못 판단하고
# 미래를 헛짚게 된다

"선한 말은 꿀 송이 같아서 마음에 달고 뼈에 양약이 된다"고 한다. 우리가 대화할 때 상대방에게 항시 선하고 예쁜 말들을 해 주는 것이 세상을 따뜻하고 사랑이 가득하게 바꾸는 시작이 될 것이라고 본다.

그러므로 국가의 정치 지도자가 과거를 잘못 읽고서 현재를 잘못 판단하고 상대방에게 강한 말과 행동을 보여 준다면 자라나는 젊은 세대가 미래에 잘못 대처하게 하는 씨앗을 심게 된다.

요즘 더불어민주당 문재인 대통령 최측근 김경수 경남지사가 1심에서 징역형을 선고받고 구속 수감되자 성창호 판사를 '양승태 적폐 사단의 일원'으로 낙인찍었다. 이번 판결은 '그들의 조직적 저항'이라고 했다. 홍영표 더불어민주당 원내대표는 "이 정부를 흔드는 시도는 국민에 의해 또다시 탄핵당할 것"이라며 성 판사에 대한 탄핵 소추 가능성도 거론했다.

'삼권분립(三權分立)'이 헌법의 핵심 가치인 나라에서 대통령 최측근에 대한 판결이 자신들의 입맛에 맞지 않는다고 해당 판사를 쫓아낸다고 위협하고 사법부 전체를 '물갈이' 대상으로 몰아붙인다. 군사

정치는 곧 민심이다

독재를 연상시킬 만큼 공포스러운 집권 여당 행태다.

우리의 대통령이 아름답고 행복한 세상으로 성공하려면 나라가 튼튼해져야 한다. 국민 생활도 나아져야 한다. 대통령의 성공과 나라와 국민의 성공이 함께 가야 정상(正常) 국가다.

대통령이 정치적 성공을 거두고 이념적 목표에 근접(近接)할수록 나라가 위태로워지고 국민 생활이 고단해지는 나라는 분열(分裂)된 국가다. 그런 나라는 머지않아 존망(存亡)의 낭떠러지에 서게 된다.

대통령의 사법 개혁이 성공한다면 나라 모습이 어떻게 달라질까. 여권 전체가 김경수 경남지사에게 유죄를 선고한 재판장을 향해 퍼붓는 탄핵 공세 속에 그 답(答)이 있다. 정권의 외곽 단체인 민변은 탄핵 대상 판사들 명단까지 발표했다.

'외부의 재판 개입은 온몸으로 던져 막겠다'던 대법원장도 지난 1일 '도 넘는 법관 공격 적절하지 하지 않아', '재판 불복 강력 대응해야 한다'는 말 몇 마디뿐 꿀 먹은 벙어리다.

사법부(司法府)의 수장(首長)이 아니라 국무총리 휘하 '사법부(司法部) 장관' 모습이다. 이런 식의 사법 개혁이 성공하면 모든 판사의 핏줄 속에 정권과 같은 피만 흐르게 된다.

현 정권 사람들도 '경제가 좋다'고는 차마 말을 하지 못한다. 대통령은 '경제 체질이 바뀌는 과정'이라고 한다. 현 정권 식(式) 경제 체질 바꾸기로 한국 경제의 앞날이 열릴까. 세계 어느 경제 전문가도 고개를 끄덕이지 않는다. 대부분은 한국이 거꾸로 가고 있다고 한다.

이런 방식으로 경제가 다시 살아난다면 한국은 노동 개혁 없이 경제를 되살린 세계 최초 국가가 된다. 그런 기적은 없다. 결국 방향을

그래서 눈을 감을 수가 없었다

잘못 잡은 개혁이 목표에 접근할수록 국민 생활은 팍팍해진다는 말이 된다.

우리 민족은 수만 년 전 한반도에 정착(定着)한 이후 한 번도 이사한 적이 없다. '북(北)엔 중국, 남(南)엔 일본'이라는 지리적 조건은 삼국 시대 이래 변한 것이 없다. 따라서 국가 안보의 기본도 그때나 지금이나 크게 달라지지 않았다.

국력(國力) 충실과 군비(軍備)에 소홀하면서 대륙의 변화에 어둡고 일본을 경시(輕視)할 때마다 큰 화(禍)를 불렀다. 임진왜란 7년간 일본에 포로로 잡혀간 사람이 10만~40만 명으로 추정되고, 병자호란 한 달 만에 추운 겨울 맨발로 만주 심양(瀋陽)으로 끌려간 조선인은 50~60만 명을 헤아린다.

삼국 시대 이래 한반도 안보 환경의 최대 변화는 1945년, 세계에서 가장 강력한 나라 미국이 동북아시아에 출현한 것이다. 2018년 한국 GDP는 1조 6,000억 달러로 세계 10대 경제 대국이다. 이만한 살림이면 유럽·남미·중동 어디에 놓여도 고개 숙이지 않고 살 수 있는 규모다.

그러나 중국 14조 9,000억 달러, 일본 5조 2,000억 달러 사이에 놓고 보면 한국은 여전히 중-일 사이에 '끼어 있다'는 표현을 완전히 떨치긴 힘들다.

중국은 2012년 항공모함 라오닝호를 최초 배치했고, 뒤이어 제2, 제3 항공모를 건조하고 있다. 일본은 1922년 첫 항공모를 만든 뒤 태평양 전쟁 직전엔 10척을 보유했고 전쟁 기간 중 15척을 추가로 건조했다. 1941년 12월 7일 진주만 기습에는 항모 6척이 동원됐다.

일본이 1941년 취역(就役)시킨 배수량 2만 5,000톤에 함재기 84대를 실었던 항모 쇼카쿠호는 성능 면에서 영국과 미국 항모를 압도한다는 평가를 받았다. 일본과 갈등하면서 일본 방위청 장관이 점퍼 입고 나댄다고 한국 국방부장관도 점퍼 입고 부대 방문하는 것은 하책(下策) 중에 하책이다.

중국에 휘둘리지 않고 일본에 끌려다니지 않으려면 GDP 20조 5,000억 달러에 달하는 미국의 무게를 지혜롭게 활용하는 방법밖에 없다. 문재인 정부 외교 출범 2년 만에 미국과는 금이 가고 일본과는 척(隻)지는 사이로 만들고 말았다. '자주(自主) 강박증(强迫症)'과 '민족끼리'라는 환상의 덫에서 빠져나오지 못했기 때문이다. '문재인 외교'에 이념의 색깔이 짙어질수록 국가가 치욕(恥辱)을 당하고 국민이 고난(苦難)을 겪은 과거 외교 구도에 갇히게 된다.

과거를 잘못 읽으면 현재를 잘못 판단하고 미래를 헛짚게 된다. 문재인 대통령은 작년 8·15 광복절 경축사에서 "광복은 결코 밖에서 주어진 것이 아니다"고 했다. 만주 벌판에 백골(白骨)로 흩어진 독립지사들의 헌신이 없었더라면 우리는 '민족의 얼'마저 잃어버렸을지 모른다.

그러나 광복을 우리 손으로 쟁취했다는 것은 사실이 아니다. 1945년 일본 폐망의 순간 만주를 점거한 관동군 숫자가 70만 명이다. 국가 지도자가 역사를 편한 대로 말과 행동을 읽으면 자라는 세대가 미래에 잘못 대처하게 하는 씨앗을 심는 것이다.

그래서 눈을 감을 수가 없었다

# 국회 청문 부적격자 장관 후보들
# 그대로 앉히면
# 정부가 채용 비리를 묵과한 것이 된다

오늘의 문제인 정부의 새 장관 후보 7명 중 4명도 두 채 이상의 집을 갖고 있다. 부동산 정책을 책임진 국토부장관 후보는 3주택자인 것을 세탁하기 위해 기상천외한 꼼수 증여를 실행했고, 행정안전부장관 후보는 청와대 김의겸 대변인과 똑같은 방식으로 재개발 딱지를 사들여 아파트 2채와 상가 1채를 한꺼번에 얻었다.

그러면서 자신들은 도덕적이고 정의롭다고 한다. DNA가 다르다고 한다. 누가 이를 비판하면 반(反)촛불 세력, 비민주 세력이라고 매도하고 무섭게 공격한다. 이래서 오늘의 현 정부가 국회 청문 부적격 7명 장관 후보자들을 그대로 자리에 앉히면 그게 바로 정부가 채용 비리(採用非理)라고, 국민들은 요즘 큰 소리들로 잘못됐다고 말한다.

말은 부족한 듯한 게 낫다. 멋진 말을 헤프게 쓰다간 제 말 밟고 미끄러지기 쉽다. 모진 말일수록 아껴 써야 한다. 하늘 보고 침 뱉기가 되기 쉽기 때문이다. 물러나는 청와대 대변인을 보니 옛말이 그른 게 없다.

현 정권은 출범 22개월 동안 11차례나 부동산 투기 억제 대책을 쏟아냈다. 그런 사이 '정권의 입'이란 사람이 석연치 않은 거래에 손을 댔으니 비난은 면하기 어렵다. 그러나 한편으론 쉰 중반에 들도록 여태 제집 없이 떠돌았다니 짠한 생각이 없지도 않다.

만일 그가 반대편을 향해 말의 폭을 휘두르는 데 조금이라도 자제력(自制力)을 보였더라면 어땠을까. 마지막에라도 퇴직금 헐어 집 살 돈 보탰다는 부인을 끌어들이지 않았더라면 또 어땠을까.

며칠 전 끝난 인사 청문회의 종합 소감은 한마디로 족했다. 이런 후보들을 그대로 정부에 들어 앉힌다면 그게 바로 채용(採用) 비리(非理)라는 것이다. '어린 학생들이 혹시 따라 하면 어떡하나' 걱정이 들 정도였다. 다들 스타급(級)이어서 MVP 대상을 좁히기 어려웠다.

통일부 장관 후보자는 단연 돋보였다. 비판 언론과 야당이 결격(缺格) 사유로 드는 대북관과 북핵 소견(所見)은 그가 인사권자의 마음에 든 진짜 이유였던 듯했다. 천안함 폭침과 핵 실험에 대응한 5·24 조치, 개성 공단 폐쇄를 '바보 같다', '자해(自害) 행위'라고 했던 사람이다. 이 정권 응원단이 '미국에 끌려가지 않을 뚝심 있는 적임자를 골랐다'고 박수를 보낸 것도 그 때문이다.

'국제 사회의 대북 제재 이후 북한 경제가 오히려 좋아졌다'는 사람이니 미국 국회 청문회에서 나온 예상대로 핵을 포기하라고 북한을 설득하기보다 대북 제재를 재고(再考)하라고 미국을 설득하려 할지 모른다.

그랬던 그가 인사 청문회에선 싹 달라졌다. '천안함 폭침', '금강산 관광객 피살 사건', '북핵 제재 효과'에 대한 과거 발언을 송두리째 뒤집었다. 숨진 장병들을 위해 묵념을 하는 모습은 숙연(肅然)하기까지

그래서 눈을 감을 수가 없었다

했다. 다만 북한의 인권 유린 실태를 몇 가지 들어 보라는 요구에는 끝까지 함구(緘口)하며 소신을 지켜냈다.

비록 국회에서 이렇게 말을 뒤집긴 하지만 임명권자는 자신의 본심을 믿어 주리라고 확신하고 북한의 심기를 거슬리게 하는 역린(逆鱗)은 어떻게든 하지 않으려는 충정을 알아달라고 신호를 보내는 듯했다. 대통령은 자신의 이념·노선·정책에 맞는 사람을 택할 인사 재량권이 있다.

그러나 장관 후보가 안고 있는 이념·노선·정책과는 다른 차원의 문제라면 사정이 다르다. 통일부 장관 후보는 능력이 아니라 인성(人性)에 문제가 있다. 인성 차원에선 대통령은 보통 또는 그 이상 되는 사람을 골라 써야 한다. 헌법과 법률에 따라 대통령에게 위임된 인사권에는 이런 불문율(不文律)의 제약이 따른다.

이에 따라 자유한국당은 인사 청문회가 끝난 장관 후보자 전원에 대해 부적격 판정을 내리고 청문 보고서 채택을 거부하기로 했다. 제1야당이 장관 후보자 전체에 대해 청문 보고서 채택을 거부한 것은 전례가 없는 일이다.

청문 보고서가 채택되지 않아도 대통령은 장관을 임명할 수 있지만 청문 보고서가 모두 거부되는 사태가 벌어진다면 청와대는 난감할 수밖에 없을 것이다.

현 정부 출범 후 지금까지 인사·검증 부실로 중도 낙마한 장차관 후보자가 6명이다. 청문 보고서 채택 없이 임명이 강행된 장관급 인사도 8명이다. 이 같은 인사 검증 실패에도 불구하고 조현옥 대통령 인사수석비서관, 조국 민정수석은 책임을 지지 않고 청와대 원년 멤

버로 자리를 지키고 있다.

부실 검증뿐만 아니라 친문과 진보 진영 중심의 코드 인사에서 벗어나지 못하고 있다는 비판에 대해서도 청와대 인사 라인은 책임을 느껴야 한다. 조국 수석은 친여 성향 유튜브 방송 출연이나 페이스북 활동은 하면서도 부실 검증 논란에 대해선 왜 침묵만 지키는지 모를 일이다.

이번 청문회에서 후보자 전원에 대해 위장 전입, 세금 탈루, 부동산 투기 등 온갖 의혹이 불거졌는데도 청와대에선 낙마는 없을 것이라는 말이 나돈다. 문재인 대통령이 지난 해 10월 "인사 청문회에서 시달린 분들이 일을 더 잘한다"고 말했으니 이 정도 분란이야 통과 의례로 생각하는 것 같다.

노무현 정부 시절인 2005년 1월 당시 이기준 교육부총리가 도덕성 의혹으로 5일 만에 낙마하자 인사 참사 책임을 물어 박정규 민정수석, 정찬용 인사수석이 경질된 적이 있었다. 버티기가 능사가 아니다. 문제 있는 후보자 교체와 함께 조·조 수석은 책임도 물어야 한다.

앞으로 두 달 후면 문재인 정부 출범 2년이다. '기회는 평등할 것입니다. 과정은 공정할 것입니다. 결과는 정의로울 것입니다.' 대통령 취임 당시의 이 빛나는 대목을 국민은 잊지 않고 있다.

이 아름다운 말 때문에 지금 빚어지는 일마다 겉옷 위로 삐져나온 속옷 마냥 흉(兇)해 보인다. 그래서 현 정부 국회 청문 부적격자를 그대로 정부에 들어 앉히면 그게 곧 정부가 채용 비리(採用非理)를 저지르는 것이다.

그래서 눈을 감을 수가 없었다

# 보궐 선거는 국정 운영 방식을
# 되돌아보라는
# 민심의 큰 경고다

국민들은 오직 먹고살기에 바쁘다. 국민은 정치도 정치지만 우선 내가 먹는 것이 편하고 또한 등이 따뜻하면 정치에 별 관심을 갖지 않는다고 본다.

그런데 요즘에는 고물가, 일자리 부족, 소상공인들의 힘든 삶, 폐업 등 온 국민이 살기가 왜 이리도 힘드냐고 몸부림의 아우성을 친다.

집권 여당은 이번 4·3 보궐 선에서 어서 빨리 민생의 경제를 살려야 한다는 여권을 향한 마지막 경고를 듣는다. 또한 집권당인 민주당은 대한민국의 전반적인 경제 성장 발전을 되살리고 민심과 민생을 챙기라는 쓴소리와 큰 주문을 듣는다.

더불어 야당도 민생 개혁 법안 처리에는 여야가 없이 서로가 도와야 한다. 그래야 성난 국민들의 민심은 국회의 옳고 바른 민생 정치와 함께 협력하고 동반한다.

그러므로 정부 여당은 이번 선거 결과에서 드러난 민심 이반에 크게 주목해야 한다. 여당 참패에는 여러 요인이 있겠지만, 경제난에 허덕이는 국민의 민생을 제대로 챙기지 않은 문재인 정부의 국정 운영에 대한 실망감이 가장 컸다고 볼 수 있다.

성동조선, 대우조선해양, 현대차하청업체 등 두 지역 제조업 위기로 지역 민심이 흉흉한 상태였다. 여기에 선거 운동 와중에 불거진 부동산 투기 등이 부각된 장관 후보자들의 낙마, 김의겸 전 청와대 대변인의 부동산 투기 논란과 사퇴, 청와대 인사 검증에 대한 불신 등이 겹치면서 '촛불 정부'에 대해 인내하고 우호적이던 민심이 2년 만에 돌아서는 상황을 보였다.

국민들의 민심은 정부가 비핵화뿐만 아니라 민생을 챙기고, '촛불 정부'의 도덕성을 유지하라고 한다. 생산, 소비, 투자 등 주요 경제 지표는 모두 부진하다. 인구 변화와 온라인 쇼핑, 최저 임금 인상, 미세먼지 등으로 파리만 날리는 피곤한 자영업자들이 한둘이 아니다.

국정을 책임지는 정부 여당의 경제에 대한 인식 전환이 하루빨리 요구되고 있다. 당청 관계자는 수평적 관계로 바꾸고, 장관들에게 권한을 더 부여하는 등 국정 운영 시스템 변화도 필요하다.

특히 국회의 민생 챙기기에는 여야가 따로 없다. 어떤 혁신적인 정책도 국회가 입법으로 뒷받침하지 않으면 아무 쓸모없는 무용지물이다. 여야는 3월 임시국회에서 최저 임금 제도 개편과 탄력 근로제 단위 기간 확대를 위한 민생 개혁 법안을 처리하지 못했다.

개혁 법안 처리를 늦추면 늦출수록 그 피해는 오직 국민들에게로 돌아간다. 고위공직자 비리수사 처, 선거제도 개편 같은 권력 구조 개편 문제도 중요한 문제이지만, 민생 법안과의 연계 처리가 어렵다면 4월 임시 국회에서 분리해 처리하는 지혜를 찾아야 한다.

이번 보궐 선거가 주는 교훈은 명백하다. 집권 여당인 더불어민주

그래서 눈을 감을 수가 없었다

당에 준엄한 경고를 보냈다는 점이다. 민주당은 5곳에서 한 명도 당선자를 내지 못했다. 외견상 나타나는 성적표 못지않게 내용도 심각하다.

민주당이 총력전을 펼친 경남 통영·고성에서 자유한국당 후보에게 큰 표 차로 참패했다. 24% 포인트 차이가 났다. 민주당은 지난해 6·13지방선거에서 경남지사는 물론 통영시장과 고성군수를 모두 차지했다. 그러나 불과 10개월도 안 돼 정반대의 결과가 나온 것이다.

민주당 정의당 후보가 가까스로 이긴 경남 창원 성산도 내용적으로는 진 것이나 마찬가지다. 집권 여당이 5석의 군소 정당에 단일 후보를 내준 것 자체가 민심을 반영한다.

진보 정치 1번지로 꼽히는 창원 성산은 단일화 직후 완승할 것이라는 분석이 많았다. 각종 여론 조사에서도 압도적인 우세를 보였다. 그러나 선거 기간 내내 장관 후보자와 청와대 대변인 등의 부동산 투기 논란이 가열되면서 국민들의 실망감이 컸다.

가뜩이나 경제가 좋지 않아 문재인 정부에 대한 반감이 많던 차였다. 투표함을 열어 본 결과 개표율 99.98%까지 한국당 후보에게 1위를 내줬다. 개표 마지막 순간에 0.5% 포인트 차이로 겨우 이겼다. 결코 이겼다고 볼 수 없는 선거다. 민주당은 텃밭인 전북 전주의 기초의원 선거에서도 패했다.

청와와 여당은 민심 이반의 원인을 살펴보고 향후 국정 운영을 어떻게 해나갈 것인지 깊이 성찰할 필요가 있다. 이번 선거가 영남권을 중심으로 일부 지역에서 치러진 선거여서 국민 전체의 민심을 대변하는 것은 아니라는 주장이 있다. 하지만 경남은 문재인 대통령의 정

정치는 곧 민심이다

치적 기반이다. 이곳에서조차 민심이 싸늘해졌다면 다른 지역은 말할 것도 없다. 문재인 정부에 대한 중간 평가의 성격이 있다고 봐야 한다.

이번 선거는 여당의 패배로 끝났지만 한국당이 승리했다고 할 수도 없다. 한국당이 잘해서 표를 찍어 준 것이 아니라 집권 여당이 더 싫어서 찍은 표가 많은 것으로 분석된다.

한국당은 새로운 보수의 모습을 보여 주지 못했고 정치에 입문한 황교안 대표도 창원에서 숙식까지 하며 선거를 진두지휘했지만 유권자들에게 이렇다 할 감동을 주지는 못했다. 결국 여야 어느 쪽도 정국 주도권을 쥐게 됐다고 말할 수 없는 선거 결과다.

국민들은 1년 남은 내년 총선까지 지켜볼 것이다, 정부 여당이 국정 운영을 어떻게 하는지를. 야당이 견제할 것은 하되 협력할 것도 하고, 여야 모두가 민심 이반을 심각히 받아들여야 한다.

끝으로 문재인 정부가 시련에 위축되지 말고 용감하게 도전하던 '집권 초 100일'로 돌아갔으면 한다. 그 시작점은 실패에 대한 책임을 분명히 하는 용기일 터다. 당장 일그러진 인사의 책임은 오롯이 인사권자에게 있다. 선출직 권력인 대통령은 참모를 대신 벌하는 것으로 자신의 책임을 질 수밖에 없다.

참모들을 감싸는 것은 곧 스스로의 허물을 덮는 것이다. 제갈량은 울면서 분신과도 같았던 마속을 베었음(읍참마속·泣斬馬謖)을 기억해야 한다. 그래서 '1년 뒤(4월 21대 총선)'는 민심을 만날 통로다. 민심과 거리를 두고 싶어 하는 권력도 선거만큼은 피해갈 수는 없다.

여당, 야당을 떠나 국회의원들은 쓴소리를 새겨들어야 한다. 여당

그래서 눈을 감을 수가 없었다

이 참패한 4·3 보궐선거로 드러난 민심은 민생 경제를 챙기라는 큰 주문을 한 것이다.

# 정치는 정권의 의지보다
# 국민의 선택을
# 따르도록 돼 있다

국민은 폐쇄적인 진보보다 열린 보수를 따른다. 촛불로 등장한 문재인 정부의 신뢰도가 추락하고 있다. 진보 정부를 자처했지만 국민과 담쌓았고, 내치(內治)는 과거에 집착했으며, 외교는 북(北)의 인권 문제를 외면했다. 자유와 인권은 전 인류 공통의 가치다. 정책 기조와 사람을 바꿔야 지지를 회복할 수 있다.

대통령은 취임사에서 '통합', '공존', '동반자(同伴者)'를 말했다. 딱 2년이 흐른 지금 그 말들은 그림자조차 찾을 수 없는 것 같다. '증오', '복수', '적개심(敵愾心)'이란 단어가 온 나라를 휩쓸어가고 있는가 싶다.

증오는 새끼를 빨리 치고, 복수는 자기를 먼저 무너뜨리며, 적개심은 내 안에 독(毒)을 푼다. 이러고도 밀려오는 해일(海溢) 앞에서 나라가 무사할 수 있겠는가.

박근혜 정권을 퇴진시킨 촛불 시위는 4·19 이후 국민들의 자발적인 의사 표시였다. 민노총 일부 사람들과 현 정권의 좌파 인사들이 "우리가 주도한 혁명"이라고까지 말하고 있으나 국민은 그렇게 보지 않는다. 국민은 부끄럽게 하는 정치를 말아 달라는 요청이었다. 나라다

그래서 눈을 감을 수가 없었다

운 나라에 살고 싶었을 정도였다.

그 사건을 계기로 우리 다수는 문재인 정부를 지지했고 협력하길 원했다. 국민과 대한민국을 위해서였다. 지금은 현 정부 중반기를 향하고 있다.

대통령에 대한 지지도는 40%대로 떨어졌고 여당에 대한 실망도 점차 커지고 있다. 박근혜 정권 때보다 살기가 더 어려워졌다는 소리가 들려오는가 하면, 정치 때문에 야기되는 사회적 혼란은 과거 어느 정부보다도 심해졌다는 요즘이다.

현 정부 스스로 진보 정권으로서 자부한다. 그런데 국민의 눈높이에서 보면 그렇게 폐쇄적일 수가 없다. 폐쇄성이란 다른 게 아니다. 미래 지향적이기보다는 과거의 이념에 집착하고 있으며 국제적인 정치, 경제적 과제를 국내적인 방법과 영역의 과제로 좁혀감이다.

세계의 선진 국가들은 좌우의 대립을 떠난 지 오래이며 보수와 진보의 고정 이념까지 탈퇴하려 한다. 어떻게 하면 폐쇄적인 삶과 정치적 이념을 개방적인 열린 사회로 발전시켜갈까 고민한다. 온갖 시대적인 이데올로기는 역사의 무대에서 태어났다가 사라지곤 했으나, 휴머니즘은 인류가 존속하는 동안은 절대적 가치를 유지, 발전시켜 나가는 법이다.

우리가 수용하고 싶어 하는 정치적 지향 가치는 자유와 인간애를 기반 삼는 휴머니즘의 창조적 육성이다. 자유민주주의 방향과 가치를 믿고 찾아가며 따르는 것이다.

그런데 우리 정부는 그렇지 못하다. 정치의 중심 과제는 경제와 외교다. 그리고 우리에게 주어진 민족적 과제는 평화로운 통일이다. 우리는 자유와 인간애를 거부하거나 배제하는 통일은 원하지 않는다. 인간다운 삶은 언제 어디서도 경시되거나 버림받을 수 없다.

우리는 그 핵심 과제를 인권 문제 해결에 둔다. 인권이 배제되거나 탄압되는 사회나 국가는 존재 의미가 없으며 존재해서도 안 된다.

그렇게 본다면 북한에 대한 동포애와 의무는 인권을 유린하는 북한 정권에 대한 거부와 항거다. 착각해서는 안 되는 정치적 신념은, 동포를 위하고 사랑하기 때문에 현재와 같은 북한 정권이 존재해서는 안 된다는 명제다.

북한 정권에 동조하거나 협조하기 위한 온갖 정책을 용납해서는 안 된다. 그것은 우리의 신념에 그치지 않는다. 인류 공통 육성은 유엔의 의무이자 세계적 책임이다. 한미 동맹은 그 길을 열어 주기 위한 사명을 띠고 있다.

방법은 두 가지 중 하나다. 북한 정권이 붕괴하거나 정권 스스로가 방향을 바꾸는 길이다. 북한은 김 씨 가문의 정권을 유지하기 위해 수십 년 동안 비밀리에 핵무기를 개발·보유했다. 자진해서 그 핵무기를 포기하리라고 믿는 국가는 없다.

권력을 위해서는 수단 방법을 가리지 않는 것이 좌파 정권의 철학이다. 우리 국민의 절대다수도 믿지 못한다. 지금까지 모든 공산 국가는 경제적 고립을 극복하지 못해 붕괴됐다.

유엔이 그 방도를 견지하고 추진 중이다. 미국을 비롯한 우방들도 선을 굳혀가고 있다. 우리 정부만 북한의 약속을 믿고 따라야 한다고 주장하고 있다. 때로는 중요하지도 않은 김정은의 방한(防寒)을 과대 평가하기도 했다.

그래서 눈을 감을 수가 없었다

북한은 그런 문제에 관심조차 보이지 않고 있다. 국민은 우리 정부가 좀 더 긴 안목으로 문제의 경중을 가려 주기를 바란다.

이에 비하면 여타 국내 문제에는 국민들의 신뢰가 이미 떨어진 지 오래다. 대통령은 내정의 방향을 바꾸거나 책임자들을 교체하지 않는 한 생각 있는 국민의 기대와 지원을 저버리게 될 뿐이다. 더 늦기 전에 국민의 불안과 사회적 혼란을 소망스러운 질서 의식으로 승화시켜야 한다. 권력을 법치 사회의 유일한 기능으로 삼아선 안 된다.

실망한 국민은 이념적인 폐쇄성과 고정관념에서 벗어나지 못하는 진보보다는 열린 보수 진영으로 관심을 돌리지 않을 수 없다.

자유민주주의는 자유의 창조성과 인간애의 휴머니즘을 신봉하고 있기 때문이다. 정치는 정권의 의지보다도 국민의 선택을 따르도록 해야 한다.

# 조국 후보자 문제에 대해
# 결단하지 않는다면
# 문 대통령의 지지율 빠르게 무너진다

『21세기 미국의 패권과 지정학』을 쓴 피터 자이한은 2030년까지 2차 세계 대전 이후 탄생한 국제 질서가 모두 붕괴될 것이라고 했다. 미국이란 보안관이 사라지면서 무질서, 엉망진창의 세계가 된다는 것이다. 그러곤 '만인에 대한 만인의 투쟁 시기'가 온다고 했다.

이런 때일수록 지도자의 선택이 흥망에 이르는 시간은 아주 짧다. 도와줄 친구가 없기 때문이다. '백만매택 천만매린(百萬買宅千萬買隣)'이란 말이 있다. 집은 백만금을 주고 사지만 (좋은) 친구, 이웃은 그 열 배를 주고 얻는다는 뜻이다.

역사적으로 수많은 흥망성쇠가 있었다. 한때 잘살다 몰락한 아르헨티나, 베네수엘라 같은 친구를 둘 것인가, 프랑스처럼 회생의 노하우를 전해 줄 이웃과 가깝게 지낼 것인가, 선택은 우리의 몫이다.

그래서 오늘에 문 대통령이 조국 법무부장관 후보자 문제에 대해 빠르게 결단하지 않는다면 지지율 하락과 더불어 민심이 빠르게 무너진다는 걸 알아야 할 것이다.

지금에 문재인 대통령의 직무 수행에 대해 부정 평가가 긍정을 앞

그래서 눈을 감을 수가 없었다

서는 '데드 크로스'가 일어났다. 한국갤럽이 지난 23일 발표한 여론 조사 결과 문 대통령의 직무 긍정 평가는 45%, 부정 평가는 49%로 나타났다. 긍정율은 2주 전보다 2%포인트 내렸고, 부정율은 6%포인트 급등했다. 부정율이 더 높아진 것은 5월 이후 3개월 만이다.

그 이유로는 인사 문제(9%)가 3위로 급부상했다. 동시 진행된 정책 평가에서도 '공직 인사'는 부정율이 역대 최고치(53%), 긍정율이 최저치(24%)를 찍었다. 갤럽은 이번 조사에 '한일 군사정보협정(GSO-MIA) 종료 결정'은 반영되지 않았다고 밝혔다. 여론 분석가 리뷰에도 제3자의 눈에도 모두 '조국발 데드 크로스'로 집약된다.

한 꺼풀 들어가 보면 숫자의 합의와 경고는 더 커진다. 대통령 직무수행 평가는 지역·연령·직업·소득에 관계없이 진폭만 다를 뿐 비슷한 방향성을 보였다. '가족펀드' 뒷말이 붙은 사모펀드 투자와 조 후보자 딸의 논문·장학금·입시 '특혜' 시비를 보는 공분이 깊고 넓다는 뜻일 테다.

그중에서도 2주 새 부정 평가가 더 높게 돌아선 지역은 서울과 경기·인천이다. 서울은 긍정율이 54%에서 46%로 내려앉고, 그 폭만큼 부정율이 41%에서 49%로 치솟았다. 데드 크로스는 19~29세, 중도층, 여성에게서도 일어났다.

여성은 긍정 부정율이 '49대 39'에서 '45대 46'으로 역전됐다. 여론에 민감한 수도권 공기가 바뀌고, 대통령 지지층에서도 등 돌리고 고개를 갸웃거리는 사람들이 늘어난 것이다.

혁신과 활력을 꾀했을 8·9개각에 '조국 블랙홀'이 들어서면서 국정운영 동력이 흔들리지 않을까 걱정스럽다. 뼈아프겠지만, 대통령의 지지율 추락은 국민들이 보낸 경고와 신호다.

자초지종을 돌아보면서 반성과 답도 그 안에서 찾는 게 순서다. 집권 여당에서 "조국은 야당과 맞서기 앞서 국민과 부딪치고 풀어야 할 문제"라는 목소리가 나왔다. 늦었지만, 올바른 방향이다. 국회 청문회든 '국민 청문회'든 진솔하게 서둘러 소명하고 국민 눈높이에서 냉정히 평가하며, 그 결과에 따라 진퇴를 매듭짓는 게 책임 있는 자세다.

그 대응이 헐겁고 소통이 엇가면, 조 후보자도 권력도 '무신불립'의 늪에 빠질 수 있다. 외교·경제·민생의 파고가 높을수록 판단의 우선순위는 국정이다. 문 대통령도 과정의 공정과 소통에 힘줬던 취임사를 기억하는 국민의 경고를 무겁게 새겨야 한다.

지금 조국 후보자가 받고 있는 의혹은 우리 사회의 극소수에게만 가능한 특혜와 특권의 결정판이라고 해도 과언이 아니다. 보통 사람으로서는 생각도 하기 힘든 특혜와 특권은 우리 사회에 좌우 이념을 떠나 '그들만의 리그'가 존재하며 그런 특권층 지도와 법규의 허점을 이용해 온갖 혜택을 누리고 있음을 보여 주는 특혜성의 대목이다.

조 후보자는 딸의 학교 특혜 특권의 사건뿐만 아니라 대통령민정수석비서관 재직 시절 사모펀드에 74억 원을 약정하고 10억 5,000만 원을 투자한 바 있다. 사모펀드의 투자자 명단에는 조 후보자의 처남도 들어 있어 사실상 가족 펀드라는 의혹을 사고 있다.

사모펀드가 투자한 회사는 관급공사를 수주했다. 조 후보자의 모친 등이 운영하는 사학재단 웅동학원은 조 후보자 동생과의 소송에서 무변론으로 패소하고 동생은 웅동학원에 대해 가진 채권의 일부를 위장 이혼 의혹이 제기된 배우자에게 넘긴 것으로 드러났다.

그래서 눈을 감을 수가 없었다

조 후보자는 23일 사모펀드에 투자한 돈을 사회에 기부하고, 사학재단 웅동학원에서 손을 떼겠다고 발표했다. 사모펀드와 사학재단 운영에 범법 의혹까지 제기되는 상황에서 기부와 헌납으로 털고 갈 수 있을지 의문스럽고 고통스럽다.

일주일째 갖가지 의혹이 터져 나오고 있지만 조 후보자는 가짜 뉴스가 많다면서 모든 것을 국회 청문회에서 밝히겠다는 말만 반복하고 있다. 이는 그날만 견디고 넘어가겠다는 임기응변 식으로밖에 들리지 않는다.

의혹은 더 단단한 사실로 굳어지며 산더미처럼 쌓여가고 있다. 당당하게 해명을 못 하면 '조국 사태'가 국민에게 준 몹시 아픈 상처를 고려하여 장관후보직을 사퇴를 하라는 말이다. 만약 문 대통령이 조국 후보자의 문제점을 결단하지 않고 슬그머니 넘어간다면 결단코 국민은 용서를 못 할 것이며 현 정부 지지율은 걷잡을 수 없이 빠르게 무너질 것이다.

# 경쟁자 말살하는 정권은
# 보복의 악몽(惡夢)에서 헤어나지 못해
# 헌법 수호도 빈말이 된다

　현재 대한민국이 두 달 넘게 헛돌고 있다. 대통령이 '국가 운영'과 '조국 법무부 장관 보호' 가운데서 우선순위(優先順位)를 잘못 잡았기 때문이다. 지도자의 가장 중요한 자질(資質)은 우선순위를 정확히 매기는 것이다.

　문제점을 찾아내는 데도 무엇을 먼저 해결할 것인가를 결정하는 데도 기준이 되는 것이 우선순위다. 엉뚱한 조직의 에너지를 탕진(蕩盡)하면 쇠퇴(衰退)와 쇠망(衰亡)의 길로 들어서게 될 뿐이다.

　현재 상황에서 국민권익위원회 박정은 위원장은 국회 정무위원회 국정감사에서 조국 법무부 장관 업무와 부인 정경심 동양대 교수에 대한 검찰 수사 간에 "직무 관련성이 있다"고도 밝혔다. 검찰 사무를 관장하는 조 장관의 직위가 부인의 검찰 수사 영향을 미칠 가능성을 시사한 것이다.

　박 위원장은 조 장관이 부인을 수사하는 검찰의 특수부 축소 등을 추진하는 것에 대해서도 '이해 충돌 가능성이 있다'고 유권 해석을 했다. 국민권익위는 부정 청탁 및 금품 수수 금지에 관한 법률(일명 김영란법)에 따라 공무원행동강령 집행의 주무 기관이다.

주무 기관장이 '법무부 장관과 검찰은 각자 일을 하면 된다'는 여권의 논리에 '따로 떼놓을 수 없다'고 반박한 셈이다. 박 위원장은 조 장관과 같은 참여연대 출신이다. 참여연대 공동대표를 거쳤고 조 장관처럼 서울대 법학전문대학원 교수도 지냈다.

공무원 행동강령 제2조는 '수사의 대상인 개인'을 공무원의 직무 관련자로 보고, 제5조는 '4촌 이내 친족' 등이 직무 관련자일 경우 소속 기관의 장(長)에게 신고해야 하며, 신고를 받은 기관장은 그 직무를 일시 중지하거나 재배정하는 등의 조치를 취하도록 명시하고 있다. 강령을 적용하면 검찰 수사를 받는 부인은 조 장관의 직무 관련자가 되기 때문에 장관 직무를 일시 중지하거나 직무 재배정 등의 조치를 받을 필요가 있다.

법무부가 '법무부와 검찰청은 기관이 다르기 때문에 직무 관련성 신고 의무가 없다'고 주장한 것은 설득력이 없다. 법무부는 검찰에 대해 인사·예산·감찰권을 통해 영향력을 행사하기 때문이다. 권익위도 '기관을 달리 한다고 해서 직무 관련자에서 배제되지 않는다'고 유권 해석을 했다.

여당 의원들은 국감에서 "구체적인 이해 충돌 행위가 드러난 것이 없는데 의혹만으로 이야기하느냐"며 조 장관을 엄호했다. 이에 박 위원장은 "어찌 됐든 법령상으로 직무 관련자가 이해 관계자일 경우 권한의 실제 행사 여부를 떠나 신고하도록 돼 있다"고 설명했다.

박 위원장은 사실 관계를 더 확인해 문제가 있다고 판단되면 인사권자인 대통령에게 조 장관 징계를 건의하겠다는 뜻도 밝혔다. 도대체 언제까지 이런 비정상 국정을 정부는 끌고 가려는가. 국민들은 경쟁자 말살하려는 정권은 보복의 악몽(惡夢)에서 헤어나지 못해 나라가 무너지고 헌법 수호도 빈말이 된다고들 말한다.

법원이 조국 법무장관과 아내 정경심 씨 등의 금융거래 내역 관련 압수 수색 영장을 수차례 기각했다고 한다. 다른 관련자들의 계좌 추적은 일부 허용하면서도 정작 의혹 핵심인 조 장관 부부에 대한 계좌 추적은 막고 있다는 것이다.

사모펀드와 학교 채용 뒷돈 수수 같은 돈 문제가 복잡하게 얽혀 있는 이번 사건에서 자금 흐름 파악과 그에 따른 증거 확보는 수사의 기본이자 필수 요소다. 실제 정경심 씨는 20억 원을 '조국 펀드'에 넣는 과정에서 여러 차례 차명 거래를 한 정황이 드러났다. 조 장관 조카는 72억 원을 횡령했는데 이 중 11억 5,000만 원을 정 씨 측에 투자 수입금 또는 투자금 반환 명목으로 줬다고 한다.

다른 투자자들이 넣은 수십억 투자금이 감쪽같이 사라졌다는 증언도 나와 있다. 이 모두 계좌 추적을 통해 진상이 규명돼야 한다. 그런데 영장을 기각했다는 것이다.

웅동학원 문제와 관련해서도 교사 채용 대가로 조 장관 동생이 받은 2억 원 가운데 일부가 학원 이사장이던 조 장관 모친에게 흘러들어간 흔적이 나왔다는 말들이다. 부친으로부터 단돈 '6원'을 상속받은 조 장관이 56억 원 재산을 어떻게 모았는지도 밝혀야 한다.

조국 펀드투자 금이 과거 웅동학원의 대출금에서 나왔을 것이라는 의혹도 제기돼 있다. 이 역시 계좌 추적 없이는 확인하기 힘든 문제들이다. 계좌 추적은 다른 강제 수사 방식에 비해 사생활 제한 정도

그래서 눈을 감을 수가 없었다

가 상대적으로 덜하면서 효율적이다. 이 때문에 특히 금융 관련 범죄 수사에선 비교적 넓게 허용돼 왔다.

그런데 이번 수사에선 영장을 10개 청구하면 1~2개 발부하는 수준 이라고 한다. 유독 '조국'에 대해서만 다른 잣대를 적용하는 이유가 뭔지 묻지 않을 수가 없다.

법원은 앞서 꾀병으로 영장 실질 심사를 회피한 조 장관 동생 구속 영장을 기각했다는 것도 국민들의 큰 의혹과 반발의 원인이 되어 주 고 있다. 자수까지 한 돈 심부름꾼들은 "도주 우려가 있다"고 구속했 으면서 이들에게 도피 자금까지 쥐가며 증거를 인멸하려 한 주범은 "건강 상태를 참작해야 한다"며 풀어 줬다.

조 장관 아내가 휴대 전화 유심칩을 바꿔가며 관련자들과 입을 맞 춘다는 증언이 있는데도 부부의 휴대 전화 압수 영장을 연거푸 기각 했다. 요즘 수사에선 휴대 전화 압수부터 하는 것이 상식이다. '조국 가족'만 그 상식을 비켜 간다. 계좌 추적 영장도 상식 이하로 기각되 었다. 사법부를 앞세워 조국 하나 구하려는 것인가. 촛불로부터 주어 진 기회를 여·야당의 정부는 놓치지 않길 바란다.

필요한 개혁들을 성공적으로 완수하고 그것들을 기반삼아 촛불이 갖고 있던 한계마저도 넘어설 수 있기를 바란다. 바람이 불면 가장 먼 저 흔들리고 꺼져 버리는 힘없는 국민들을 보호하는 법, 정치, 여야 당 정부 국회와, 검찰 개혁은 나만 할 수 있다는 조 장관의 실없는 농 담도 이쯤에서 끝내야 하는 말들이다.

조국 장관의 위선(僞善)은 지난 두 달 양파처럼 벗겨졌다. 위선이란 영어 단어 'hypocrisy'는 원래 '배우의 연기(演技)'를 가리키는 말이라고 한다. 위선은 탈을 쓰고 사는 것이다. 대통령은 그런 조국 장관의 탈위에 '무죄 추정의 원칙'이란 우산을 받쳐 주고 있다. 이에 따라 경쟁자를 말살하는 정권은 보복의 악몽(惡夢)에서 헤어나지 못해 나라가 무너지면 헌법 수호도 빈말이 된다는 걸 현 정부, 여·야당은 명심해야 한다.

# 국민은 행복을 담아 주는 정치를 바라고 검찰 개혁과 공수처 설치에도 반대하지 않는다

　기원전 490년 '마라톤 전투'에서 아테네군이 페르시아군을 크게 무찌른 이유도 요즘 한국의 상황과 비슷한가도 싶다. 당시 아테네군은 자유인으로 구성되었던 데 비해 페르시아군은 징병당한 노예들이었다. 전쟁에서 지면 노예가 되는 걸 누구보다 싫어한 아테네 군인들은 결사 항전했고, 제2차 페르시아 전쟁을 역사에 남는 승리로 이끌었다.

　우리 국민이 이번에 광화문과 서초동에 모였던 이유는 국민들의 위태로운 자유를 되찾기 위해서였다. 반성 없이 오만한 사회주의 추종자가 법을 앞세워 나라의 자유를 제한하는 걸 두고 볼 수 없어서 국민들이 항전을 벌이는가도 싶다.

　그래서 국민은 자유와 저항의 공간이라면 어디라도 나가야 한다. 오늘까지 누려오던 한 줌의 자유라도 스스로 지키기 위해, 자유로운 땅을 후손 자녀들에게 물려주기 위해, 우리 스스로 노예가 되지 않기 위해, 자유로운 인간으로 살기 위해, 국민들은 광화문에 구름처럼 모여 자유를 찾기 위해서 너도, 나도 자유들을 찾기 위한 소리를 외친다.

　국민들은 평등한 자유와 검찰 개혁을 원하고도 있다. 더불어 조 전

장관 일가에 대한 수사 또한 제대로 진행되길 기대하며, 엄정한 수사 결과를 기다리고도 있다. 이 두 가지 기대가 모두 충족될 수 있는 방안은 검찰이 외압을 받지 않고 수사했다고 국민이 인식할 때 가능한 것이다.

검찰도 계속 피의 사실 공표와 관련해 논란이 이는 만큼 수사 정보가 더 빠져나가지 않도록 조심하면서 수사 결과로 정치적 중립을 말해야 한다. 오늘날의 국민들은 기쁨이 돼 주고 행복을 담아 주는 따뜻한 국민의 나라 정치를 원한다. 그러므로 자유와 평등한 각자 삶에서 등 따뜻하고 먹고살기 편하면 정치에는 별 관심을 보이지 않는 것이 곧 선량한 국민들이다.

이제 '68일여간의 막장 드라마', 조국 전 장관 사태가 일단락됐다. 애당초 가지 말아야 할 길을 선택한, '무모한 도전'은 문재인 대통령과 집권 민주당의 지지율 동반 하락의 부메랑이 돼 돌아왔다.

'조국의 문제'를 '집권 세력의 문제'로 치환, 확장시킨 건 정치적 무능력 아니면 오만 때문이다. 조 씨가 궤변과 위선적 언행으로 비리 의혹을 교묘히 은폐하고, 국민 편 가르기로 분탕질하는 동안 청와대와 민주당은 그저 바라만 볼 뿐이었다. 국민들 가슴을 멍들게 한, 씻을 수 없는 오점을 남겼음에도 조 씨의 석고대죄를 요구하는 목소리는 없었다.

조국 사태는 권력의 독주와 독선이 '사람의 문제'가 아닌 '제도의 문제'에 있음을 웅변적으로 보여 준다. 뿔난 국민들이 광장으로 쏟아져 나올 때까지 여당도, 야당도 속수무책이었던 건 대의민주주의 시스템이 작동하진 않고 있다는 방증이다.

그래서 눈을 감을 수가 없었다

이제 고장 난 시스템을 손볼 차례다. 우선 대통령의 명을 받아 행정부를 통합하는 국무총리가 실질적인 역할을 하도록 보완할 필요가 있다. 국회의 동의를 얻어 대통령이 임명한다고 바꾸는 것이다. 이렇게 되면 행정부의 2인자인 총리가 동시에 국회의 지지도 받게 돼 대통령과 국회의 소통과 대화가 원활해질 것이다.

야당과의 협치를 이끌어낼 수도 있게 돼 정치의 생산성을 높일 수 있다. 더 이상 국민들이 촛불을 들지 않고도 민의를 효율적으로 수렴할 수 있게 되는 것이다. 총리의 국무위원에 대한 임명제청권과 해임건의권도 실질적으로 행사할 수 있을 것이다. 이렇게 되면 '제2의 조국'이 나오는 걸 막을 수 있다.

지난 16년의 촛불 혁명은 국민의 힘으로 정권을 바꿀 수 있다는 걸 보여 줬지만, 시스템을 바꾸는 것으로 이어지진 못했다. 이제 '미완의 혁명'을 마무리 지어야 할 때다.

요즘도 계속되는 조국 일가의 황당한 행태에 대해 국민들은 더는 인내심 시험 말라고 하고 있다. 이 가운데 조국 전 법무부 장관 동생 조권 씨는 친정권 매체들과 잇달아 병상 인터뷰를 갖고 "꾀병 보도는 전부 거짓말"이라고 했다. 조권 씨가 가짜 환자라는 정황은 차고 넘친다. 넘어져 다쳤다는 장소를 찍은 CCTV 화면이 공개됐다. 긴급 수술이 필요한 허리디스크 환자라더니 아무 불편한 기색이 없어 차량 뒷 자석에서 짐을 꺼내거나 빠른 걸음으로 차량 주변을 돌아다녔다. 처음 입원한 병원에선 내부를 활보하거나 병실에서 담배까지 피운 사실이 드러났다.

의사 진단 결과는 '수술할 필요가 없다'는 것이었다. 그런데 판사가

'건강 상태를 고려했다'며 구속 영장을 기각하자 입원할 병원을 수소문하고 다녔다. 그러더니 결국 병원 침대에 누운 모습으로 나타나 친정권 매체에 "검찰과 언론이 조작했다"며 되레 큰소리를 친다. 보통 사람은 엄두도 못 낼 행태다.

조국 아내 정경심 씨의 '뇌종양, 뇌경색 진단'도 의문투성이다. 나꼼수 멤버 주진우 씨가 라디오 방송에 나와 뇌종양이라고 하자 변호인들도 맞다고 했다. 그런데 검찰이 진단서를 내라고 하자 의사 이름, 면허 번호, 병원 직인은 모두 빠져 있는 서류를 낸다고 한다. 심지어 진단을 내린 곳은 신경외과가 아니라 정형외과였다. 검찰이 MRI 기록 등을 추가로 내라고 하자 며칠째 시간만 끌고 있다. 뭔가 감추려는 사람의 태도로밖에 보이지 않는다.

정 씨는 지난달 동양대를 휴직할 때도 병원 진단을 받은 적이 있다. 그 진단서에는 병명이 '합병증이 없는 약한 당뇨'로 적혀 있고, 스트레스로 인해 안정이 필요하다고 돼있다고 한다. 사실상 건강에 큰 문제가 없다는 뜻이다.

검찰 수사 전에는 운전을 하고 다녔고 한밤중에 자기 연구실에 들어가 증거 인멸도 했다. 그러다 검찰 수사가 시작되자 "15년 전 영국 유학 시절 사고 후유증 때문에 검사 얼굴을 똑바로 쳐다보기도 힘들다"며 병원 입원을 반복하더니 이제 뇌종양 주장까지도 한다.

지난 두 달여 동안 국민은 위선자 장관과 그 가족의 온갖 파렴치 행태를 지켜보아야 했다. 국민 저항으로 장관직에서 쫓겨난 뒤에도 법을 농락하고 국민의 인내심을 시험하는 일들이 계속되고 있다. 우리 스스로 노예가 되지 않기 위해, 자유로운 인간으로 살기 위해, 앞

그래서 눈을 감을 수가 없었다

날의 미래를 열어가는 새 동력의 길을 위해, 희망의 자유를 힘차게 열어나가야 한다는 국민들의 촛불 항쟁의 목소리를 촛불로 탄생된 정부는 바로 새겨듣길 바란다.

# 오보, 인권 침해에 대한 검찰의 자의적 판단, 언론의 손발을 묶으려는 법무부는 제정신인가

법무부가 지난 10월 30일 새로 만든 '형사 사건 공개 금지 등에 관한 규정'을 오는 12월 1일부터 바로 시행하겠다고 밝히자 언론계와 학계를 중심으로, 현 대한민국의 법무부가 제정신인가 하는 비판이 쏟아지고 있다. 공산주의식 독재 정부에서나 발생하는 아주 잘못된 언론의 탄압이자 통제라는 소리가 들린다.

법무부가 새로 만든 규정안은 검찰이 수사 중인 형사 사건에 대해 수사 상황이나 피의 사실 등을 원칙적으로 공개하지 못하게 했다. 또 전문 공보관을 제외한 검사나 수사관도 기자와 개별적으로 만나지 못하게 했다. 사실상 검찰이 불러 주는 것만 받아쓰라는 의미다.

특히 오보(誤報)를 낸 언론사에 대해선 검찰청 출입을 제한할 수 있게 했다. 하지만 정확히 무엇이 오보인지, 오보 여부를 누가 판단하는지 모호해서 현 정권에 대한 수사를 적극 보도하는 언론에 재갈을 물리는 용도로 악용될 수 있다는 지적이 나왔다. 그야말로 검찰 개혁과는 거꾸로 가는 행보다.

이 규정 33조를 보면 '사건 관계인, 검사, 수사 업무 종사자의 명예,

그래서 눈을 감을 수가 없었다

사생활 등 인권을 침해하는 오보를 한 기자 등 언론 종사자에 대해서는 검찰청 출입 제한 조처를 할 수 있다'고 돼 있다. 오보나 인권 침해 기준이 무엇인지, 이런 문제를 누가 판단하는지에 관한 규정은 없다. 기사의 사실 여부를 법원이 아닌 수사 당사자인 검찰이 자의적으로 판단하겠다고 하니 그야말로 소가 웃을 노릇이다.

언론의 오보는 언론중재위원회나 명예훼손 등 법 절차에 따라 책임 져야 할 제도가 마련돼 있다. 그런데도 검찰이 멋대로 출입을 제한하는 것은 '제왕적 검찰'의 시각에서 벗어나지 못했음을 보여 주는 것이다. 이 같은 내용은 법무부가 7월 말 마련한 초안엔 없었다고 한다. 민감한 내용을 뺀 채 초안을 돌려 사실상 거짓말 논란까지 벌어지고 있다.

규정 안에는 수사 중인 사건의 범죄 혐의나 수사 상황 등 형사 사건 내용의 공개를 원칙적으로 금지한다는 내용도 포함됐다. 피의자 실명은 물론이고 수사 기관 소환 사실을 언론 등에 알리는 공개 소환도 전면 금지된다.

기자는 검사와 수사관 등 검찰 관계자를 일절 접촉할 수 없다. 공보담당관으로 지정된 사람만 만나 그가 알려 주는 것만 받아쓰도록 해 검찰 활동의 폐쇄성이 더욱 높아질 우려가 크다.

법무부는 관련 기관의 의견 수렴을 거쳤다고 설명했지만, 대한변호사 협회 등은 "협의를 하거나 의견을 낸 적이 없다"고 밝혔다. 대법원은 "검찰 훈령이어서 의견을 내는 게 적절하지 않다"고 회신했고 대검은 출입 금지 제한에 반대 의견을 냈다.

법무부의 새 훈령은 별도의 입법 절차가 필요 없어 오는 12월 1일부터 바로 시행할 수 있다. 이번 훈령은 법조·언론계와 충분한 협의 없이 일방적으로 확정한 데다 언론 자유와 국민의 알 권리를 침해한다는 점에서 문제가 많다.

한국기자협회도 "법무부의 이번 훈령이 언론에 대한 과도한 제한이라고 판단한다"면서 "훈령이 시행되면 수사 기관에 대한 언론의 감사 기능은 무력화될 수밖에 없다"고 반발했다. 검찰 수사가 아무런 감시와 견제를 받지 않고 진행되는 건 국민에게도 위험천만한 일이다. 언론의 정서적 압박을 넘어 물리적으로 손발을 묶는 것과 같은 전근대적 발상이다.

무엇이 '오보'인지도 저들 마음대로 정한다고 한다. 재판 공개는 헌법 원칙인데 기소 후에도 사건 내용을 대부분 비밀로 하고 불기소 사건은 아예 공개하지 않는다고 한다. '밀실 수사'를 벌이고 정권 비리는 그대로 덮어 버릴 수 있다는 뜻이다.

보도 지침에 횡행하던 독재 시대에도 없던 발상이자 언론 자유와 국민 알 권리에 대한 심각한 침해다. 자유민주주의를 한다는 국가 중에 이런 식으로 언론을 통제하는 나라는 한국 말고는 없을 것이다.

오늘날의 수많은 기자가 발로 뛰어 조국 일가의 표창장 위조, 입시 부정, 펀드 불법 투자, 교사 채용 뒷돈 수수 등 위법 협의와 파렴치한 위선 행태를 고발했다. 조국 씨와 법무부는 그때마다 "오보다", "사실이 아니다"라고 했지만 거의 모두 사실로 드러났다.

법무부 훈령대로라면 그 보도를 한 기자들은 검찰 취재도 못 하게 되고 출입처에서도 쫓겨나게 된다. 인권 보호는 핑계일 뿐 조국 비리를 파헤친 언론에 대한 보복이자 비리가 드러나는 것을 막기 위한 권

　　　　　　　그래서 눈을 감을 수가 없었다

력 남용인 것이다. 이 정권은 말끝마다 '민주'를 내세우지만 그 실제
속성은 아주 매우 권위적이고 반민주적이다.

법무부는 헌법 21조에 보장된 언론·출판의 자유에 대해 정면 도전
했다. 피의 사실을 흘려 '망신 주기 수사'와 '여론 재판'을 해 온 검찰의
관행을 막겠다는데, 빈대 잡겠다고 초가삼간을 태우는 격이다. 법무
부장관도 공석인 법무부에서 도대체 무슨 근거로 이런 훈령을 만들
었는지 어이없다. 법무부가 의견을 들었다는 대한변협과 기자협회는
"회신한 적 없다", "반대 의견의 의견을 냈다"는 입장이다.

요즘에 법무부와 대검은 거의 매일 '검찰 개혁안'을 쏟아내고도 있
다. 지난 한 달 새 법무부는 6차례, 대검은 7차례 개혁안을 발표했다.
대부분 무소불위 검찰 권력의 폐단을 없애는 조치들이다. 백번 공감
이 간다. 하지만 이번 훈령은 언론에 재갈을 물리는 시대착오적 발상
이요, 어느 민주 국가에서도 볼 수 없는 언론 자유 침해가 명백하다.

모든 보도를 검찰이 통제하겠다는 오만한 발상은 민주주의에 대한
정면 도전이다. 사회 부조리를 감시하는 '워치독'의 사명을 지닌 언론
을 마치 인권 침해와 오보를 일삼는 집단으로 평가한 점도 명예 훼손
감이다.

열심히 수사한 검사가 무죄 판결을 받았다고 검찰청에서 내쫓으면
수긍하겠는가. 법원 판결을 실체적 진실로 인정받지 못하는 갈등의
시대에 '오보' 판단은 누가 또 어떻게 할 건가. 오보나 인권 침해에 대
한 검찰의 자의적 판단, 언론의 손발을 묶는 훈령 법무부는 철회해야
한다는 게 옳다.

# 문재인 정권의 2년 반 세월,
# 소통이 끊기면서
# 국민의 불만은 쌓이고 커져간다


2017년 5월 박근혜 정부 탄핵 정국 속에서 탄생한 문재인 정부가 지난 11월 9일 5년 임기의 반환점을 돌았다. 문 대통령은 취임사에서 청와대에서 나와 광화문 대통령 시대를 열겠다고 했다. 국민과 수시로 소통하는 대통령을 약속했다.

또 퇴근길에는 시장에 들러 국민들과 격의 없는 대화를 나누고, 때로는 광화문 광장에서 대토론회를 열겠다고도 했다. 그리고 국민의 서러운 눈물들을 닦아드리는 대통령이 되겠다고 크게 다짐도 했다.

이에 따라 지난해 2월 한국갤럽 여론 조사에서 '문 대통령이 직무 수행을 잘하고 있다'는 응답은 68%, 잘못하고 있다는 응답은 22%였다. 긍정 평가 이유로는 '소통 잘함·국민 공감 노력'과 '대북 정책·안보'가 13%로 가장 많았다.

그러나 지난주 조사에서는 각각 44%, 47%로 부정이 긍정을 앞질렀다. 긍정평가 이유는 '외교', '검찰 개혁', '열심히 한다' 등이었지만 '소통'은 없었다.

문 대통령은 취임 2주년 기자 회견 대신 KBS 기자와의 대담으로

그래서 눈을 감을 수가 없었다

갈음했다. 출범 때 약속한 소통과 점점 멀어지고 있다. 정부의 경제 정책으로 600만 영세자영업자들은 아우성을 쳤다.

그러나 문 대통령이 시장에 들러 영세 상인들과 대화를 나누었다는 말을 들어본 적이 없다. 소통이 끊기면 불만은 쌓이고 저항은 커져간다. 대화와 설득의 노력 없이 저절로 성공한 개혁은 없다.

현재 반환점을 돌고 있는 정권 실적을 평가하는 각종 보고서가 쏟아지고 있다. 수집 항목에 이르는 평가에서 어느 하나 평균 점수 이상을 받은 분야가 없다. 안보 외교·경제·사회 통합·교육·환경·에너지·일자리 모두가 낙제점(落第點)이다.

엊그제 대통령 비서실장은 국회에서 '현 정권이 가장 잘못한 게 뭐라고 생각하느냐'는 질문에 '얼핏 떠오르지 않는다'고 했다. 정부가 이 지경인데 뭘 더 크게 잘못하고 뭘 덜 잘못한 게 떠오르겠는가.

'대통령의 5년'은 임기 전반에 벌었던 것을 후반에 까먹고 빈털터리로 퇴장하는 한철 장사다. 5년 단임 한국 대통령들의 정치 만년(晚年)이 그랬다. 그런 운명을 벗어나고자 역대 대통령들은 임기가 시작하자마자 업적 쌓기에 매달렸다.

대통령은 빈손 주먹으로 돌아가도 나라는 몇 걸음씩이나마 진전했던 것은 이 덕분이었다. 성품(性稟)이 결코 너그럽다고는 할 수 없던 그들이 전(前) 정권에 대한 청산 작업을 최단 기간(最短期間)에 매듭지으려 한 것도 이 때문이다. 며칠 전 검찰은 세월호 사건을 다시 수사하겠다고 나섰다. 야당 대표를 잡으려는 정치 계산이 있다는 소리도 들리지만. 정상적 국민에겐 정권의 '정신 결함' 또는 '성격 장애' 탓으로 비친다.

문재인 정권의 성적표를 훑어보고 떠오르는 사자성어(四字成語) 세 개가 '자승자박(自繩自縛)', '자업자득(自業自得)', '자작지얼(自作之孼)'이다. '자승자박'은 '자기가 가진 오랏줄로 제 몸을 옭아 묶는다', '자업자득'은 '자기가 저지른 일의 결과가 자신에게 돌아온다', '자작지얼'은 '제 스스로 불러들인 재앙(災殃)'이라는 뜻이다.

북한이 대한민국을 '삶은 소대가리' 취급하고 각종 미사일과 방사포를 섞어 발사하며 한국 기업 돈으로 지은 금강산 시설을 들어내겠다고 막말을 한다고 해서 김정은의 식언(食言)을 나무랄 수 있나. 중국 학자의 최근 평양 방문기에 따르면 그쪽 사람들의 문 대통령에 대한 실망감이 대단하다고 한다.

15만 평양 시민 앞에서 '우리 민족 운명은 우리 스스로 결정한다'는 통 큰 연설을 하고 왜 금강산 관광과 개성 공단에 아무 소식이 없느냐 한다는 것이다. 대통령은 UN에서 남북 군사 합의 이후 북한의 합의 위반 행동이 한 건도 없었다고 했고, 청와대 안보실장은 북한 미사일 발사가 한국 안보에 위협이 되지 않는다고 했다. 그 마당에 김정은에게 무슨 말을 하나.

바로 며칠 전 미국 국무부 고위 인사들이 떼로 몰려와 미군 주둔비 부담 5배 인상, 한일 군사정보보호 협정(GSOMIA) 종료 선언 번복, 중국 정보 기업 화웨이 퇴출 정책에 한국 참여를 요구했다. 부동산 업자 출신 대통령이 미국 군대를 임대(賃貸)사업 대상으로 삼는 천박함이 물씬 풍긴다.

일본과도 미군 주둔 비용 부담 갈등이 있지만 워싱턴에서 주일 미군 철수 가능성은 단 한 번도 나온 적이 없다. 주한 미군 감축·철수설

그래서 눈을 감을 수가 없었다

은 이젠 고정(固定) 메뉴다. 한일 군사정보보호협정 종료 선언 번복 요구를 보라. 바로 지난 8월 청와대 안보실 책임자가 미국을 움직여 일본의 수출 보복 조치를 허물겠다며 의기양양하게 꺼내 들었던 그 카드가 아닌가. 일본 머리를 친다던 방망이가 한국 머리에 떨어졌다.

강제 징용 배상 판결이 불러올 한일 정면 충돌을 우려하는 외교부 소리에 귀를 열어 주었다 해서 전(前) 대법원장과 법원행정처 사람들에게 줄줄이 재판정에 세웠다. 그러면서 죽창(竹槍) 든 의병을 들고 나왔었다.

지금 사정이 어떻게 됐나. 청와대는 대통령이 방콕 아세안 정상 회담 대기실에서 아베 총리와 '11분 동안' 긴(緊)한 말을 나눴다 발표하고 일본은 그게 아니라며 손사래를 치고 있다. 한국은 미국과 부딪치고 일본과 충돌하며 고립무원(孤立無援)이다.

'소득 주도 성장'이란 신주(神主)를 붙들고 가라앉는 경제, 하마(河馬)처럼 돈만 삼키고 일자리를 낳지 못하는 불임(不姙)의 일자리 대책에 내일이 있겠는가. 정부의 부동산 대책은 아파트 값이 평당(坪當) 1억 원을 돌파하는 최고 기록을 낳고, 대통령이 주도하는 자율고 폐지와 대학 입시 정책 허물기는 학부모들의 등을 강남으로 떠민다. 대책 없는 원전 폐쇄는 멀쩡했던 전력 회사를 적자 더미 위에 올려놓고 이젠 전기 요금 인상 고지서를 인쇄할 일만 남았다는 목소리들만 들린다.

대통령은 생각을 바꿀 수 있을까. 바뀌지 않으면 바꾸게 해야 한다. 또한 바꾸게 하는 것이 국민의 정당한 권리 행사가 된다. 앞으로 남은 2년 반 소통이 끊기면 국민의 불만들은 쌓이고 커져만 간다.

# 서민의 지친 어깨를 다독이는
# 사랑과 소통의 공정 사회의
# 정치가 돼야 한다

우리가 살면서 크게 강조하는 것이 바로 가화만사성이다. 가정이 화목하면 만사를 이룬다는 뜻이다. 가정은 공동체의 가장 근본이다. 바로 그것은 공동체 중에서도 가정이 가장 중요하다는 뜻이다.

하지만 이렇게 중요한 가정이 살기는 좋아졌음에도 더 팍팍하고 깨져만 가는 현실이다. 21세기 첨단의 전자시대 가정의 행복 원리는 물질의 소유에 있지 않다. 오히려 그 반대인 경우가 많다.

가정은 물질이 아니라 사랑과 서로의 배려 소통이 지배하게 해야 한다. 물질이 지배하는 가정은 늘 팍팍하기 마련이다. 사랑과 배려, 소통의 가정은 물질과 상관없이 화기애애할 수밖에 없을 것이다. '나 한 사람'의 사랑이 침울한 가정. 팍팍한 가정을 윤기 있게도 한다. 그 하나의 행복의 가정이 사회 공동체를 환하게 밝힌다.

그러므로 이 나라의 문재인 정부의 각료 장차관, 제21대 국회의원들은 대한국의 5,000만 민족의 '사랑과 배려 상생 소통'의 리더들이다. 국민들의 삶의 입법을 책임지고 있는 국회의원, 나라 살림을 구상·연구 노력하는 문재인 정부는 늘 국민, 백성이 근심하는 것을 정성껏

그래서 눈을 감을 수가 없었다

살펴야 한다.

지금은 성장의 과실을 일부 계층에서 독점하고 서민들은 점점 세상 삶이 팍팍하고 어려워질 뿐이다. 부산저축은행의 서민금융의 오너와 경영진은 10년 동안 불법적인 사업으로 수백억 원의 배당금과 월급을 챙겼다. 또 은행이 영업 정지를 당해 서민들은 돈을 날려 고통과 분노를 참지 못하고 사생결단 울부짖고 있는데도 오너와 경영진은 영업 정지 직전에 자신과 친인척의 돈들은 미리 빼냈다. 이런데도 금융 감독원은 감독 기능을 제대로 하지 못했고 오히려 봐주기 식으로 가담한 흔적이 언론에서 나타나자 이명박 대통령도 분노의 질책을 하고 있지만, 삶에 지친 서민들은 땅을 치고 한나라당의 이명박 정부에 등을 돌리고 있다. 이번 4·27 재보선에서 패배한 한나라당의 위기 상황에 관한 기사가 연일 신문 머리 면을 장식했다. 특히 여당 지지 성향을 보여온 분당에서까지 패하자 한나라당의 수도권 의원들은 이대로 가면 내년 총선에서 전멸할 것이라는 위기의식이 팽배하고 있다. 한나라당 의원들은 재보선 패배의 원인으로 정부의 민생 경제 정책 실패(50.8%)를 가장 많이 꼽았다. 모 의원은 "삼성이 수조 원의 이익을 내고 우리나라가 6% 성장률을 기록하면 뭐 하나. 서민들의 체감 경기는 점점 나빠지고 있는데"라고 했다. '고장 난 레코드처럼 경제 위기 극복을 자랑하는 식의 오만한 국정 운영'이 민심 이반을 악화시키고 있다는 응답도 20.6%나 됐다. 이명박 정부는 출범 초기부터 서민을 외면하고 일부 소수층만을 위하는 정책을 펴 오고 있다는 지적을 계속 받아왔다. 그러나 그러한 지적을 받고도 근본적인 혁신 없이 일이 생길 때마다 반성하는 시늉만 한 채 계속 그들만의 잔치를 즐기다 이번 재보선 결과와 같이 전통적인 지지자들까지도 마음을 돌리는 광범위한 민심 이반을 초래했다.

그러나 다행히도 이명박 대통령은 6일 5개 부처장관 내각 일부를 교체 개각을 단행했다. 기획재정부에 박재완 고용노동부 장관을 지명한 것을 제외하고는 회전문 인사라 부를 만한 큰 대목이 없다. 농림수산식품부에 서규용 전 차관, 고용노동부에 이채필 차관, 국토해양부 장관에 권도엽 전 차관을 지명해 전문성과 조직 장악력을 중시했다. 크게 교체 대상으로 거론된 현인택 통일부 장관과 이귀남 범무부 장관이 유임된 것도 주목된다. 환경부 장관에는 유영숙 한국과학기술연구원 책임 연구원이 지명됐다. 역시 비판 여론을 수렴한 실무형 개각이라고 하겠다. 임기 말 레임덕을 막기 위한 친위 개각이 되지 않을까 우려했던 대목들이 현실화되지 않았다. 4·27 재보선에서 나타난 민심에 역행하는 일은 없었다. 물론 인사 청문회를 거쳐봐야 알겠지만 직업 관료들에게 기회를 준 것도 신선하다. 노동부를 맡은 박재완 장관을 9개월 만에 경제 수장인 기획재정부 장관 후보로 돌린 것은 궁여지책이라 하겠다.

정권 초기부터 국정 과제를 디자인해 온 인물인 만큼 경제 밝은 분야에서 정권의 마무리를 담당하게 한 것도 의미를 부여할 수 있다. 이번 개각 대상은 경제부처에 집중됐고 전문성을 갖춘 후보 인사들이 발탁됐다. 후보들은 서민들의 지친 삶을 배려·공정·소통·상생으로 문제를 풀어야 할 책임을 무겁게 느낄 것이고 침체된 공무원 사회에는 활기가 생길 터이다. 4·27 재보선 결과에 드러난 민심을 수습하려는 의지와 인사 청문회를 통해 도덕성에도 하자가 크지 않는 후보로

그래서 눈을 감을 수가 없었다

검증돼 이번 개각이 현 정권 들어 가장 잘된 인사로 평가되기를 기대한다. 또한 현 정권의 각료와 18대 국회는 임기 말 국정 운영을 도모하면서 서민의 지친 삶의 어깨를 다독이는 '사랑과 소통·공정·배려·상생'으로 착한 정책을 펴 주기를 바란다.

# 민주당을 뜨겁게 지지하던
# 민심은 이 겨울
# 차가운 공기처럼 싸늘하다

코로나로 점철된 20년도 한 해가 저물어가고도 있다. 코로나19는 사회적 분야에 영향을 미친 복합적인 도전으로서, 외교에도 많은 과제를 안겨 주었다. 이 과정에서 민주당과 문재인 대통령을 뜨겁게 지지하던 민심은 이 겨울 찬 공기처럼 싸늘하다.

이제 광장의 민주제 요소와 정치들이 민주주의를 보완할 것이라는 기대는 허물어졌다. 국민들이 광장을 벗어난 뒤 그들의 요구를 정책에 담고 관료와 기업을 움직여 실행에 옮기는 것은 정당이 한 일이었다.

그러나 우리는 목격했다. 실력 있는 정당이 없는 한 광장의 열기는 일순간의 흥분과 감동일 뿐이라는 것을. 그 결과, 광장에서 목 놓아 해결을 외쳤던 모순과 문제들은 그대로 남아 있다. 그로므로 다시 정당으로부터 시작할 수밖에 없다.

약자인 국민들을 권력에 가까이 다가가게 하는 정치는 정당일 수밖에 없기 때문이다. 국민의 목소리에 귀 기울이고 함께 호흡하는 강한 정당만이 강자들을 견제할 수 있다. 그런데 희망이 보이지 않는다. 정당을 개선할 힘이 당 내부에는 없다.

그래서 눈을 감을 수가 없었다

4년 전 광장을 가득 메웠던 국민들은 이제 어디를 봐야 하나. 코로나에 겹쳐 두 배로 힘들게 보낸 격동의 20년도 한 해가 다 가고 답답한 세밑을 맞는다. 요즘 민심이 심상치 않다. 문재인 대통령의 지지율은 지난주에 2주 연속 30%대를 기록하며 사상 최저기록을 또 갈아치웠다. 코로나 재확산, 추·윤 갈등, 부동산 실패가 영향을 미쳤다는 분석이다.

코로나 재창궐은 정부가 자초한 측면이 크다. 경제와 방역을 놓고 주춤하다 때를 놓쳤다. 자영업자들은 폭발 직전이다. 버티고 버티다 이제 길바닥에 나앉을 지경에까지 몰리자 그간 참았던 불만을 다 쏟아내고 있다는 데서 소상공인, 청년 실업자들은 정부의 기업 살리기 일자리 경제 정책에 대한 불만과 고통의 소리를 내고 있다.

코로나로 장사도 못 하는데 꼬박꼬박 임대료를 다 내는 게 공정한 건지 대통령까지 의문을 제기하며 도와줄 방법을 찾고 있지만 금세 사정이 나아질 것 같지는 않는다. 일반 국민들도 힘든 건 마찬가지다. 너나없이 1년을 힘들게 버텨 냈지만 여전히 끝이 보이지 않는다. 오히려 갈수록 상황은 더 나빠진다.

어제 20일 일요일엔 확진자가 1,030명을 넘어섰다. 사상 최다 수치다. 코로나가 걷잡을 수 없어 더 확산될지, 아니면 한풀 꺾이게 될지 지금으로선 한치 앞을 내다보기가 어렵다. 대통령의 말부터 며칠 새 냉탕을 온탕을 오고 갔다.

코로나 사태의 긴 터널의 끝이 보인다고 희망적인 메시지를 내놓더니 며칠 뒤엔 '송구한 마음과 면목이 없다'는 문재인 대통령의 비관적인 말로 이어졌다. 지금에 확진자가 속출하면서 의료 시스템도 총체적 위기를 맞고도 있다. 서울, 경기 등 수도권에서만 병실이 나오기를 기다리는 환자가 수백 명에 달한다.

상황이 급박하게 돌아가자 정부는 그제야 5년 뒤 공공 병상 5,000 개를 늘리겠다는 '뒷북 대책'을 내놓고 있으니 당장 효과를 기대하기는 힘들어 보인다. 마지막 희망인 백신도 언제나 맞을 수 있을지 참으로 불투명하다.

미국, 영국 등 선진국들은 인구의 3~4배에 달하는 분량의 백신을 확보하고 이미 백신 접종을 시작했지만 우리는 내년 언제쯤 백신을 맞게 될 수 있을지 지금으로서는 정부의 늦장 뒷짐 행정으로 인해 앞이 캄캄하다.

인구 580만 명의 싱가포르도 이달 말부터 화이자 백신을 공급받는다. 리센룽 총리는 지난 14일 대국민 담화에서 "팬데믹 초기부터 뒤에서 조용히 백신 확보를 노력했다"고 밝혔다. 그러면서 "유망 기업들과 대화하며 10억 달러(약 1조 1,000억 원) 이상을 투자했다"고 설명했다.

모든 감염병은 초기엔 방역으로, 후기엔 백신으로 극복하는 게 기본인 것이다. 다른 나라는 온 국력을 집중해 백신을 확보하는 사이 대한민국 정부만 K방역에 심취해 우왕좌왕하며 시간과 기회를 놓쳤다. 백신에 대해 오판했거나 안이하게 대응하다 이런 결과를 낳은 것이다. 누가 이런 판단했는지 가려내 반드시 그 책임을 물어야 한다.

이제라도 정부는 백신에 대한 차고의 사태 수습에 명쾌히 해명하고 사과하고, 코로나로 고통받고 있는 국민들 앞에 지금이라도 전문가, 기업인들과 머리를 맞춰 함께 백신을 확보하는 데 여·야를 뛰어넘어

그래서 눈을 감을 수가 없었다

야 한다.

여당은 정권의 명운을 걸고 백신 구입에 총력을 기울여야 한다. 이번 백신 사태에 대한 오판·무능 책임을 묻고 정권 명운을 걸어야 민주당과 문재인 대통령의 청와대는 지지율이 올라간다는 것, 민주당은 바로 알아야 할 것이다.

# 인쇄 전에 더하고 싶은 글

기자로서 평생 글을 썼습니다.

그렇지만 써 놓고 나면 늘 부족함을 느끼고 아쉬운 것이 글 쓰는 작업이었습니다. 그러함에도 소임을 다하겠다는 간절한 책임감과 소소한 애국심의 발로라는 강한 열정으로 지금까지 왔습니다. 독자나 지인이 나의 글을 읽고 공감하거나, 시의적절(時宜適切)했다며 연락이나 답장을 써 줬을 때 다시 힘을 얻어 여기까지 왔습니다.

그러다 보니 고희(古稀)의 노병(老兵)이 총을 든 격으로 이곳에 서 있습니다.

어머니는 산고(産苦) 끝에 출산이라는 숭고함을 탄생시켰습니다. 고향 전북 진안(鎭安)에서 어머니의 숭고하신 희생으로 이 세상에 와 고희의 중턱에 서 있습니다. 100세 시대의 기준이면 중년에 불과하지만 현업기자(現業記者)로는 최고령임을 자타가 인정하는 것이 사실입니다.

'펜은 총보다 부드럽지만 강하다'는 진리를 가슴에 간직한 채 기자 정신으로 지금까지 묵묵하게 걸어왔으며, 그래서 지금 이 자리가 생겼

그래서 눈을 감을 수가 없었다

습니다. 나의 글을 인정해 주는 독자와 국민들이 나를 존재하게 하는 힘이었으며, 내일 또다시 펜을 들게 하는 시금석(試金石)이었습니다.

이 세상 사람으로 탄생하여 살아가는 것은 환희와 기쁨도 있지만 또한 병마와 궁핍, 고난 등을 극복해야 함은 당연합니다. 누구에게도 삶이 호락호락하지 않듯이 나의 삶도 예외 없이 마찬가지였습니다.

모든 사람들같이 부모님의 자식으로 존재하고 성장했으며, 한 여자의 남편이자 자식들의 싹을 틔우는 데 정성을 기울여야 하는 아버지였습니다. 가화만사성(家和萬事成)의 보석을 희생과 지혜와 알뜰함으로 굳건하게 지켜 주신 아내 김정례 님의 내조에도 감사함을 한없이 느끼면서 사랑한다고 기록하고 싶습니다.

아버지인 나의 속을 썩이는 일 없이 성장하고 가정을 이루어 건강하게 살고 있는 큰아들 고병수, 며느리 엄윤란과 둘째 아들 고윤수, 며느리 장은회에게도 이곳을 통하여 든든하다고 기록하고 싶습니다.

첫 책 『고명현이 본 세상 이야기』를 2017년에 출간했습니다. 당연히 내가 쓴 신문 칼럼이 바탕이 되었고, 첫 출간으로 인한 무경험과 무지 탓에 부족함이 많아 아쉬웠습니다.

이 두 번째 책을 출간하기까지 손수 추천사도 써 주시고, 책 제목도 조언해 주신 같은 언론인이자 《에너지경제신문》 발행인이신 송용희 님께도 감사하다고 전하고 싶습니다. 백발이 되도록 사귀어도 새로 사귄 친구 같다는 '백두여신 경개여고(白頭如新 傾蓋如故)'의 뜻처럼 첫 대면이지만 만나자마자 오래된 친구같이 편안하고 소통이 되는 분입니다.

책 출간 작업 처음부터 편집과 소제목을 뽑아내고, 출판사와 교정사(校正士)를 찾는 등 전적으로 본인의 일처럼 책임감을 갖고 애써 주신 롯데그룹 ㈜백학음료 권대순 전무이사님께 심심(甚深)한 경의(敬意)를 표하고 싶습니다.

그 외 교정할 때 꼼꼼하게 봐 주셨던 하윤정 님과 책이 나오기까지 정성을 기울여 주신 북랩출판사 관계자님께도 감사를 드립니다.

2022년 4월
경기 동두천과 연천에서
고명현